出纳真账实操全流程

从入门到精通

么秀杰◎编著

中国铁道出版社有限公司
CHINA RAILWAY PUBLISHING HOUSE CO., LTD.

内 容 简 介

本书用“实账+图表+示范”的形式，通过图解实账向出纳新手示范各项出纳业务的具体处理流程和方法，是出纳新手成长过程应备的指导工具书。

全书共提供 123 个操作示范，从出纳人员应做应懂的工作事项、必知必通的知识技能出发，在模拟出纳人员对内对外服务客户、出纳书写业务规范的基础上，全景示范现金日记账、银行存款日记账、本地银行业务、外地银行业务、外汇结算业务、工资发放业务、工商税务社保业务、出纳资料整理与工作交接的操作规范，并向出纳新手示范 Excel 在日常工作中的应用，以便出纳新手“一看就懂、一学就会、现查现用”，从而轻松掌握出纳操作技能，快速胜任出纳工作。

本书适合出纳新手、在职财务人员、企业经营管理者、企业培训及咨询人员、高校财务管理专业师生阅读和使用。

图书在版编目（CIP）数据

出纳真账实操全流程从入门到精通/么秀杰编著.—北京：中国铁道出版社，2019.1（2019.9 重印）
ISBN 978-7-113-24875-8

Ⅰ.①出… Ⅱ.①么… Ⅲ.①出纳—会计实务 Ⅳ.①F233

中国版本图书馆 CIP 数据核字（2018）第 193939 号

书　　名： 出纳真账实操全流程从入门到精通
作　　者： 么秀杰　编著

策　　划： 王　佩　　**读者热线电话：** 010-63560056
责任编辑： 王　佩　于先军
责任印制： 赵星辰　　**封面设计：** MXK DESIGN STUDIO

出版发行： 中国铁道出版社有限公司（100054，北京市西城区右安门西街 8 号）
印　　刷： 三河市兴达印务有限公司
版　　次： 2019 年 1 月第 1 版　　2019 年 9 月第 3 次印刷
开　　本： 700mm×1 000mm　1/16　**印张：** 16.75　**字数：** 258 千
书　　号： ISBN 978-7-113-24875-8
定　　价： 49.80 元

前言

FOREWORD

“安斯财税全流程实操系列”图书，每本书围绕某一个财务会计岗位，设计该岗位的岗位职责、工作流程、业务规范和操作示范，通过图解示范、提示注释、实账演练等内容模块，向企业财务部门会计、出纳、审计、税务等岗位的从业人员提供了一套集处理规范、操作示范于一体的实务用书。

《出纳真账实操全流程从入门到精通》是“安斯财税全流程实操系列”图书中的一本，是一本专门写给出纳新手使用的操作示范工具书！

本书从出纳人员应做应懂的事项、必知必通的知识技能出发，以《中华人民共和国会计法》、最新《企业会计准则》为依据，运用图表、实账、案例，把晦涩的会计知识浅显易懂化，把烦琐的出纳工作简单明了化，旨在帮助出纳新手和想要从事出纳工作的人员快速熟悉出纳及相关财务工作，掌握出纳工作方法与操作技能，从而助其快速胜任出纳岗位！

1．《出纳三字经》梳理出纳岗位的职责、事项与风险

本书通过《出纳三字经》向出纳人员全景展示了出纳岗位的职责、事项与风险，使其加强对出纳的角色认知，并提升自身的岗位意识。

出纳三字经

出纳员，管钱款；地位重，很关键。
心爱岗，身尽责；全身心，忙奉献。
看事件，要客观；出问题，依法办。
上班前，清杂念；下班前，理钱款。
业务忙，莫慌乱；理头绪，逐件办。
取现金，当面点；须谨慎，保安全。
收现金，数两遍；辨真假，莫赔款。
支现金，慎审单；查无误，方可付。
收票据，要规范；不警觉，担风险。

凭证单，第一关；要理清，保不乱。
报销单，仔细看；不合规，勿支款。
工资款，及时点；速速发，事故免。
库现金，勤盘点；不积压，不挪欠。
有余款，存银行；空白票，查后签。
余额款，要保全；不挪用，公司钱。
长短款，不要乱；静下心，细查点。
借贷方，要理清；依单据，清现款。
用印章，不可乱；钱钥匙，慎保管。
往来账，善保管；有机密，不外传。
会计账，不兼管；职责明，免事端。
账外账，莫保管；出了事，要罚款。
现金账，要记全；不出事，心坦然。

2. 对 9 项业务进行全景图解示范

本书针对会计凭证填制与核查、出纳账簿启用与操作、出纳现金业务操作、本地银行业务操作、外地银行业务操作、外汇结算业务操作、工资发放业务操作、工商税务社保业务办理、出纳资料整理与工作交接等出纳人员会接触到的 9 大业务，从出纳新手的工作需求出发，概要介绍这些业务处理的基本流程与操作规范，穿插设计这些业务的处理、操作示范，以指导出纳新手快速胜任出纳岗位的工作。

3. 对 4 大业务 Excel 操作进行示范

为适应企业会计电算化趋势，本书将 Excel 在出纳业务中的应用单独列章示范，向出纳新手示范现金日记账、银行存款日记账、员工工资表编制、出纳对账等业务的 Excel 操作，帮助出纳新手快速掌握 Excel 的运用。

4. 关键点处有注释、高风险处有提示、易出错处有纠正

本书在知识点难解处、业务关键点处、易出错处或存在高风险的业务处理上，均使用精炼的语言、图表进行注释与提示，可谓集技能模拟、业务示范、有错纠正、风险提示于一身，便于出纳新手对相关业务的理解、记忆与应用。

综上，本书对企业出纳业务及相关财务业务进行规范说明，为出纳岗位的新任人员提供详细的操作示范，基本上可以满足出纳岗位新任人员的培训需求。因此，本书也是企业为财务会计类岗位从业人员实施业务操作培训的指导用书！

在本书编写的过程中，孙立宏、程富建、刘井学负责资料的收集和整理，贾月、董连香负责图表的编排，刘姝媛参与编写了本书的第 1 章，高玉卓参与编写了本书的第 2 章，刘伟参与编写了本书的第 3 章，孟庆华参与编写了本书的第 4 章，宋丽娜参与编写了本书的第 5 章，程淑丽参与编写了本书的第 6 章，郭海燕参与编写了本书的第 7 章，王德敏、金成哲参与编写了本书的第 8 章，张心参与编写了本书的第 9 章，王淑敏参与编写了本书的第 10 章，李艳参与编写了本书的第 11 章，李金山参与编写了本书的第 12 章，刘丹梦参与编写了本书的第 13 章、第 14 章，全书由么秀杰统撰定稿。

编者

2018 年 7 月

目录 CONTENTS

第 1 章

出纳应知应懂的知识

1.1　出纳应知的那些事

1.1.1　出纳角色认知

出纳就是对资金、票据及有价证券进行收支管理，出纳工作就是根据《中华人民共和国会计法》及相关法律法规的相关规定，对货币资金、票据及有价证券的收支业务进行处理，对货币资金、票据、有价证券和财务印章进行整理、保管，对货币资金、票据、有价证券的收支业务进行正确的账务处理。

出纳是企业财务部门中一个相对独立的岗位，其从事的工作是财会工作中不可缺少的一个环节，在企业会计循环中扮演着重要的角色，如图 1-1 所示。

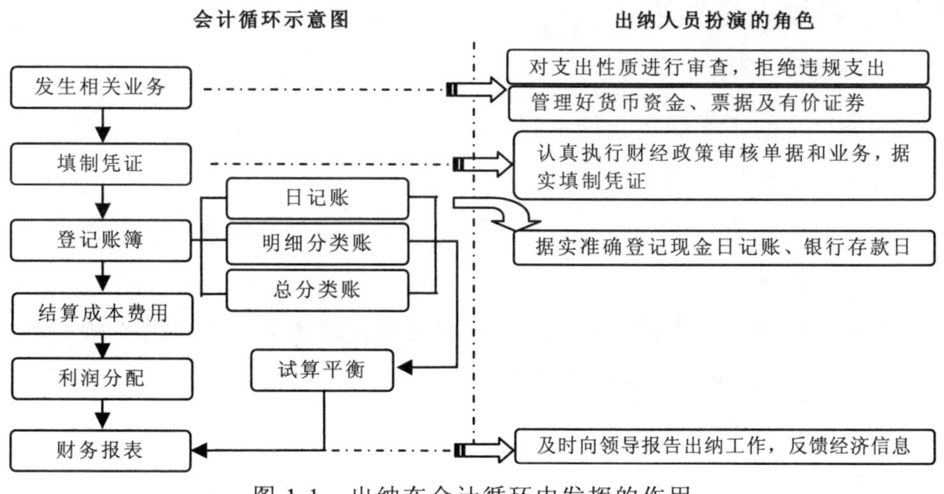

图 1-1　出纳在会计循环中发挥的作用

《会计基础工作规范》对出纳在会计循环中扮演的角色也有限制性规定，如出纳不得兼管稽核、会计档案保管和收入、费用、债权、债务账目的登记工作等。

1.1.2 出纳工作职能

总体来说，出纳的工作职能可概括为收付、反映、监督、参与管理这4个方面，具体体现如表1-1所示。

表1-1 出纳工作职能一览表

出纳工作职能	职能事项与解释
收付职能	办理货物价款、往来款项，各种有价证券及金融往来业务，以及这些业务往来的现金、票据、有价证券的收付和办理，银行存款的收付等业务
反映职能	利用统一的货币计量单位，通过现金日记账、银行存款日记账、有价证券的各种明细分类账，对本企业的货币资金和有价证券进行详细的记录与核算，从而为企业经营管理和投资决策提供系统、完整的信息
监督职能	依据国家的法律法规和本企业的管理方针、规章制度等，对企业各项经济业务特别是货币资金收付业务的合法性、合理性和有效性进行全程监督
参与管理职能	了解货币资金的来源与使用、周转效率、预期收支状况，对资金的安排运用提出合理化建议，及时提供货币资金使用与周转的信息，确保企业资金的正常周转和安全完整 对银行存款、各种票据进行管理，主动参与到会计循环的整体运作中

1.1.3 出纳工作权责

1. 出纳工作职责

出纳日常的工作职责包括下列事项。

（1）资金收付与银行结算业务

资金收付业务，主要包括日常办理银行存款收付和现金收付业务。

（2）票据管理

票据的管理主要指对银行支票（现金支票和转账支票）、汇票（银行汇票和商业汇票）、发票、收据的管理。

（3）凭证处理与日记账登记

根据会计制度相关规定，在办理现金和银行存款收付业务时，要严格审核有关原始凭证，据以编制记账凭证，然后依业务发生顺序逐笔登记现金日记账和银行存款日记账，并结出账户余额。

（4）差旅费报销

负责日常差旅费的报销工作，要熟悉报销流程，主要有以下两种情况。

① 员工出差若需要借支差旅费的，就必须由员工填写“差旅费借支单”，然后交总经理审批签名，财务审核确认无误后，最后交出纳人员发款。

② 员工出差回来后报销差旅费时，由员工据实填写支付证明单，并在单后面贴上发票，并有证明人签名、主管领导签名、会计审核后，交出纳人员给予报销。

（5）员工工资的发放与支付业务办理

每月，根据审核签章的工资支付清单，提前准备发放工资的资金以备工资发放日发放工资，或到银行办理委托支付业务。

（6）库存现金与有价证券保管

出纳人员应根据企业规章制度做好本企业库存现金、有价证券的保管。

（7）办理外汇出纳业务

根据国家外汇管理制度，及时办理结汇、购汇、付汇，避免国家外汇发生损失。

（8）印章、空白收据、空白支票的保管

企业的财务公章与出纳人员名章实行分管制。交由出纳人员保管的出纳印章，出纳人员应严格按规定用途使用，各种票据要办理领用和注销手续。

2. 出纳工作职权

根据《中华人民共和国会计法》、《会计基础工作规范》等法律法规的相关规定，出纳人员的工作职权主要包括以下6项权力，具体如图1-2所示。

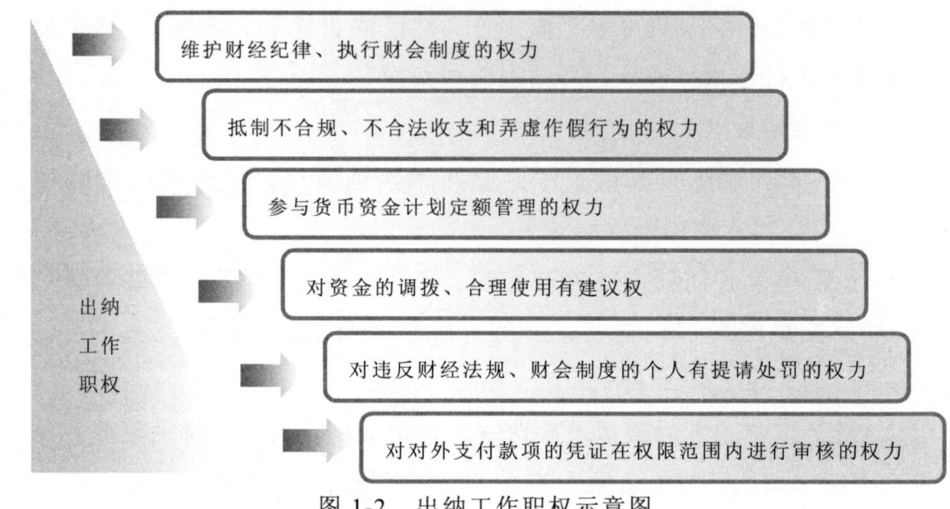

图 1-2　出纳工作职权示意图

1.2　会计应懂的那些事

1.2.1　懂会计法规

出纳是会计工作的重要环节，涉及的是现金收付、银行结算等活动。因此，出纳人员在经济活动中，不仅要明了自身的职责和权限，更要了解、熟悉并遵守国家有关会计、财税金融法规和各项会计制度，这是做好出纳工作的基本要求。

1.《中华人民共和国会计法》

《中华人民共和国会计法》(简称《会计法》)是以处理会计事务的各种经济关系为调整对象的法律规范的总称。该法第三十七条规定："会计机构内部应当建立稽核制度。出纳人员不得兼管稽核、会计档案保管和收入、支出、费用、债权债务账目的登记工作。"

2.《企业财务会计报告条例》

《企业财务会计报告条例》是根据《会计法》制定的，用来规范企业财务会计报告，保证财务会计报告的真实性、完整行。

3.《中华人民共和国税收征收管理法》

《中华人民共和国税收征收管理法》是为了加强税收征收管理，规范税收征收和缴纳行为的法律规定，其目的主要在于保障国家税收收入，保护纳税人的合法权益。

4.《企业会计准则》

《企业会计准则》是根据《会计法》和其他有关法律、行政法规制定的，用来规范企业会计确认、计量和报告的行为，保证会计信息的质量。

5.《会计档案管理办法》

《会计档案管理办法》是根据《会计法》和《中华人民共和国档案法》制定的，主要是为了加强会计档案管理，统一会计档案管理制度。

6.《中华人民共和国票据法》

《中华人民共和国票据法》对票据（包括汇票、本票和支票）行为，保障票据活动中当事人的合法权益等做出了规范。根据《中华人民共和国票据法》的规定，出纳人员不准签发空头支票，应严格遵守支票的使用和管理制度，从出纳这个岗位上堵塞结算漏洞。

7.《支付结算办法》

《支付结算办法》是依据《中华人民共和国票据法》和《票据管理实施办法》及有关法律、行政法规制定的，对支付结算行为，保障支付结算活动中当事人的合法权益，加速资金周转和商品流通等做出了具体规定。

8.《企业会计制度》

《企业会计制度》是为了规范企业的会计核算，真实、完整地提供会计信息。出纳人员应根据会计制度的规定，在办理现金和银行存款收付业务时，要严格审核有关原始凭证，再据以编制收付款凭证，然后根据编制的收付款凭证逐笔顺序登记现金日记账和银行存款日记账，并结出余额。

9.《会计基础工作规范》

《会计基础工作规范》是为了加强会计基础工作，建立规范的会计工作秩序，提高会计工作水平。

10.《中华人民共和国现金管理暂行条例》

《中华人民共和国现金管理暂行条例》是为了改善现金管理，促进商品生产和流通，加强对社会经济活动的监督。根据《中华人民共和国现金管理暂行条例》的规定，出纳人员在办理现金收付和银行结算业务时，应遵守但不限于下列规定。

① 严格遵守现金开支范围，非现金结算范围不得用现金收付。

② 遵守库存现金限额，超限额的现金按规定及时送存银行。

③ 现金管理要做到日清月结，账面余额与库存现金每日下班前应核对，发现问题，及时查对。

④ 银行存款账与银行对账单也要及时核对，如有不符，应立即与银行进行查对，查对确认无误后及时作出调整。

1.2.2 懂公司制度

公司制定的规章制度是出纳人员开展各项业务的准绳，所以，出纳人员在日常工作中必须不断增强规章制度意识，并于实际工作中不折不扣地维护这些规章制度与财务工作秩序。一般来说，公司制定的财务管理制度体系如图 1-3 所示。

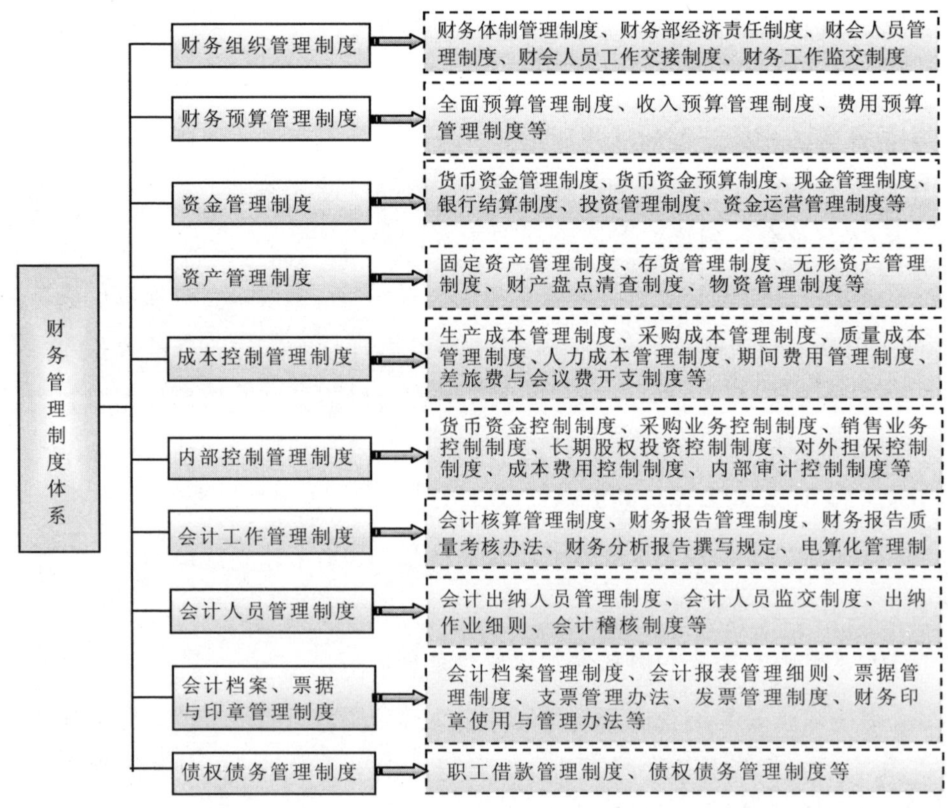

图 1-3 企业财务规章制度体系图

1.2.3 懂风险意识

1. 出纳的岗位意识

出纳虽是企业财务部最基层的岗位，看起来很简单，但要真正做好出纳工作却不是一件容易的事，所以作为出纳人员，一定要具有正确的岗位意识。

（1）出纳要有安全意识

现金、有价证券、票据、各种印鉴，既要有内部的保管分工，各负其责，并相互牵制；也要有对外的保安措施，从门、屉、柜的锁具配置，到保险柜密码的管理，都要符合保安的要求。出纳人员在密切配合保安部门工作的同时，更要增强自身的保全意识，学习保全知识，把保护自身分管的公共财产物资的安全、完整作为自己的首要任务。

（2）出纳要有保密意识

出纳人员应当保守本企业的商业秘密,除法律规定和企业领导同意外，出纳人员不得私自向外界提供或者泄露本企业的会计信息及经营信息。

（3）出纳要有法律意识

出纳人员直接掌握着企业的现金和银行存款，廉洁奉公是出纳人员的立身之本，是职业道德的核心。所以，出纳人员不仅要培养自己廉洁奉公的道德品质，更要加强自身的法律意识，不得利用职权之便贪污舞弊、监守自盗或参与一些违法犯罪的活动。

（4）出纳办事要严谨、工作要细心

出纳人员必须要养成与出纳职业相符合的工作作风，如在计算数字时要做到准确无误，在办理款项支付时手续要完备。总体而言，出纳人员开展工作时，要以“真实、准确、完整、安全”为原则，要牢记“出纳三字经”，减少或避免发生工作差错。

出纳三字经

出纳员，管钱款；地位重，很关键。心爱岗，身尽责；全身心，忙奉献。
看事件，要客观；出问题，依法办。上班前，清杂念；下班前，理钱款。
业务忙，莫慌乱；理头绪，逐件办。取现金，当面点；须谨慎，保安全。
收现金，数两遍；辨真假，莫赔款。支现金，慎审单；查无误，方可付。

收票据，要规范；不警觉，担风险。凭证单，第一关；要理清，保不乱。
报销单，仔细看；不合规，勿支款。工资款，及时点；速速发，事故免。
库现金，勤盘点；不积压，不挪欠。有余款，存银行；空白票，查后签。
余额款，要保全；不挪用，公司钱。长短款，不要乱；静下心，细查点。
借贷方，要理清；依单据，清现款。用印章，不可乱；钱钥匙，慎保管。
往来账，善保管；有机密，不外传。会计账，不兼管；职责明，免事端。
账外账，莫保管；出了事，要罚款。现金账，要记全；不出事，心坦然。

2. 出纳的风险提示

任何岗位都有岗位风险，出纳岗位尤其如此，这些岗位风险概括起来有以下 3 方面。

（1）来自企业内部的风险及应对

来自企业内部的风险主要体现在企业内部非财务人员进入财务部的办公室会给企业资金、财务信息的安全带来隐患。因此，企业应制定财务部办公室进出管理办法，控制企业因内部管理不善而给企业财务部门带来的风险，从而减少企业不必要的经济损失。

例如，有的企业会单独设立财务部门，且财务部独立一室。同时，对公司内部非财务人员进出财务部门要做出明确规定。

① 企业非财务人员非办公需要，不得私自进出财务部门闲逛或闲聊。

② 企业非财务人员若有办公需要，可持相关证件、凭证，经总经理审批签字后，方可进财务部门办理相关手续。

③ 外埠人员需办理财务事宜的，需持加盖单位公章的介绍信，并由公司内部人员陪同，在公司会客厅办理相关财务事宜。

（2）来自社会的风险及应对

出纳人员定期或不定期的要去银行送存现金或提取现金，当出纳提着装有现金的包或袋子在企业与银行之间的路上往返时，随时都有可能遭遇抢动、失窃等风险。

所以，企业应当采取一定的措施来避免意外事件的发生，如指派两人或多人随同出纳去银行办理现金送存或提现业务。同时，出纳人员在送存或提取现金的过程中，也应提高警惕、加强安全意识。在现金金额较大时，尽可能乘专车去乘专车回。

（3）来自出纳岗位的风险及应对

来自出纳岗位的风险主要体现在以下 5 个方面，其应对措施如表 1-2 所示。

表 1-2　来自出纳岗位的风险及应对措施表

来自出纳岗位的风险	企业应对措施
◇ 隐瞒企业的现金收入，据为己有 ◇ 未经批准私自将银行存款转出，挪做他用 ◇ 改动报销凭证，将他人已报账的凭证金额改大，骗取现金 ◇ 在他人已报账的凭证后插入粘贴支出票据，增大报销金额，骗取现金 ◇ 抽取他人之前已报账凭证，重新报销一次，骗取现金	◇ 制定完善的财务管理制度，加强内部控制，约束出纳行为 ◇ 规定出纳所有收入都必须开出合法的收款凭据，空白收款凭据必须到会计处登记领用，每用完一本要到会计处办理注销并交回收款凭据存根，会计人员要对存根进行认真核实 ◇ 出纳不得管理会计档案 ◇ 所有报销凭证，一律要由报销人在每张原始凭证后签名，报销凭证上要写明大写金额，会计人员要认真复核出纳交来的各种收入、支出原始凭证 ◇ 银行预留印鉴不能由出纳一人保管，要分开多人保管 ◇ 会计人员定期或不定期对库存现金进行盘点，月末应与出纳核对现金、银行存款账目，做到会计总账与出纳日记账月末余额相等、出纳日记账与银行存款对账单余额相等，确保账账相符、账实相符

第2章 出纳必知必通必做的那些事

2.1 出纳必知的知识

出纳是会计核算的重要环节，出纳工作直接参与经济活动过程。所以，出纳人员除了要掌握基本的岗位知识与技能外，还要熟悉一些基本的会计知识。

2.1.1 会计含义

会计是以货币为主要计量单位，以提高经济效益为主要目标，运用一系列专门的方法，通过记账、算账、报账等程序对企业的经济活动或事项进行全面、综合、连续、系统地核算和监督，提供企业财务状况、经营成果等经济信息，并在此基础上逐步开展预测、决策、控制和分析的一种经济管理活动。

2.1.2 会计职能

出纳人员了解了会计含义以后，还应该了解会计的职能。会计的职能是指会计在企业经济管理活动中所具有的功能，是会计固有的功能，是会计本质的体现。我国《会计法》把会计的基本职能概括为“核算”和“监督”。

1. 核算职能

会计的核算职能是指会计通过确认、计量、记录、报告等方式，以货币作为主要计量单位进行的经济活动内容转变成对企业决策者搜集、处理、存储和输送各种会计信息。

会计核算是会计工作的基本环节，其具体内容包括如图 2-1 所示的 7 个方面。

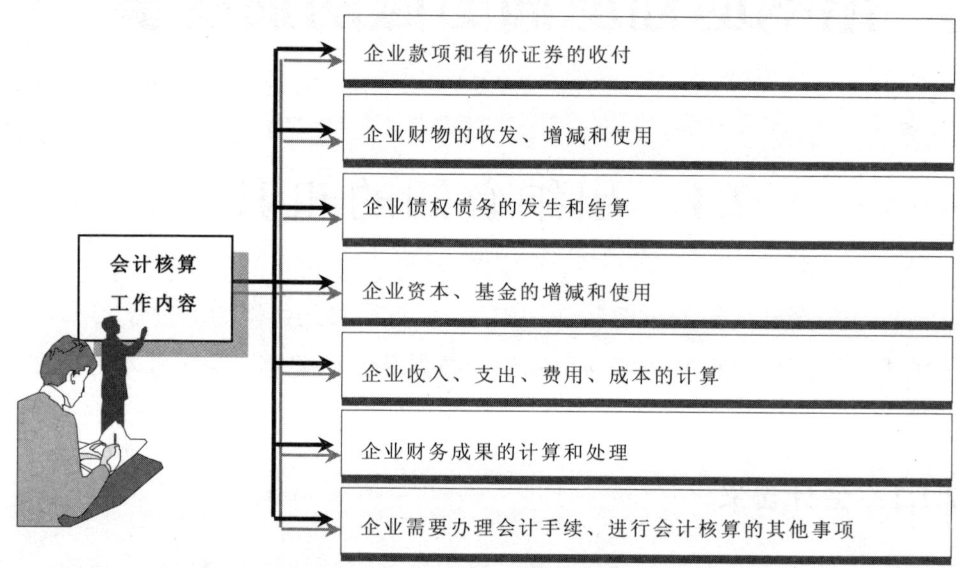

图 2-1 会计核算工作内容

2. 监督职能

会计的监督职能又称会计控制职能，是指控制、规范企业经济活动的运行，使其达到预定目标的功能。会计监督职能是全部会计管理工作的核心，与会计核算有着密切联系，具有监督经济活动的合法性与合理性两个方面。

会计监督分为内部监督和外部监督。其中，外部监督又分为国家监督和社会监督。而内部监督属于各企业内部执行的控制活动，如建立内部会计监督制度并监督执行。

建立内部会计监督制度应当符合 5 个方面的要求，如图 2-2 所示。

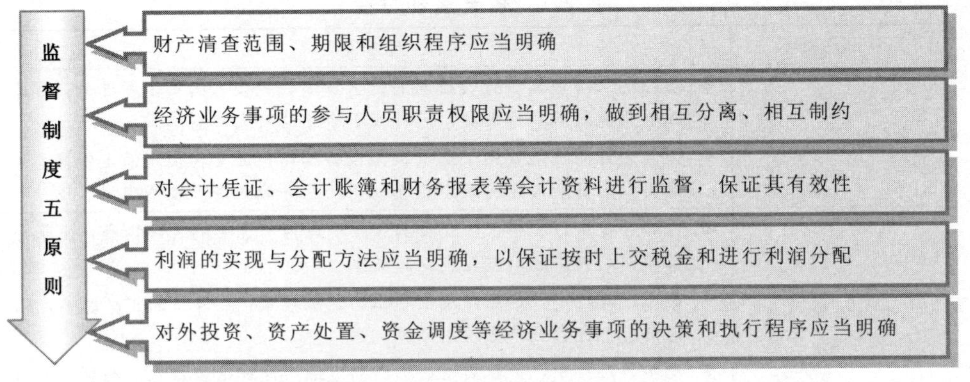

图 2-2　企业会计监督制度建立原则

3. 核算职能与监督职能的关系

会计的核算职能与监督职能关系是十分密切的，两者相辅相成。只有在对经济业务活动进行正确核算的基础上才有可能提供可靠的会计资料作为会计监督的依据；同时，也只有搞好会计监督以保证企业经济业务按规定要求进行，才能发挥会计核算的作用。

会计核算是会计监督的基础，而会计监督是会计核算的保证，两者必须结合起来发挥作用，才能正确、及时、完整地反映经济活动，有效地提高经济效益。

注意事项

随着社会经济的发展和经济管理的现代化，会计的职能也会随之发生变化，一些新的职能不断出现，因此，除了会计核算、监督两个基本职能之外，还有分析经济情况、预测经济前景、参与经济决策等各种辅助决策职能。

2.1.3　会计对象

会计对象是指会计核算和监督的内容，凡是能以货币表现的价值活动、资金活动等经济活动的特定对象，都是会计核算和监督的内容。

其中，企业资金活动包括资金投入、资金运用和资金退出三个部分，具体如表 2-1 所示。

表 2-1　资金活动过程

资金活动	具体说明
资金的投入	◆ 资金的来源包括所有者投入的资金和债权人投入的资金两部分，前者属于企业的所有者权益，后者属于企业债权人权益 ◆ 投入企业的资金要用于购买机器设备和材料并支付员工的工资等，这样投入的资金最终构成企业流动资产、非流动资产和费用
资金的循环和周转	◆ 在企业供应过程中，企业要购入生产过程所需要的各项物资，计算采购成本，同供应单位发生结算关系 ◆ 在生产过程中，企业要发生产品的各项耗费，计算产品生产成本，同内部员工和有关单位发生结算关系 ◆ 在销售过程中，企业要销售生产的产品，计算销售收入，销售成本和销售发生的费用，同购货单位发生结算关系
资金的退出	◆ 收回的货币资金，有一部分留在企业，进行成本费用的补偿；有一部分要退出企业，用于缴纳各项税费，偿还各项债务、向所有者分配利润

2.1.4　会计要素

会计要素是指根据交易或者事项的经济特征所确定的财务会计对象的基本分类。我国《企业会计准则》将会计要素分为资产、负债、所有者权益、收入、费用和利润六大要素。

会计要素是对会计对象的分类，是会计对象的具体化，是设置会计科目的基本依据，也是构成财务报表的基本要素。在会计六要素中，前三个要素反映企业的财务状况，面后三大要素则反映企业的经营成果。

1. 资产

资产是指企业过去的交易或事项形成的、由企业拥有或者控制的、预期会给企业带来经济利益的资源。企业的资产按流动性可分为流动资产和非流动资产。

① 流动资产是指企业可以在一年或者超过一年的一个营业周期内变现或者运用的资产。包括库存现金、银行存款、短期投资、存货、应收及预付款项等。

② 非流动资产是指流动资产以外的资产，主要包括长期股权投资、固定资产、在建工程、无形资产等。

2. 负债

负债是指企业因过去的交易或者事项形成的、预期会导致经济利益流出企业的现时业务。企业的负责按其偿还期限可分为流动负债和非流动负债。

① 流动负债是指将在 1 年（含 1 年）或者超过 1 年的一个营业周期内偿还的债务，包括短期借款、应付票据、应付账款、预收账款、应付职工薪酬、应付股利、应交税费和应付利息等。

② 非流动负债是指偿还期在 1 年以上或者超过 1 年的一个营业周期以上的负债。包括长期借款、应付债券等。

3. 所有者权益

所有者权益是指企业资产扣除负债后由所有者享有的剩余权益，又称为股东权益，具体包括实收资本（或者股本）、资本公积、盈余公积和未分配利润。其中，盈余公积和未分配利润又合称为留存收益。

① 实收资本是指投资者按照企业章程或合同、协议的约定，实际投入企业的资本，它是企业注册登记的法定资本总额的来源，它表明所有者对企业的基本产权关系。

② 资本公积是指投资者或他人投入到企业、所有权归属于投资者、且投入金额上超过法定资本部分的资本。资本公积主要有两方面用途，一是用来转增资本，二是用来弥补亏损。

③ 盈余公积是指企业按照规定从净利润中提取的各种积累资金，包括法定盈余公积和任意盈余公积。

④ 未分配利润是指企业未作分配的利润。未分配利润在以后年度可继续进行分配，但在未进行分配之前，属于所有者权益的组成部分。

4. 收入

收入是指企业在日常活动中形成的、会导致所有者权益增加的、与所有者投入资本无关的经济利益的总流入，包括主营业务收入和其他业务收入等。

① 主营业务收入是指企业从事某种主要生产、经营活动所取得的营业收入。

② 其他业务收入是指用于核算企业除主营业务收入以外的其他销售或其他业务的收入，如材料销售、代购代销、包装物出租等收入。

5. 费用

费用是指企业在日常活动中发生的会导致所有者权益减少的、与向所有者分配利润无关的经济利益的总流出。会计费用包括直接费用、间接费用和期间费用。期间费用又包括销售费用、管理费用和财务费用。费用构成如图 2-3 所示。

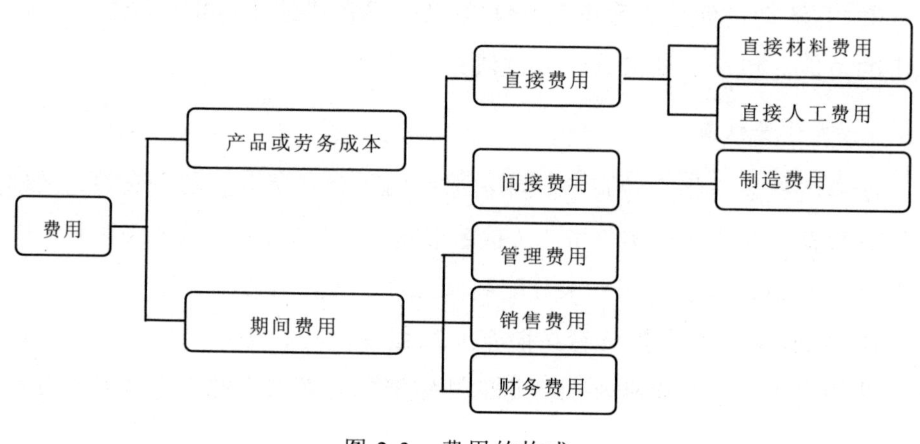

图 2-3 费用的构成

6. 利润

利润是指企业在一定期间内的经营成果。利润应于利润表中依次列示成营业利润、利润总额、净利润。

① 营业利润是企业在销售商品、提供劳务等日常活动中所产生的利润。

营业利润=营业收入-营业成本-税金及附加-管理费用-财务费用-销售费用-资产减值损失+公允价值变动净收益+投资净收益

② 利润总额=营业利润+营业外收入-营业外支出

③ 净利润=利润总额-所得税费用。

其中，所得税费用是指企业确认的应从当期利润总额中扣除的所得税费用。

2.1.5 会计等式

会计等式，也称会计平衡公式或会计方程式，即反映各会计要素数量关系的等式，是在会计核算中对各会计要素的内在经济关系利用数学公式所作的概括表达。

会计等式向人们揭示各会计要素之间的联系，是复式记账、试算平衡和编制会计报表的理论依据。在日常工作中，会计人员常用到三大会计等式，如表 2-2 所示。

表 2-2　三大会计等式

等式形式	等式名称	反映状态
资产＝负债＋所有者权益 资产－负债＝所有者权益	资产负债表等式	◆ 反映资产、负债和所有者权益三大会计要素的内在关系 ◆ 反映企业某一特定日期的全部资产及其相应来源情况，即企业财务状况的公式 ◆ 解释资金运动的静态方面 ◆ 设置账户、复式记账、试算平衡和编制资产负债表的理论依据
收入－费用＝利润	利润表等式	◆ 反映收入、费用和利润三大会计要素的内在关系 ◆ 反映企业某一时期的盈利或亏损情况，即企业经营成果的等式 ◆ 揭示资金的动态方面 ◆ 编制利润表的理论依据
资产＝负债＋所有者权益＋（收入-费用）		◆ 综合反映企业生产经营活动中的变动情况，及财务状况和经营成果的内在联系

2.1.6　会计科目

会计科目是为了满足会计确认、计量、报告的要求，符合企业内部会计管理和外部信息需要，对会计要素的具体内容进行分类的项目。设置会计科目是对会计对象具体内容按一定的性质进行归类的一种专门方法。

1. 会计科目的分类

会计科目的分类，如表 2-3 所示。

表 2-3　会计科目的分类

按会计科目提供信息的详细程度及其统驭关系不同			按会计科目所反映的经济内容不同
总分类科目	原材料	应付账款	资产类 负债类 所有者权益类 成本类 损益类等科目
明细分类科目	某种材料	某家企业	

2. 常用会计科目表

按照《企业会计准则》的规定，企业常用的会计科目，如表 2-4 所示。

表 2-4 《企业会计准则》设置的常用会计科目表

顺序号	编号	会计科目名称	顺序号	编号	会计科目名称
		一、资产类	31	1601	固定资产
1	1001	库存现金	32	1602	累计折旧
2	1002	银行存款	33	1603	固定资产减值准备
3	1021	其他货币资金	34	1604	在建工程
4	1101	交易性金融资产	35	1605	工程物资
5	1121	应收票据	36	1606	固定资产清理
6	1122	应收账款	37	1611	未担保余值
7	1123	预付账款	38	1701	无形资产
8	1131	应收股利	39	1702	累计摊销
9	1132	应收利息	40	1703	无形资产减值准备
10	1221	其他应收款	41	1711	商誉
11	1231	坏账准备	42	1801	长期待摊费用
12	1321	受托代销商品	43	1811	递延所得税资产
13	1401	材料采购	44	1901	待处理财产损益
14	1402	在途物资			**二、负债类**
15	1403	原材料	45	2001	短期借款
16	1404	材料成本差异	46	2101	交易性金融负债
17	1405	库存商品	47	2201	应付票据
18	1406	发出商品	48	2202	应付账款
19	1407	商品进销差价	49	2203	预收账款
20	1408	委托加工物资	50	2211	应付职工薪酬
21	1411	周转材料	51	2221	应交税费
22	1471	存货跌价准备	52	2231	应付利息
23	1501	持有至到期投资	53	2232	应付股利
24	1502	持有至到期投资减值准备	54	2241	其他应付款
25	1503	可供出售金融资产	55	2314	受托代销商品款
26	1511	长期股权投资	56	2401	递延收益
27	1512	长期股权投资减值准备	57	2501	长期借款
28	1521	投资性房地产	58	2502	应付债券
29	1531	长期应收款	59	2701	长期应付款
30	1532	未实现融资收益	60	2702	未确认融资费用

续上表

顺序号	编号	会计科目名称	顺序号	编号	会计科目名称
61	2711	专项应付款	76	5301	研发支出
62	2801	预计负债			**六、损益类**
63	2901	递延所得税负债	77	6001	主营业务收入
		三、共同类	78	6051	其他业务收入
64	3101	衍生工具	79	6061	汇兑损益
65	3201	套期工具	80	6101	公允价值变动损益
66	3202	被套期项目	81	6111	投资损益
		四、所有者权益类	82	6301	营业外收入
67	4001	实收资本	83	6401	主营业务成本
68	4002	资本公积	84	6402	其他业务成本
69	4101	盈余公积	85	6403	税金及附加
70	4103	本年利润	86	6601	销售费用
71	4104	利润分配	87	6602	管理费用
72	4201	库存股	88	6603	财务费用
		五、成本类	89	6701	资产减值损失
73	5001	生产成本	90	6711	营业外支出
74	5101	制造费用	91	6801	所得税费用
75	5201	劳务成本	92	6901	以前年度损益调整

2.1.7 会计账户

会计账户是指以管理需要与会计信息使用者的具体要求，对会计要素的内容进行科学的再分类，并赋予每一个类别以名称及相应的结构。设置会计账户时应该立足于对会计要素进行科学的分类。会计账户的设置应该考虑到信息使用者的需要。

会计账户的结构是指会计账户的格式及其各部分之间的关系，其结构取决于不同的记账方法和账户性质。会计账户的基本结构一般包括“借方”和“贷方”，形成一个T型，T的左边记录账户的借方内容，T的右边则记录账户的贷方内容。T型账户的具体形式如图2-4所示。

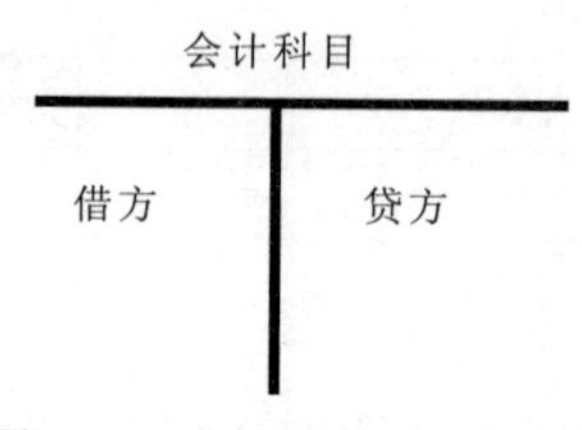

图 2-4　会计账户 T 型图

在我国企业财务人员的实际工作中，三栏式账户的基本结构一般分为“借方”、“贷方”、“余额”、“凭证号数”及“摘要”等栏目，其形式如表 2-5 所示。

表 2-5　三栏式账户

账户名称：

年		凭证号数	摘　要	借　方	贷　方	借或贷	余　额
月	日						

2.1.8　会计核算

会计核算工作主要包括设置会计科目和账户、复式记账、填制和审核凭证、登记账簿、成本归集与计算、财产清查和编制财务报表。

1. 设置会计科目和账户

设置会计科目和账户，以便对会计对象具体内容进行分类核算。

2. 复式记账

复式记账是对每一项经济业务，都要以相等的金额同时在两个或两个以上的相关账户中进行记录的方法，以便了解经济业务发生的来龙去脉，检查有关经济业务的记录是否正确。

3. 填制和审核凭证

会计凭证是记录经济业务和明确经济责任的书面证明，是登记账簿的依据。会计凭证分为原始凭证和记账凭证。所有凭证都必须经过会计人员和相关人员的审核，只有审核无误的原始凭证，才能作为编制记账凭证的依据。

4. 登记账簿

账簿是用来记录经济业务发生和完成情况的簿籍。登记账簿应当以审核无误的记账凭证为依据，将记账凭证中的有关经济业务分别记入有关账户。

5. 成本归集、分配与计算

成本计算实际上是一种会计计量活动，它是解决会计核算对象的货币计价问题。成本计算就是在生产经营活动中，对一定对象的归集、计算，来确定该对象的总成本和单位成本的会计方法。

6. 财产清查

财产清查就是通过实物盘点、往来款项的核对来检查财产和资金实有数额的方法。在财产清查中，发现财产、资金账目数目与实存数目不符时，应及时查明原因，经过批准调整账目记录，做到账实相符。

7. 编制财务报表

财务报表是对日常核算的总结，是根据账簿记录定期编制的，是用来总括的反映单位在一定时期内经济活动过程和结果的一种方法。财务报表为进行财务管理人员分析、检查、衡量、评价企业的财务状况提供了依据。

2.1.9 会计凭证

会计凭证是记录经济业务、明确经济责任、按一定格式编制的据以登记会计账簿的书面证明。

1. 会计凭证分类

会计凭证的种类很多，按其编制程序和用途不同，通常分为原始凭证和记账凭证两大类。

原始凭证是在经济业务发生或完成时取得或填制的，用以记录或证明经济业务的发生或完成情况的文字凭据，是进行会计核算工作的原始资料和重要依据。

记账凭证是会计人员根据审核无误的原始凭证按照经济业务事项的内容加以归类，并据以确定会计分录后所填制的会计凭证，是登记账簿的直接依据。

这两大类凭证的具体分类如表 2-6 所示。

表 2-6　会计凭证类别一览表

	凭证名称	细分依据	细分后的凭证	具体示例
会计凭证	原始凭证（单据）	按来源不同	外来原始凭证	发票、银行收付款通知单等
			自制原始凭证	收料单、领料单、开工单、成本计算单、出库单等
		按填制手续及内容不同	一次原始凭证	领料单、借款单、入库单、材料费用分配表等
			累计原始凭证	限额领料单等
			汇总原始凭证	工资汇总表、现金收入汇总表、发料凭证汇总表等
		按格式不同	通用原始凭证	全国通用的增值税发票、银行转账结算凭证等
			专用原始凭证	收料单、领料单、工资费用分配单、折旧计算表等
	记账凭证（记账凭单）（分录凭单）	其适用的经济业务	专用记账凭证	按其所记录的经济业务又分为收款凭证、付款凭证和转账凭证三种
			通用记账凭证	适用于经济业务比较简单的企业

① 外来原始凭证是指在同外单位发生经济往来业务或事项时，从外单位取得的凭证。

② 自制原始凭证是指在经济业务事项发生或完成时，由企业内部经办部门或人员填制的凭证。

③ 一次原始凭证是指只反映一项经济业务或同时记录若干项同类性质经济业务的原始凭证，其填制手续是一次完成的。

④ 累记原始凭证是指在一定时期内（一般以一月为限）连续发生的同类经济业务的自制原始凭证，其填制手续是随着经济业务事项的发生而分次进行的。

⑤ 汇总原始凭证是指根据一定时期内反映相同经济业务的多张原始凭证，汇总编制而成的自制原始凭证，以集中反映某项经济业务总括发生情况。

⑥ 通用原始凭证是由有关部门统一印制、在一定范围内使用的具有统一格式和使用方法的原始凭证。

⑦ 专用原始凭证是企业自行印制、仅在本企业内部使用的原始凭证。

⑧ 专用记账凭证是用来专门记录某一类经济业务的记账凭证，具体又包括收款凭证、付款凭证和转账凭证三种。

● 收款凭证是用于记录库存现金和银行存款收款业务的会计凭证。它是根据有关现金和银行存款收入业务的原始凭证填制，是登记现金日记账、银行存款日记账以及有关明细账和总账等账簿的依据，也是出纳人员收讫款项的依据。

● 付款凭证是用于记录库存现金和银行存款付款业务的会计凭证。它是根据有关现金和银行存款支付业务的原始凭证填制，是登记现金日记账、银行存款日记账以及有关明细账和总账等账簿的依据，也是出纳人员付讫款项的依据。

● 转账凭证是用于记录不涉及库存现金和银行存款业务的会计凭证。它是根据有关转账业务的原始凭证填制。转账凭证是登记总分类账及有关明细分类账的依据。

⑨ 通用记账凭证，是用来记录各种经济业务的记账凭证，是一种简化的记账凭证。

2. 会计凭证的传递

会计凭证的传递是指会计凭证从填制或取得时间起，在企业内部各有关部门和人员之间的传递程序和传递时间。

企业在制定会计凭证传递程序、规定传递时间时，通常要考虑以下 2 点内容。

① 根据本企业经济业务的特点、企业内部机构的设置和人员分工情况， 以及经营管理的需要，从完善内部控制机制的角度出发，规定各种会计凭证的联次及其流程，使经办业务的部门及人员既能利用凭证了解经济业务的情况，又能及时办理各种凭证手续，避免凭证在传递过程中出现不必要的环节，提高工作效率。

② 根据有关部门和人员办理经济业务的需要，确定会计凭证在各个环节的停留时间，保证业务的完成，防止不必要的耽搁，使会计凭证能以最快的速度反映、记录经济业务的发生和完成情况。

3. 会计凭证的保管

会计凭证的保管是指会计凭证登账后的整理、装订和归档存查。会计凭证是登记账簿的依据，是重要的经济档案和历史资料，所以对会计凭证要妥善保管、防止丢失和损坏。对会计凭证的保管要注意以下6大事项。

① 会计凭证应定期装订成册，防止散失。

② 会计凭证封面应注明单位名称、凭证种类、凭证张数、起止号数、年度、月份、会计主管人员、装订人员等有关事项，会计主管人员和保管人员应在封面上签章。

③ 会计凭证应加贴封条，防止抽换凭证。原始凭证不得外借，其他单位如有特殊原因确实需要使用时，经本单位会计机构负责人、会计主管人员批准，可以复制。向外单位提供的原始凭证复制件，应在专设的登记簿上登记，并由提供人员和收取人员共同签名、盖章。

④ 原始凭证较多时，可单独装订，但应在凭证封面注明所属记账凭证的日期、编号和种类，同时在所属的记账凭证上应注明“附件另订”及原始凭证的名称和编号，以便查阅。

⑤ 每年装订成册的会计凭证，在年度终了时可暂由单位会计机构保管一年，期满后应当移交本单位档案机构统一保管；未设立档案机构的，应当在会计机构内部指定专人保管。出纳人员不得兼管会计档案。

⑥ 严格遵守会计凭证的保管期限要求，期满前不得任意销毁。

2.1.10 会计分录

会计分录是指对某项经济业务标明其应借、应贷的账户（科目）名称及其金额的记录，简称“分录”。完整的会计分录由应借、应贷的账户（科目）名称，应借、应贷方向及金额三要素构成。

会计分录编制步骤如图2-5所示。

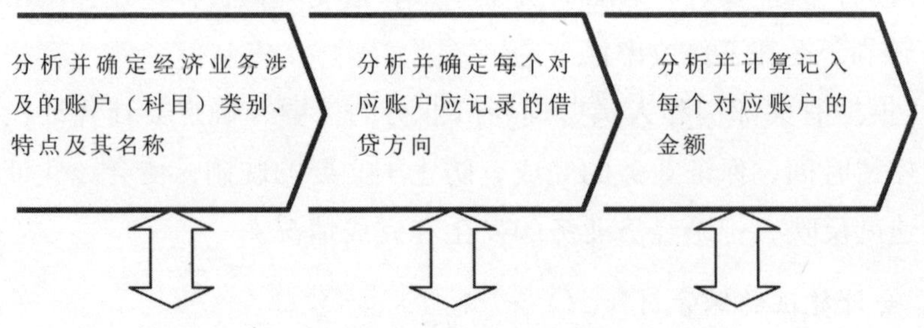

图2-5 会计分录编制步骤

编制会计分录时应遵循三大原则。

① 上借下贷，借贷不齐头（上下错开 1 ~ 2 个字，有借必有贷）。

② 借方账户和贷方账户应当分行列示，不可列在同一行。

③ 借方合计金额必须等于贷方合计金额（借贷必相等）。

2.1.11 会计账簿

会计账簿简称账簿，是由具有一定格式、相互联系的账页所组成，用来序时、分类、全面地记录一个企业、单位经济业务事项的会计簿籍。

1. 会计账簿的分类

会计账簿的分类方式及具体种类，如图 2-6 所示。

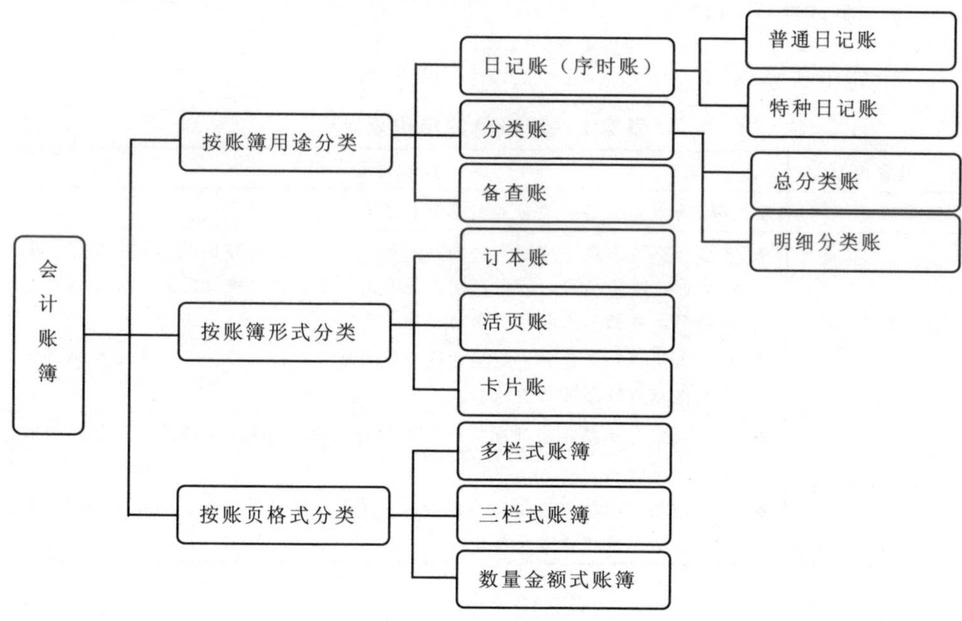

图 2-6 会计账簿的种类

普通日记账是将企业每天发生的所有经济业务，不论其性质如何，按其先后顺序，编成会计分录记入账簿。

特种日记账是按经济业务性质单独设置的账簿，它只把特定项目按经济业务顺序记入账簿，反映其详细情况，如库存现金日记账和银行存款日记账。

总分类账，简称总账，是根据一级会计科目开设账户，用来全面地、连续地记录和反映全部经济业务的账簿。总分类账所提供的核算资料，是编制财务报表的主要依据，任何单位都必须设置总分类账。

明细分类账，简称明细账，是根据总分类科目所属二级科目或明细科目开设账户，用来分类登记某一类经济业务，提供明细核算资料的分类账簿。明细分类账所提供的有关经济活动的详细资料，是对总分类账所提供总括核算资料的必要补充，也是编制财务报表的依据。

备查账簿又称辅助账簿，是对某些在序时账簿和分类账簿等主要账簿中未记录或记录不够详细的经济业务进行补充登记的账簿。备查账簿的设置应视实际需要而定，没有固定格式。如设置租入固定资产登记簿、代销商品登记簿、应收票据备查簿等。

2. 会计账簿的启用

在启用新账簿时，应按表 2-7 所示规定填写。

表 2-7　新账簿的启用规定

设置内容	具体要求
账簿封面	◆ 在账簿封面上写明“企业名称”和“会计账簿名称”
账簿扉页	◆ 在会计账簿扉页上应附有“经办人员一览表”，内容包括：单位名称、账簿名称、账簿页数、启用日期、记账人员和会计机构负责人、会计主管人员姓名，并加盖人名章和单位公章 ◆ 会计人员调动工作时，应当注明交接日期、接办人员和监交人员姓名，并由交接双方签名或者盖章
粘贴印花税票	◆ 印花税票一律粘在账簿扉页启用表的右上角，并在印花税票中间划两根横线，以示注销 ◆ 如使用税务缴款书缴纳印花税的，应在账簿扉页启用表上的左上角注“印花税已缴”及“缴款金额”

3. 会计账簿的保管

会计账簿是企业重要的经济资料，必须建立归档、管理制度，妥善保管，以备日后查阅。会计账簿的管理分为日常管理和归档管理两部分。

各种会计账簿同会计凭证和财务报表一样，必须按照相关制度统一规定的保存年限妥善保管，不得丢失和任意销毁。保管期满后，应按照规定的审批程序报经批准后才能销毁，销毁时应派人监销。

4. 会计账簿的更换

结账时，会计人员应将需要更换账的各账户的年末余额直接记录到新启用的有关账户中去，不需要编制记账凭证，也不必将余额再记入本年账户的借方或贷方，使本年有余额的账户的余额变为零。

更换新账时，要注明各账户的年份，然后在第一行日期栏内写明“1月1日”，在摘要栏注明“上年结转”，把上年账户余额写入“余额”栏内，在此基础上登记新年度会计事项。

2.1.12 出纳与会计的关系

出纳与会计的关系，从所分管的账簿来看，会计可分为总账会计、明细账会计和出纳。三者既有区别又有联系。

1. 出纳与会计的区别

出纳与会计的区别主要体现在分工不同，三个岗位之间实行钱账分管制度。

出纳人员不得兼管稽核和会计档案保管，不得负责收入、费用、债权债务等账目的登记工作；总账会计、明细账会计则不得管钱管物。

总账会计负责企业经济业务的总括核算，为企业经济管理和经营决策提供总括、全面的核算资料；明细账会计分管企业明细账，为企业经济管理和经营决策提供明细分类核算资料。

出纳则分管企业票据、货币资金以及有价证券等的收付、保管、核算工作，为企业经济管理和经营决策提供各种金融信息。

2. 出纳与会计的联系

出纳与会计的联系主要表现为分工和协作的关系，具体可从以下4个方面来阐述。

（1）出纳与会计既有依赖性又有制约性

出纳、明细分类账会计、总账会计之间相互依赖，即其核算工作都是根据原始凭证和记账凭证进行。所以，他们通过凭证的传递，互相利用对方的核算资料，共同完成会计任务。

出纳、明细分类账会计、总账会计之间又相互牵制。例如，出纳的现金日记账余额和银行存款日记账余额与总账会计的现金总分类账余额和银行存款总分类账的余额具有相等的关系。总分类账余额与其所属的明细分类账余额之和，有金额上的等量关系。

（2）出纳与会计的区别是相对的

出纳核算也是一种特殊的明细核算，要求分别按照现金和银行存款设置日记账，银行存款还要按照存入的不同户头分别设置日记账，逐笔序时地进行明细核算。

每天，现金日记账要结出余额，与实际库存数进行核对；银行存款日记账也要结出余额，方便掌握银行资金的收支情况，并在规定的日期与银行对账单进行核对。

月末，出纳和会计都必须按规定进行结账，并且进行日记账、明细账与总分类账的核对。

（3）出纳既管日记账，又管财物

出纳是既要进行现金日记账和银行存款日记账的登账工作，又要进行现金、有价证券等实物的管理和银行存款的收付业务。

而企业其他财会人员都是管账不管钱、管账不管物。

（4）出纳工作直接参与经济活动过程

企业货款的结算，即货款的收付，必须通过出纳工作来完成。企业往来款项的支付、各种有价证券的经营以及其他金融业务的办理，都需要有出纳人员的参与，这是出纳工作的一个显著特点。

而企业其他财务方面的工作,财会人员一般不直接参与经济活动过程，而只对其进行反映和监督。

2.2 出纳必通的技能

2.2.1 点钞做到一熟、二快、三准

出纳人员正确掌握点钞技巧,是出纳人员做好出纳工作的基本功之一。出纳人员应通过刻苦锻炼，做到查点钞票一熟、二快、三准。

1. 点验纸币

出纳人员点钞常用的方法是手持式单指单张点钞法,单指单张点钞法,

是指点钞时用一个手指一次点一张钞票的方法。这种点钞方法能够看到钞票的大部分，容易识别残钞、假钞。其点钞程序一般为：整理或拆捆→持钞→清点→扎把→盖章。

（1）整理或拆捆

① 对于不成把或零散的纸币，应事先进行整理，使其各立面整齐。

② 对于成捆的纸币，应拆掉待点钞票的封条，并使其立面整齐。

（2）持钞

① 将纸币横放成一摞，把左上角夹在左手中指与无名指之间，并用力夹紧。

② 以左手中指与无名指夹住的纸币部分作为折点，用左手食指压在纸币上部、大拇指自然向上呈 30° 左右轻摁纸币，左手食指与大拇指形成一个夹角，轻夹纸币。

③ 用右手大拇指、食指将纸币右角轻轻地夹住，使纸币右半部分自左至右形成成半扇形且能上下捻动，做好点钞准备。

持钞后的手部姿势如图 2-7 所示。

图 2-7 持钞手部姿势示意图

（3）清点

① 左手持钞并形成半扇形后，用右手大拇指轻捻纸币向怀里弹，左手大拇指同时配合轻轻推送纸币，依此法依序清点。

② 在清点的同时要记数，在点钞速度快的情况下，往往采用分组记数法。这种记数法把 10 做 1 记，即 1、2、3、4、5、6、7、8、9、1（即 10），1、2、3、4、5、6、7、8、9、2（即 20），以此类推，数到 1、2、3、4、5、6、7、8、9、10（即 100）。

（4）扎捆

把点准的百张钞票，用捆钞条扎紧；不足百张的钞票，在捆钞条上写清实点数。

（5）盖章

在扎好的捆钞条上加盖出纳人员的名章，以明确责任。

手工点钞注意事项

- 点成捆的现金时，一定要拆捆清点，必须对每张纸币进行真伪、金额的确认，不可简化。
- 在点钞过程中，左手中指与无名指夹住纸币的力量要越来越大，以防纸币脱落。
- 点钞时，要求手中点钞、口中念数、脑中记数、眼睛挑残。
- 对清点完的现金，一般都会另一面进行二次清点，以提高清点的准确性。

2. 整理、清点硬币

出纳人员在收到硬币尾零款时，应及时进行手工整理、清点。其具体程序一般为：拆卷→点数→包装。

（1）拆卷

① 在工作台上放置清点完后的硬币包装纸。

② 右手持硬币卷的 1/3 部位，放在包装纸的中间。

③ 左手撕开硬币包装纸的一头。

④ 右手大拇指向下从左到右顶开包装纸，把纸从卷上面压开后，将卷放在工作台上。

⑤ 左手食指平压硬币，右手抽出已压开的包装纸，这样即可准备清点。

（2）点数

点数时，一般均按币值由大到小进行清点。

① 左手持币，右手拇指食指分组。

② 右手中指从一组中间分开查看，如一次点 18 枚为一组，即从中间分开一边 9 枚；如一次点 10 枚为一组，一边为 5 枚。

③ 分组计数，一组为一次，如点10枚即记10记（如点58枚为5次加8枚，其他以此类推）为一卷叠放在包装纸上。

（3）包装

① 硬币清点完毕，用双手的无名指分别顶住硬币的两头，用拇指、食指、中指捏住硬币的两端，将硬币取出放入已准备好的包装纸1/2处。

② 用双手拇指把里半部的包装纸从外掀起掖在硬币底部，再用右手掌心用力向外推卷。

③ 用双手的中指、食指、拇指分别将两头包装纸压下均贴至硬币。

④ 使硬币两头压三折，包装完毕。

2.2.2 熟练使用一机、一柜、一器

1. 熟练使用点钞机

出纳人员应做到熟练使用点钞机点钞，其操作步骤如下。

① 打开点钞机使其处于工作状态。

② 把待点钞票整理平整，按不同的面值分开并清除钞票上的污染物，将钞票码放整齐，开始点钞操作。

③ 将钞票均匀扇开成小斜坡状，平整放入喂钞台，使钞票从上面第一张开始依次自然下滑，通过捻轮机进入机器内。

④ 随着点钞机开始工作，握钞票的手指逐渐松开，切不可向下推挤钞票。

⑤ 喂钞台内的钞票清点完后，点钞机自动停止。

清点过程中，点钞机若发现假币或问题纸币，机器会自动停止，发出报警或指示灯亮且闪烁。

机器点钞注意事项

- ◆ 纸币不能褶皱，在喂钞时，一定要将纸币放正。
- ◆ 点钞机运行时，不得将手或非钞票物品放入喂钞台，防止发生人身或设备事故。
- ◆ 对已清点、检验完的现金，一般应倒换一面再行清点、检验，以提高清点的准确性。

◆ 对数量较大的现金，应当辅以手工点钞，以确保现金金额准确、纸币真实。

2. 熟练使用保险柜

（1）保险柜钥匙或密码管理

若企业使用机械型保险柜，则该保险柜应配备两把钥匙。一把由出纳人员保管，供出纳人员日常工作开启使用；出纳人员不能将保险柜钥匙交由他人代为保管。另一把交由保卫部门或企业财务部门最高负责人（如总会计师、财务总监、财务部经理）处备份封存，以备特殊情况下经有关领导批准后开启使用。

若企业使用电子保险柜，出纳人员应熟记保险柜的密码，不得书面记载，不得向他人泄露，以防为他人利用。出纳人员离职或调动岗位时，新出纳应更换使用新的密码。

（2）保险柜开启使用

① 非出纳人员在一般情况下不得任意开启由出纳人员掌管使用的保险柜。若有特殊需要开启的，应按规定程序由企业财务部门最高负责人（如总会计师、财务总监、财务部经理）开启。

② 出纳人员或企业财务部门最高负责人在开启、关闭保险柜时，应当回避他人。

③ 出纳人员应将空白支票（包括现金支票和转账支票）、收据、印章、有价证券、存折、贵重物品等放入保险柜内。

④ 保险柜内一般只存放 3～5 天日常零星开支所需的库存现金，必须遵守《中华人民共和国现金管理暂行条例》不得超额存放巨额现金。

⑤ 保险柜内不得存放私人财物。

（3）保险柜防盗管理

出纳人员应 24 小时开启保险柜的报警功能，其电池也要定期一次性全部更换。节假日满两天以上或出纳员离开两天以上没有派人代其工作的，应在保险柜锁孔处贴上封条，出纳人员到位工作时揭封。

日常工作中，万一发现保险柜被盗或封条被撕掉，出纳人员不要过于慌张，应当迅速采取下列措施。

① 立即保护好现场，禁止他人进入现场，禁止任何人碰触现场的物品。

② 立即报告主管领导、保安部门。

③ 迅速向公安机关报案，待公安机关勘查现场后方能清理财物。

④ 不向任何无关人员泄露保险柜被盗的信息。

⑤ 协助公安机关破案，回忆并提供可能对破案有用的信息。

3. 计算器使用及示范

计算器是出纳人员不可缺少的工具之一，因此，出纳人员不仅要熟悉计算器，还要会熟练使用计算器。

出纳人员要熟练地使用计算器，就必须了解计算器的构造及各功能键，并掌握这些功能键的使用方法。计算器的基本构造，如图 2-8 所示。

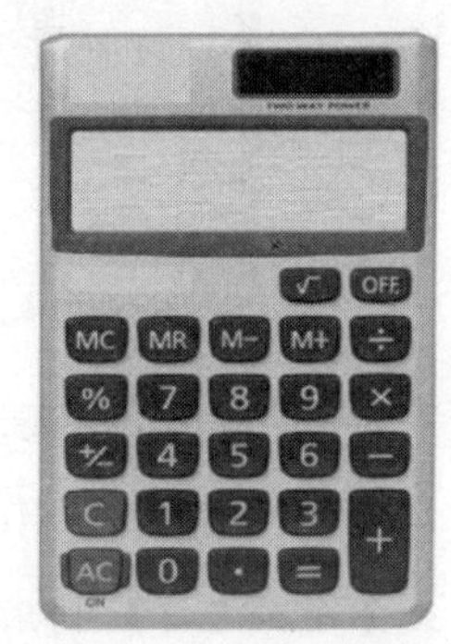

图 2-8 计算器示意图

（1）计算器的功能键及其使用

“M+”键：把目前显示的值放在存储器中，是计算结果并加上已经储存的数，如屏幕无“M”标志表明存储器中无数据，则直接将显示值存入存储器。

“M-”键：从存储器内容中减去当前显示值，是用已储存的数字减去当前的计算结果，如存贮器中没有数字，按“M-”键则存入负的显示屏数字。

“MR”键：调用存储器内容，表示把存储器中的数值读出到屏幕，作为当前数值参与运算。

“MC”键：代表清除存储器内容（屏幕“M”标志消除）。

“AC”键：清除全部数据结果和运算符。

“C”键：清除输入键，代表在数字输入期间，第一次按下此键将清除除存储器内容外的所有数值，可重新输入。

“$\sqrt{\ }$”键：代表显示一个输入正数的平方根。

“%”键：适用于百分数的计算，可在输入分子除以分母的数据后，直接按%键后，计算器屏幕上显示的数据，就是百分比数据。

（2）计算器盲打技能训练

出纳人员每天都要用到计算器。为提高工作效率，提升自己的专业形象和财务职业所要求的技能，新入行的出纳人员应加强计算器的练习，掌握盲打指法，提升自己的盲打技能。

出纳人员一般均用右手操作计算器。以图 2-8 为例，右手各手指控制键符如下。

右手食指	点击数字7、4、1、0
右手中指	点击数字8、5、2及.
右手无名指	点击数字9、6、3
右手小指	点击运算符+、－、×、÷、=
右手拇指	点击符号%、+/－、C、AC

计算器盘面结构的不同，上述指法稍有区别。

（3）计算器使用示范

【示范 2-1】利用计算器计算 6÷（3+5）。

计算器操作步骤如下：

① 按“3”、“+”、“5”、“M+”；

② 按“6”、“÷”、“MR”；

③ 按“=”键；

④计算结束时，按“MC”键，清除数据，防止和下次计算混淆。

【示范 2-2】以【示范 2-1】为例，要求计算结果为百分比数据。

计算器操作步骤如下：

① 按“3”、“+”、“5”、“M+”；

② 按“6”、“÷”、“MR”；

③ 按“%”键；

④ 按“=”键；

⑤ 计算结束时，按“MC”键，清除数据，防止和下次计算混淆。

2.2.3 看、摸、听、测识别真假币

识别真假人民币，通常采用看、摸、听、测的方法，一一鉴别人民币

的防伪特征。

1. 真币防伪特征

我国人民币主要采用了印钞专用纸张、水印、凹印、安全线、对印、多色接线、磁性油墨、荧光油墨等多种防伪措施。下面我们以 2005 年和 2015 年版第五套人民币的 100 元面额为例说明真币的防伪特征，具体如表 2-8 所示。

表 2-8 2005 年和 2015 年版 100 元人民币的防伪特征

防伪项目	2005年版第五套人民币防伪特征（以100元为例）	2015年版第五套人民币防伪特征（以100元为例）
安全线	全息磁性开窗安全线：背面中间偏右，有一条开窗安全线，开窗部分分别可以看到由缩微字符“$100”组成的全息图案	光变镂空开窗安全线：位于票面正面右侧。垂直票面观察，安全线呈品红色；与票面成一定角度观察，安全线呈绿色；透光观察，可见安全线中正反交替排列的镂空文字“￥100”
光彩光变数字	无	光彩光变数字：位于票面正中部。垂直票面观察，数字以金色为主；平时观察，数字以绿色为主。随着观察角度的改变，数字颜色在金色和绿色之间交替变化，并可见到一条亮光带上下滚动
隐形面额数字	正面右上方有一装饰性图案，将票面置于与眼睛接近平行的位置，面对光源做上下倾斜晃动，分别可以看到面额数字字样	取消
光变油墨面额数字	票面正面左下角“100”字样，与票面垂直角度观察为绿色，倾斜一定角度则变为蓝色	取消
胶印缩微文字	票面正面上方椭圆形图案中，多处印有胶印缩微文字，在放大镜下可看到“RMB”和“RMB100”字样	票面正面上方椭圆形图案中，多处印有胶印缩微文字，在放大镜下可看到“RMB”和“RMB100”字样
人像水印	正面左侧空白处，迎光透视，有与主景人像相同、立体感很强的毛泽东头像水印	正面左侧空白处。透光观察，可见毛泽东头像
胶印对印图案	票面正面左侧中间处和背面右侧中间处均有一圆形局部图案，迎光观察，正背面图案重合并组合成一个完整的古钱币图案	票面正面左下方和背面右下方均有面额数字“100”的局部图案。透光观察，正背面图案组成一个完整的面额数字“100”

续上表

防伪项目	2005年版第五套人民币防伪特征（以100元为例）	2015年版第五套人民币防伪特征（以100元为例）
号码	双色异形横号码：正面左下角印有双色异形横号码，左侧部分为暗红色，右侧部分为黑色，字符由中间向左右两边逐渐变小	横竖双号码：票面正面左下方采用横号码，其冠字和前两位数字为暗红色，后6位数字为黑色；右侧竖号码为蓝色
白水印	位于正面双色异形横号码下方，迎光透视，可以看到透光性很强的水印“100”字样	位于票面正面横号码下方，透光观察，可以看到透光性很强的水印面额数字“100”
雕刻凹印	票面正面主景毛泽东头像、“中国人民银行”行名、盲文及背面主景人民大会堂等均采用雕刻凹版印刷，用手指触摸有明显凹凸感	票面正面毛泽东头像、国徽、“中国人民银行”行名、右上角面额数字、盲文及背面人民大会堂等均采用雕刻凹印印刷，用手指触摸有明显的凹凸感
凹印手感线	正面主景图案右侧，有一组自上而下规则排列的线纹，采用雕刻凹版印刷工艺印制，用手指触摸，有极强的凹凸感	取消

2. 真假币识别技能

综上所述，出纳人员主要通过看、摸、听这三种比较快速的办法来识别真假币，对无法确认为真币的纸币，还可通过“测”的办法来进一步确认。

（1）看

看，主要是看纸币的水印（毛泽东头像图像、花卉图案、面额数字等）、防伪安全线（磁性缩微文字安全线、全息磁性开窗式安全线）、光变油墨、阴阳互补对印图案、隐形面额数字、胶印缩微文字、票面图案色彩等。

（2）摸

通过摸人像、摸盲文点、摸凹印手感线来感触凹凸感，还要摸纸币的厚薄、挺括情况。

（3）听

听，即手持钞票用力抖动、手指轻弹或两手一张一弛轻轻对称拉动，听其声响，如果清脆响亮，则为真币；若声音发闷，则有可能为假币。

（4）测

测，是指借助一些简单的工具和专用的仪器来分辨人民币真伪。例如，借助放大镜可以观察票面线条清晰度、胶印及凹印缩微文字等；用紫外灯照射票面，可以观察票纸张和油墨的荧光反映；用磁性检测仪可以检测双色横号码的磁性。

2.2.4 疑币疑票一说、二开、三报

按照规定，出纳人员在发现可疑人民币或发票却不能断定真假时，不得随意加盖假币戳记和没收，应当按以下程序进行办理。

1. 说明情况

出纳人员发现可疑人民币或发票却不能断定真假时，应向持币人、持票人说明情况。

2. 开具临时收据

对可疑人民币，出纳人员应当开具载明面值和号码的临时收据，将临时收据连同可疑人民币及时报送中国人民银行当地分支行鉴定。若经鉴定确属假币时，银行没收假币并开具没收假币的证明；如确定不是假币的，出纳人员应及时退还持币人。

对可疑发票，出纳人员应当开具载明发票号码的临时收据，将临时收据连同可疑发票及时送税务部门鉴定。若经鉴定确属假票的，税务局会加盖鉴别章后没收，并开具没收假票的证明；如经鉴定确定不是假票的，出纳人员应按正常手续办理收票、付款、记账等工作。

3. 报告相关机关

出纳人员发现伪造、变造货币持有者，应立刻报告公安机关，协助追查假币来源和制假团体。同样，出纳人员若发现伪造发票者，应立刻报告税务机关、公安机关，协助追查假票来源和制假团体。

2.2.5 残币处理全兑、半兑、不兑

人民币在长期商品流通过程中，有的纸质松软，有的票面脏污，有的磨损或残缺。为提高人民币的整洁度，各银行按照中国人民银行的有关规定，在收入现金过程中，要积极主动办理损伤人民币的挑剔、兑换和回收工作。企业出纳人员在办理现金收付、整点票币时，应随时把损伤票币挑出来，以配合银行柜员的工作。

1. 损伤人民币的挑剔标准

损伤人民币的挑剔参照以下标准。

① 票面缺少部分损及行名、花边、字头、号码、国徽之一的。

② 票面裂口超过纸幅 1/3 或损及花边、图案的。

③ 票面纸质变旧，四周或中间有裂缝，或断开而粘补的。

④ 由于油浸、墨仿造成脏污面积较大或涂写字迹过多，妨碍票面整洁的。

⑤ 票面变色严重影响图案清晰的。

⑥ 硬币残缺、穿孔、变形、磨损、氧化损坏花纹的。

2. 残缺人民币的兑换办法

根据中国人民银行公布的《残缺人民币兑换办法》和《残缺人民币兑换办法内部掌握说明》，企业出纳人员收有或持有残缺人民币的，应及时持残缺人民币向当地银行按相关规定办理兑换。

（1）全额兑换的规定

凡残缺人民币属于以下情况之一的，可向中国人民银行全额兑换。

① 票面残缺不超过 1/5，其余部分的图案、文字能照原样连接者。

② 票面污损、熏焦、水湿、油浸、变色、但能辨别真假，票面完整或残缺不超过 1/5，票面其余部分的图案、文字，能照原样连接者。

③ 对残缺部分没有另行拼凑兑换可能的票券，可从宽掌握兑换，缺少 1/4 的可全额兑换。

④ 对企业误收的图案文字不相连接的拼凑券，可根据其中最大的一块按规定标准兑换。如两半张贴在一起，纸幅基本不短少者，可兑换全额。

⑤ 凡在流通过程中摩擦受到损伤的硬币中要能辨别正面的国徽或背面的数字，即可兑换全额。

⑥ 凡经穿孔、裂口、破缺、压簿、变形以及正面的国徽、背面的数字模糊不清的硬币，如确非持币人损毁者，亦可按全额兑换。

（2）半额兑换的规定

凡残缺人民币属于以下情况之一的，可向中国人民银行半额兑换。

① 票面残缺 1/5 以上至 1/2，其余部分的图案文字能照原样连接者，应向中国人民银行按原面额半数兑换，但不得流通使用。

② 对残缺部分没有另行拼凑兑换可能的票券，可从宽掌握兑换，缺少 5/8 的可半额兑换；呈正十字缺去 1/4 者按半额兑换。

（3）不予兑换的规定

凡残缺人民币属于以下情况之一的不予兑换。

① 票面残缺 1/2 以上者。

② 票面污损、熏焦、水湿、油浸、变色、不能辨别真假者。

③ 故意挖补、涂改、剪贴、拼凑，揭去一面者。

④ 兑付额不足一分的不予兑换。

对于因火灾、虫蛀、鼠咬、霉烂等特殊原因损失严重、剩余面积较少或因污染变色严重的票面，可由企业出具证明，经银行审查来源正当，能分清票面种类，能计算出票券的张数、金额，可予以全额兑换。

2.2.6 拒收拒付问题发票

发票是企业在购销商品、提供或接受劳务和其他经济活动中，开具的收付款凭证。

1. 常见的问题发票

问题发票主要包括疑似伪造的发票、过期作废的发票、涂改的发票、违章使用的发票（包括转借、代开和从外地带到本地填开使用的发票）。

2. 发票防伪特征与识别

不同类型的发票、不同地区的发票，防伪特征均体现在发票号码、发票监制章、专用密码区、查询验证信息等方面。具体特征如表 2-9 所示。

表 2-9 发票防伪特征一览表

发票类型	防伪特征	特征具体说明	识别办法
增值税发票	发票号码	增值税专用发票的号码，采用异型字体印刷	可直接用肉眼观看
	发票监制章	椭圆形，由“国家税务总局监制”每个文字的汉语拼音第一位字母组成，即“GJSHWZJJZH”	通过高倍放大镜观看
	专用密码区	打印发票时自动生成由数字和字答组成的密码群	对密码区进行扫描比对，或在发票真伪查询系统上核验确认

续上表

发票类型	防伪特征	特征具体说明	识别办法
手写商业发票	发票号码	采用解析度为240dpi的数字喷码印制	使用放大镜观看，号码由若干的点组成
	发票监制章	采用国家税务总局指定使用的荧光防伪墨印制	运用紫外线灯的照射，文字会呈现荧光效应，也可用点钞机来验
	查询验证	采用丝网印刷工艺来加印密码和条码	在发票查询网站上查询验证

3. 收到问题发票怎么办

出纳人员在收到疑似伪造的发票时，应按收到疑票的“一说、二开、三报”来办理。

出纳人员在收到其他类型的问题发票，首先要识别出破绽，并有权做出拒绝收票、拒绝付款的决策。否则，收到问题发票不能入账使用，不仅企业会受到税务机关的查处和追究，经办的出纳人员也要承担相应的后果。

特别需要指出的是，出纳人员在收到经税务机关鉴定确认的假发票时，一定要要求对方更换为真发票；切不可将假发票经财务人员作书面说明后，作为记账凭证来使用。如果确实无法换回真发票时，只能交由会计人员或财务主管依法进行相应的账务处理，出纳人员则应当承担接收假发票的责任。

2.2.7 日期不能错过，杜绝意外发生

1. 务必不能错过的日期

出纳工作是一项时间性很强的工作，如在规定的时间发放员工工资、在规定的时间核对银行对账单、在规定的期限内办理纳税申报业务等。

因此，这一按时间进度进行业务处理和数据总结的工作性质要求出纳人员要具备很强的时间观念，在规定的时间办理各项事务，保证出纳工作的质量以及避免给公司带来不必要的损失。所以，出纳工作有以下不可错过的日期。

（1）月度内不可错过的日期

① 增值税一般纳税人的抄报税、纳税申报时间原则上为每月的 1-15 日，在纳税期内遇最后一日为法定休假日的，申报期顺延至下一个工作日；在每月 1 日至 15 日内有连续 3 天以上法定休假日的，申报期按休假日天数顺延。

A. 每月 1 日，出纳人员必须将上月已经开具使用的发票信息抄到税控 IC 卡中，然后打印出销项发票清单及汇总月报表，并加盖公章。

B. 出纳人员将税控 IC 卡、销项发票清单及汇总表一并交给会计人员审核。

C. 远程报税。读取金税卡报税状态，打开“远程报税”点“报税状态”，系统提示，金税卡状态读取成功，可进行远程报税，点确定，再点“远程报税”系统提示“正在准备报税数据向税务局提交”，请稍候，如果操作成功，系统将提示提交成功，请稍后查询报税结果!点确定。

D. 进入网上纳税申报系统，填写申报表一般纳税人到少填 6 张表(“资产负债表”，“损益表”，“固定资产进项税额抵扣情况表”，“销项税（表一)”，“进项税（表二)”，“增值税纳税申报表”)。检查报表无误，上传报表，统提示“正在准备报税数据向税务局提交”，请稍候，如果操作成功，系统将提示提交成功，如果纳税人已开通银税联网三方协议，此时系统会提示是否扣款。

E. 清卡。进入开票系统，打开远程抄报税，点报税状态，系统弹出“报税结果查询”窗口，右上角有个错误号：0000 一窗式比对成功。进入远程抄报，点“清卡操作按钮”，系统弹出“清卡操作成功，点确定。

② 月初出纳要进行银行存款日记账和银行对账单的核对工作。

③ 月末，如果公司在本月有收入，出纳要到银行取回银行出具的回单等。

④ 月末，出纳还要进行现金盘点与月结工作。

2. 防止意外大意丢票据文件

公司重要的票据以及文件、证件等都应该存放到保险柜里，并且保险柜钥匙应当由出纳人员负责保管。保险柜备用钥匙由保卫部门或财务最高负责人保管，但是一般情况下，只有出纳人员有权限开启保险柜，非出纳人员一般情况不得任意开启由出纳保管的保险柜，除非特殊情况下，确需开启的，由公司领导批准，在财务最高负责人的监督下才可开启。

为防止意外或大意丢失票据，出纳人员应在日常工作中做到以下 6 个方面的要求。

1）出纳人员不得将自己保管的保险柜钥匙交予他人代为保管。

2）出纳人员每天上班后，应当打开保险柜检查里面的钱款、证件是否齐全，若发现缺失的，应当立即向公司的保卫部门报案，或者直接报警。

3）出纳人员每天下班时，应当将所有贵重的钱款、票据、证件都存放在保险柜里，锁好保险柜才可离开。

4）出纳人员切记不要当着他人的面使用保险柜，以防被他人窃取密码，给公司造成损失。

5）新出纳人员在接替上任出纳岗位后，要立即更改保险柜密码，以防造成不必要的损失。

6）在外出办事时，一定要背能随身携带的公文包，以备装放票据或文件，并做好 4 步检查工作。

① 出门前，要检查自己带出去哪些票据或文件。

② 在办理业务过程中，时刻保持包不离身。

③ 办完业务后，一定要检查自己应该带回哪些票据或文件。

④ 回到公司后，还要检查应该带回的票据或文件是否已带回，并将重要的票据或文件存进保险柜。

2.3 出纳必做的工作

2.3.1 设置出纳账户

设置出纳账户，是指对出纳对象的具体内容进行分类反映和监督的一项专门方法。出纳对象的具体内容是复杂多样的，企业要想对出纳对象所包含的经济内容实现系统的反映和监督，对它们就要进行科学的分类，以便取得各种不同性质的核算指标。

因此，对各项货币资金和有价证券的增加和减少，企业应按规定设置账户，进行归类记账，以便取得经营管理所需要的各种不同性质的核算指标。

常设的出纳账户有“现金日记账－人民币户”、“现金日记账－××外币户”、“银行存款日记账－结算户存款”、“银行存款日记账－××专用户存款”。

2.3.2 填制出纳凭证

出纳凭证是记录经济业务，即明确经济责任的书面证明，是登记账簿的依据。对于已经发生或已经完成的经济业务，应由经办人员或有关单位填制凭证，并签名盖章。

处理出纳凭证主要是对原始凭证、记账凭证等凭证的审核，只有通过审核无误的记账凭证，才可以作为出纳登账的依据。填制和审核出纳凭证是企业实行出纳监督的重要举措之一。

出纳凭证一般指原始凭证，原始凭证是记录经济业务已经发生、执行或完成，用以明确经济责任，作为记账依据的最初的书面证明文件，包括采购材料取得的增值税发票、乘坐车船的票据、单位内部的领料单、工资汇总表等。

2.3.3 填写出纳账簿

账簿是用来全面、连续、系统、综合地记录各项经济业务的簿籍，也是保存会计数据资料的重要工具。

出纳账簿的处理主要是指现金日记账和银行存款日记账等账簿的登记、对账、结账等，具体包括下列事项。

① 以审核无误的记账凭证为依据，按照规定，把所有的经济业务分别记入有关账户。

② 定期核对账目，使账证、账账、账实保持一致。

③ 定期进行结账，计算和累计各项核算指标。

出纳账簿提供的各种数据资料，是会计人员编制财务报表的主要依据。

2.3.4 处理现金业务

出纳处理的现金业务主要是现金收入业务、现金支出业务和现金清查业务，在进行现金收付业务过程中，要遵循合法收付、唱收唱付、收付两清、日清月结、账款分管的原则。

1. 处理现金收入业务

现金收入业务是企业在其所开展的生产经营和非生产经营性业务过程中取得现金的业务，包括因销售商品、提供劳务而取得的现金收入业务，以及企业内部的现金收入业务，如出差人员报销差旅费退回的多余款项、向职工收取的违反制度罚款等。

（1）现金收入业务处理规范

出纳在处理现金收入业务时，应遵循下列规范。

① 要严守“合法收付”的原则，审查现金收入来源是否合法、合理。

② 要坚持“先收款后开收据”的原则，当面点清现金数额，经复点无误后，方可给交款人开出“收款收据”。

③ 现金收入时，要当面点清金额，并注意票面的真伪。发现票币可疑时，要求重新更换一张。

④ 所有现金收入都应开具收款收据，即使有些现金收入已有对方的付款凭证，也应开出收据交付款人，以明确经济责任。

⑤ 收款过程应在同一时间内完成，不准收款后，过一段时间再开收据。

⑥ 要在现金收款收据上应加盖“现金收讫”字样。

⑦ 遇到收付款业务同时发生时，收款与付款不能一起办理，应一笔一清、收付两清。

（2）现金收入业务处理程序

出纳人员处理现金收入时，应按以下程序进行。

① 受理收款业务，查看收款依据是否齐备。

② 审核现金来源是否具有合法性、真实性和准确性。

③ 要当面点清现金。

④ 开出现金收据，加盖“现金收讫”印章和出纳人员名章。

⑤ 会计人员根据收款收据记账联和收款依据，编制记账凭证。

⑥ 根据审核无误的记账凭证登记现金日记账。

2. 处理现金支出业务

一般来说，涉及到现金付款的业务主要包括员工差旅费的报销、员工工资的发放和公司日常零星支出等。

（1）严守现金开支范围和程序

① 严格遵守现金开支范围，非现金结算范围不得使用现金支付。

② 大面额的支付业务要通过银行转账或汇兑，不得用现金支付。

③ 员工借款都要填写借支单，并且无论借款金额多少，都须总经理签字批准。

（2）现金支出禁忌：坐支现金

出纳人员在办理现金支出业务时，不得擅自坐支现金。坐支，是指将企业的现金收入直接用来支付各种开支。坐支现金容易打乱现金收支渠道，不利于开户银行对企业现金及其活动进行有效地监督和管理。

若企业的业务经营确实需要坐支现金的，应事先向开户银行提出申请，在开户银行批准的坐支范围内，方可坐支现金，并定期向开户银行报告坐支金额和使用情况。

（3）现金支出业务处理程序

出纳人员处理现金付款业务时，一般按以下程序办理。

① 填制原始凭证，出纳人员应认真填制现金支出原始凭证，经有关人员审核、签字或盖章，并确保原始凭证真实、合法、准确。

② 会计人员根据审核无误的原始凭证编制记账凭证。

③ 出纳人员根据审核无误的现金收、付款记账凭证登记现金日记账。

3. 处理现金清查业务

当企业内部或银行、税务、会计师事务所和审计师事务所等派专员或派清查小组核查企业库存现金及相关账目时，出纳人员应在现场并积极配合协助。

① 严守库存现金限额，每日收到的现金要及时送存银行，不得坐支现金。

② 现金管理要做到日清月结，每日做好日常的现金盘存工作，做到账实相符。

③ 现金清查时，要如实反映情况和提供资料。

④ 现金清查时，应当将每笔收付款项全部登记入账，并结出账面余额。

⑤ 现金清查结束后，应当及时填制“现金盘点报告单”并签章，以明确责任。

现金清查业务最好是在一天业务还未开始之前或一天业务结束之后。

2.3.5 处理银行业务

在企业中，出纳人员在开展现金、银行存款、票据的收付业务过程中，在与银行开展各种支付结算业务过程中都不可避免的与银行打交道。因此，出纳人员处理好与银行的关系，是保证各项支付结算业务顺利进行的前提。

1. 出纳人员办理银行业务的注意事项

① 去银行办理业务时，严格按照银行的要求办理。

② 向银行提供必要的资料。

③ 提取大额现金或贷款时，应提取通知银行。

④ 配合银行的工作，与银行有关人员建立良好的个人关系。

2. 涉及到银行存款业务的注意事项

① 登记银行存款日记账时要分清账户，避免张冠李戴。

② 每日结出现金日记账和银行存款日记账的余额。

③ 定期通过银行对账单核对银行存款日记账，存在未达账项的，要及时编制“银行存款余额调节表”，调整账面，保证账实相符。

2.3.6 处理外汇业务

外汇是指企业以外国货币表示的可以用于国际结算的一种支付手段和资产构成。外汇业务是企业出纳人员在指定银行经办的涉及外汇收支的业务。

企业在涉及到外汇核算时，应当根据实际情况设置相应的外币账户，包括外币现金、外币银行存款、以外币结算的债权（如应收票据、应收账款、预付账款等）和债务（如短期借款、应付票据、应付账款、预收账款、应付工资、长期借款等）。

企业若发生外币现金收付业务，应当根据实际情况设置“现金－××外币”账户，出纳人员应当设置“现金日记账”进行明细核算；若发生外币存款业务，应当设置“银行存款－××外币”账户，出纳人员应当设置“银行存款日记账”进行明细核算。

对于按期末汇率折合的人民币金额与原账面人民币金额之间的差额，作为汇兑损益。为了准确核算企业的汇兑损益，应当设置“汇兑损益”账户，由出纳人员登记账簿。

2.3.7 发放员工工资

企业应当制定“薪酬管理制度”，规定员工薪酬的支付时间、支付方式等内容。员工的工资由企业人力资源管理部门统计和计算，并在工资支付期限之前完成计算，然后交与出纳人员，由后者准备工资发放的相关事项。

① 如果企业以现金发放工资的，出纳人员要根据经上级领导审核签章后的工资支付清单，在工资发放期限以前着手准备发放工资的资金，以便在规定的日期发放工资。

② 如果企业通过银行代发工资的，出纳人员在工资发放期限前，根据经上级领导审核签章的工资支付清单，编制电子数据表并按照相关操作，委托银行办理工资发放业务。

出纳人员在办理工资发放业务时，要审查工资支付清单是否有相关领导人的签名。若没有相关领导人的签名，出纳人员应该退回人力资源管理部门，让相关责任人报批领导审核、待签名后，再转交出纳人员进行办理。

2.3.8 办理税务社保

出纳人员到税务局办理税款申报业务时，应先进行网上申报，然后填写“纳税申报表”，如果企业与银行签署委托划款协议的，则可以委托银行划缴税款；如果企业与银行没有签署委托划款协议的，则出纳人员需要到银行柜台办理缴税业务，并取回银行出具的缴税证明，凭此证明入账。使用防伪税控系统开具增值税专用发票的企业必须在抄报税成功后，方可向所在地税务局办税服务大厅进行纳税申报。

企业应当自领取营业执照或成立之日起 30 日内，出纳人员就应向所属区、县社保经办机构申请社会保险登记，建立单位缴费信息数据库。办理时，出纳人员应填写“××市社会保险单位信息登记表”，并出示所需资料提交到社保经办机构，企业符合等级要求的为其开具《××市社会保险缴费专户开户通知》，出纳人员凭此通知 5 日内到指定银行开设缴费专户；社保经（代）办机构依据银行开户回执对单位予以登记并核发“登记证”。有了“登记证”，出纳人员即可按月到社保局申报缴纳该企业员工的各项保险。

2.3.9 整理出纳资料

出纳资料包括出纳凭证、出纳账簿、出纳报告单等以及由出纳人员保管的其他相关资料。出纳人员应当每天或定期整理出纳资料，发现损坏或遗失的要及时向部门主管报告，由主管决定如何处理。整理出纳资料包括对出纳资料进行分类、装订、登记和保管。

1. 出纳资料的分类

出纳应当建立出纳档案，按照资料的性质、时间顺序等要求进行分类。例如，可按照出纳账簿、出纳凭证、出纳报告单、票据以及其他等进行分类。

2. 出纳资料的装订

出纳装订凭证时，参照凭证装订方法。另外，出纳还应将已分类好的各种表单等进行装订。例如，将出纳报告单按时间顺序进行装订。

3. 出纳资料的登记

出纳将已经装订好的资料，应该分类进行登记，并签名。

4. 出纳资料的保管

出纳人员应在规定的保管年限内对出纳资料进行妥善保管，其中，与出纳工作密切相关的几个年限，出纳人员应牢记于心，具体如图 2-9 所示。

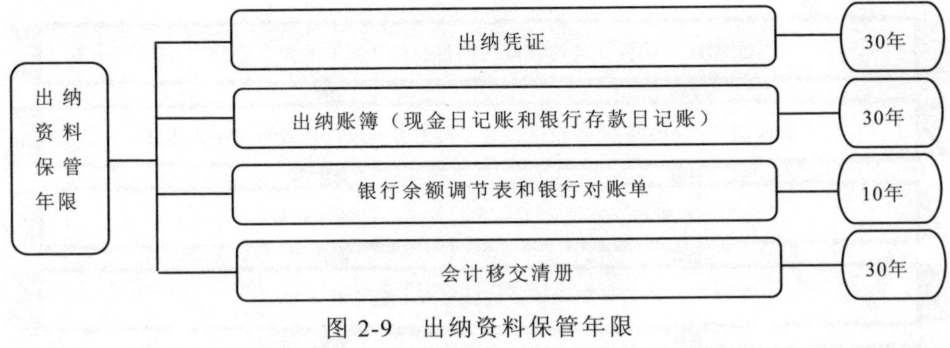

图 2-9　出纳资料保管年限

2.3.10　编制出纳报告

出纳报告是出纳人员反映其工作成果、主动接受会计监督的一种形式，出纳报告以编制“出纳报告单”最为常见，而出纳报表则以“银行存款余额调节表”最为常见。

出纳报告单主要用来报告本企业一定时期的现金、银行存款的收、支情况以及某一时间下现金、银行存款的结存情况，以便总账会计核对期末余额。

银行存款余额调节表是企业出纳人员在银行对账单余额与企业银行日记账账面余额的基础上，各自加上对方已收、本企业未收账项数额，减去对方已付、本企业未付账项数额，以调整双方余额使其保持一致的一种调节方法。

2.3.11　出纳工作流程

1. 现金收付业务流程

（1）现金收取

现金收取的大致流程如图 2-10 所示。

在办理现金收取业务时，需要注意以下三个事项。

① 原则上，只有收到现金才能开具收据。

② 在收到银行存款或下账时需开具收据的，核实收据上已写有“转账”字样后，加盖“转账”图章和财务结算章，并登记票据传递登记本后传给相应会计岗位。

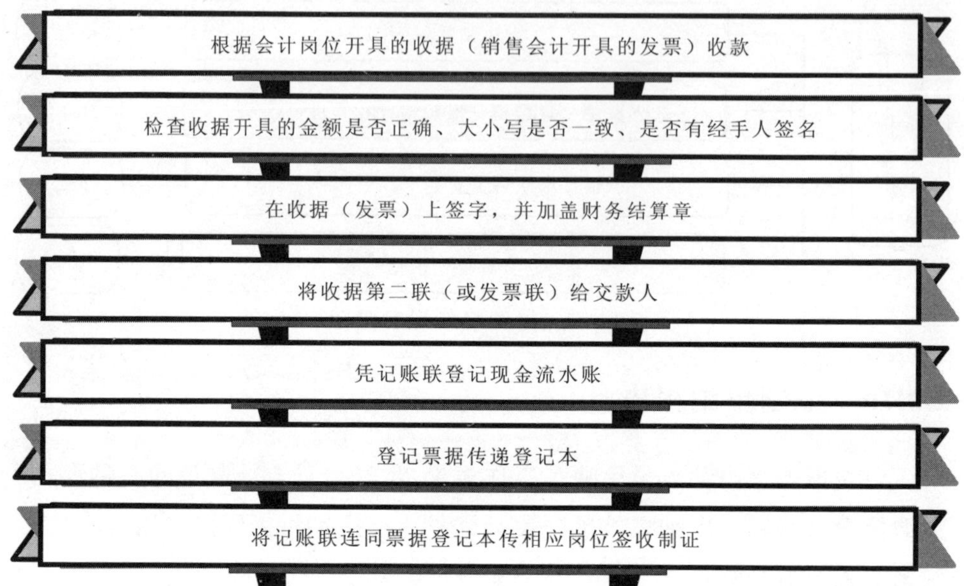

图 2-10　现金收取业务流程示范

③ 随工资发放时代收代扣的款项，由工资及固定资产岗开具收据，可以没有交款人签字。

（2）现金支出

① 费用报销的大致流程如图 2-11 所示。

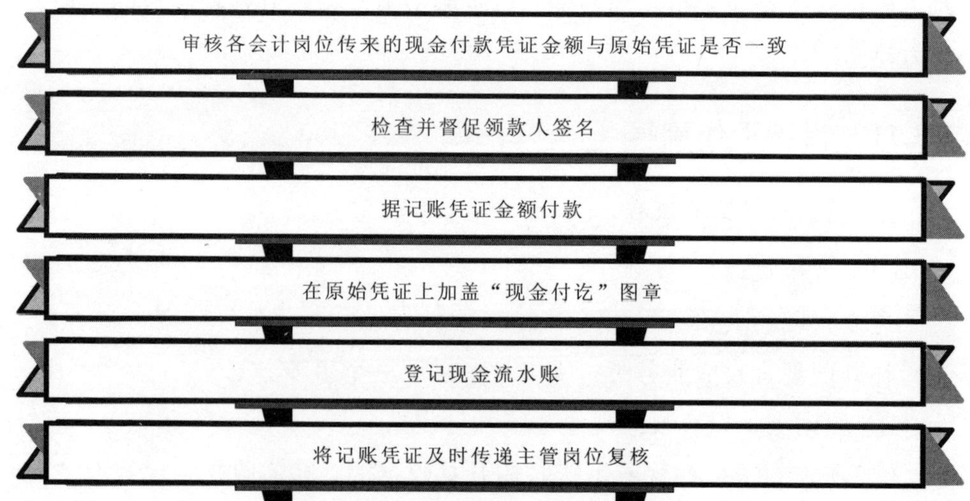

图 2-11　费用报销业务流程示范

② 工资发放的大致流程如图 2-12 所示。

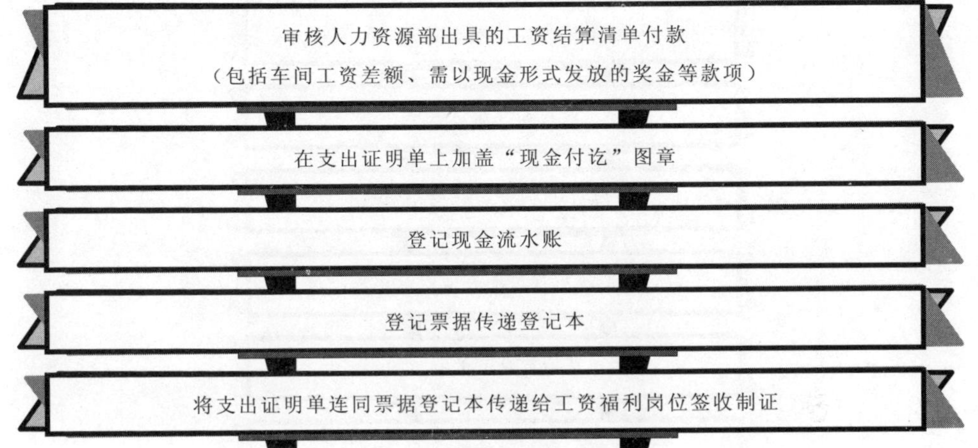

图 2-12　工资发放业务流程示范

临时发生的人工费、福利费等，其发放流程类似于工资的发放流程。

（3）现金存取保管

其大致流程如图 2-13 所示。

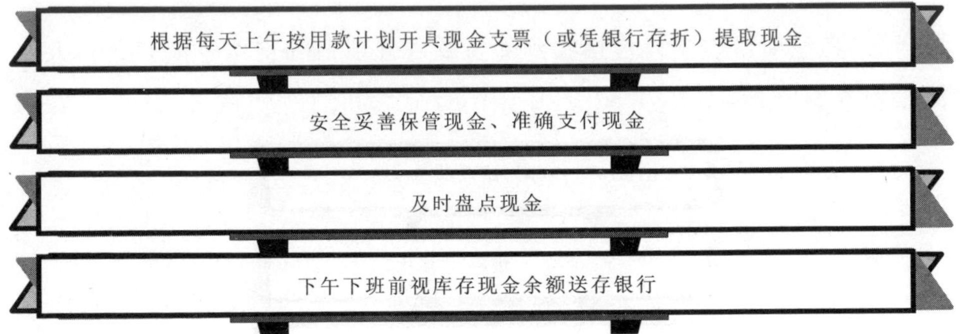

图 2-13　现金存取保管业务流程示范

（4）现金日记账的管理

要做到日清月结，及时与电脑中的账目进行核对。

2. 银行存款收付业务流程

（1）熟练掌握企业各银行的户头信息

各银行账户的户头信息包括单位名称、开户银行名称、银行账号等。

（2）办理银行存款收取业务

① 收货款的大致流程如图 2-14 所示。

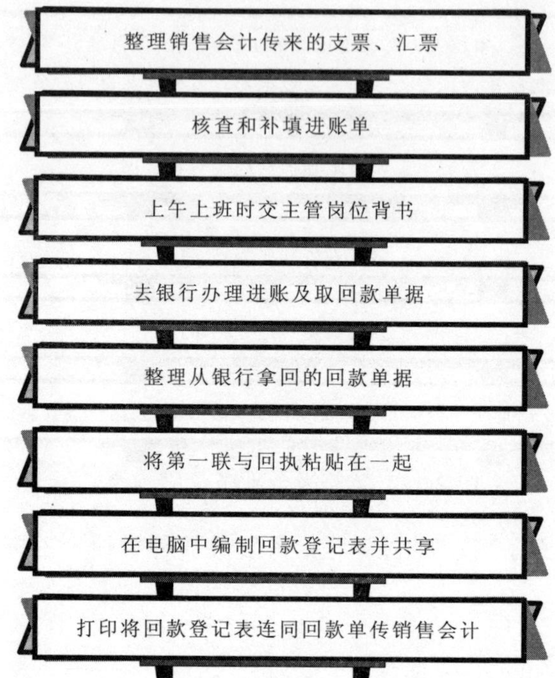

图 2-14　收货款的业务流程示范

② 其他项目收款，包括收到除货款以外项目的支票、汇票，其大致流程如图 2-15 所示。

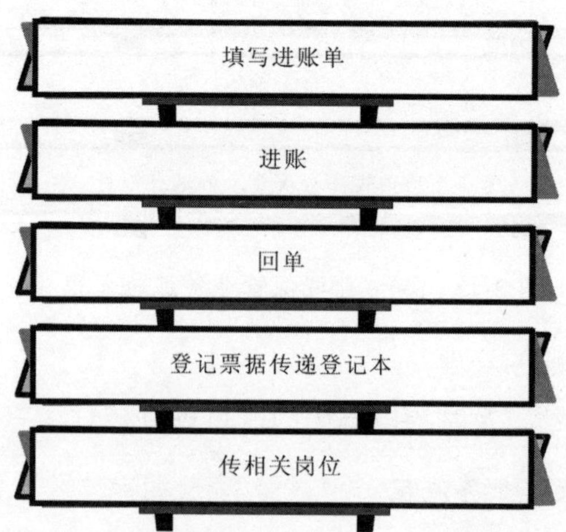

图 2-15　其他项目收款的业务流程示范

（3）办理银行存款支付业务

① 日常业务款项付款的大致流程如图 2-16 所示。

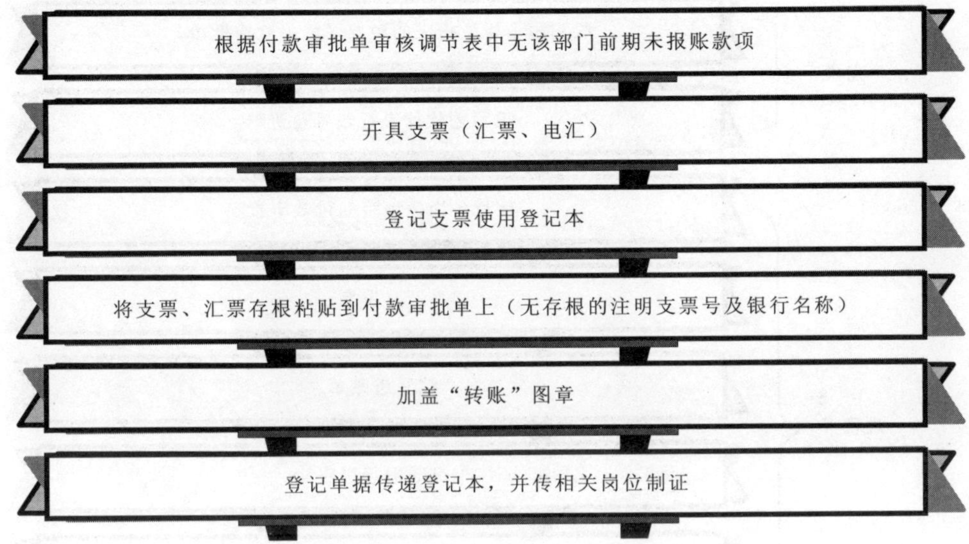

图 2-16　日常业务款项付款业务流程示范

② 委托银行支付工资的大致流程如图 2-17 所示。

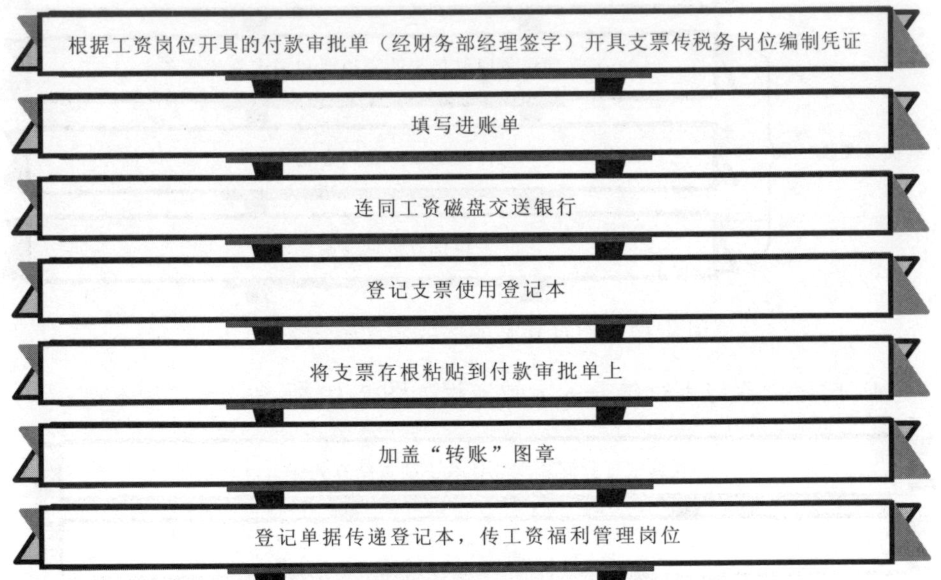

图 2-17　委托银行支付工资的业务流程示范

③ 交税，包括完税、进税卡和从税卡交税，其大致流程如图 2-18 所示。

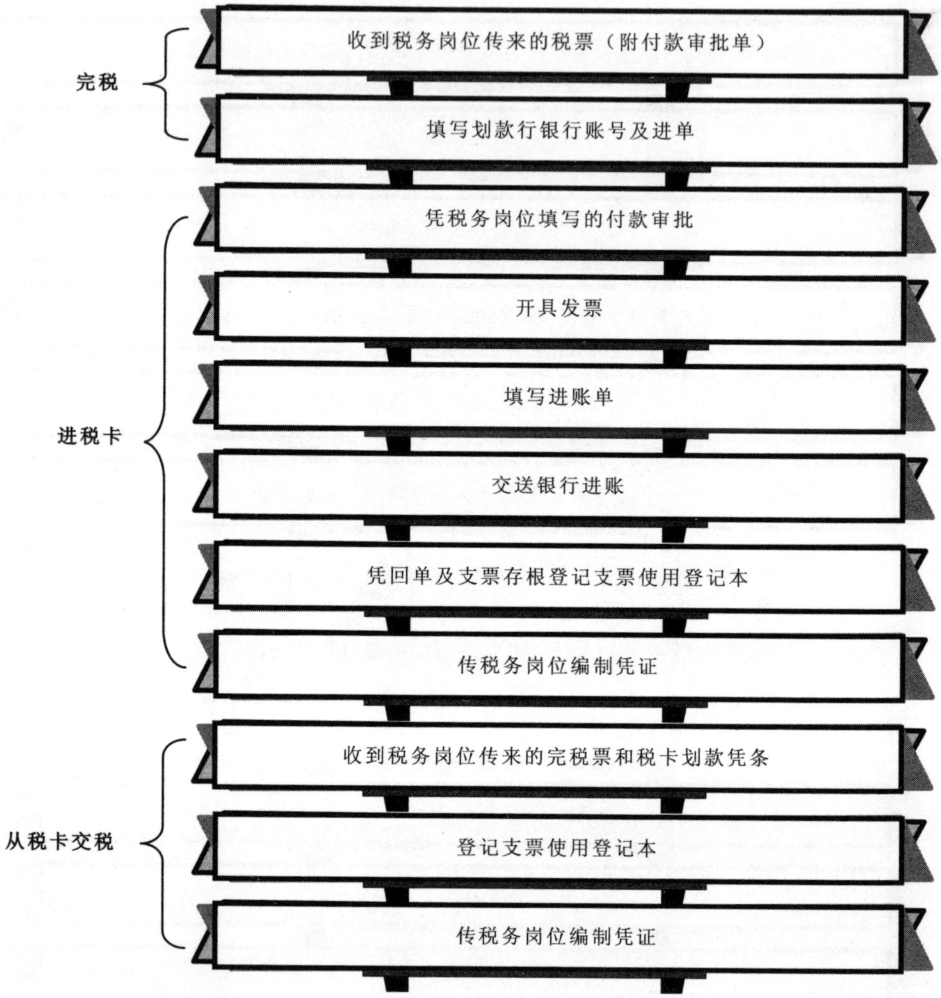

完税
收到税务岗位传来的税票（附付款审批单）
填写划款行银行账号及进单
进税卡
凭税务岗位填写的付款审批
开具发票
填写进账单
交送银行进账
凭回单及支票存根登记支票使用登记本
传税务岗位编制凭证
从税卡交税
收到税务岗位传来的完税票和税卡划款凭条
登记支票使用登记本
传税务岗位编制凭证

图 2-18　银行存款兑现的业务流程示范

④ 偿还贷款与银行结算的大致流程如图 2-19 所示。

收到银行贷款还款凭证及手续费结算凭证
登记单
传费用岗位

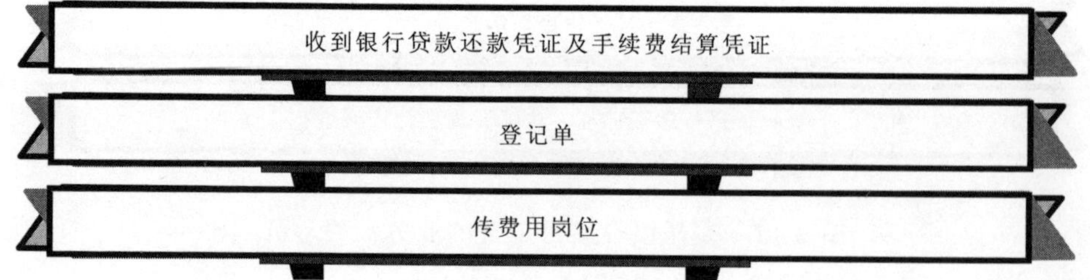

图 2-19　偿还贷款与银行结算的业务流程示范

（4）编制银行存款调节表

及时将各银行对账单交内审岗位编制银行存款调节表，对调节表上的未达项及时查询和调整，并通知银行。

（5）掌握银行存款余额，避免空头账户

根据银行存款收付情况统计各银行的资金余额，随时掌握各银行存款的余额，避免出现空头账户。

第3章

服务内外客户，做到应付自如

3.1 服务内部客户，遵章依制执行

出纳工作属于财务管理工作的重要环节，具有服务的性质。例如，出纳的每项工作都是在为公司服务，或是公司领导或是公司员工。

一般来说，出纳人员在工作过程中经常服务的对象主要包括两大方面，一是服务于公司内部的相关领导和员工；二是公司外部的的客户或银行、税务等相关机构。

3.1.1 服务部门领导

1. 虚心学习、听从安排

出纳属于公司财务部的基层工作岗位，出纳主管、会计主管、财务主管、甚至财务部经理都有可能是出纳人员需要服务的部门领导。

这些部门领导的资历和经验，都是值得出纳人员虚心学习、请教的。出纳人员在业务执行过程中，更不得擅自做主，要听从领导的安排，铭记领导的教诲。

2. 份内份外事勤快干

出纳人员不仅要虚心请教，还要勤于做事，不仅要做好自己本职工作的事情，还要尽可能地多为领导分担一些琐碎的事情，以便让部门领导腾出更多的时间处理其他关键或重要的工作。这不仅是出纳工作能力的体现，也是出纳为本部门领导更好服务的体现。

3. 让领导能随时随地找得到自己

因出纳工作的特殊性和重要性，出纳人员应让自己的部门领导能随时随地找到自己，要做到这一点，可参考下列 6 大要点。

1）保持 24 小时都能让部门领导（特别是自己的直接上级）联系上自己。

2）外出办事时，要提前向直接上级告知自己的去向和时间。

3）外出办事或休息时，经常检查自己的手机使其保持正常通话状态。

4）在发生紧急情况下，如手机没电、进入无信号区、手机丢失或损坏、手机号码变更等，要主动向部门领导告知其他联系方式。

5）休假前，要提前提出，并按简单、明了、易执行的要求做好详细的工作交接。休假过程中，也要保证能随时能联系上。

6）最好将自己的家庭电话或其他相关人员的联络方式主动在部门领导特别是直接上级处做一下备案，以便必要时能通过相关人员联系上自己。

3.1.2 服务公司领导

一般来说，出纳人员要服务的公司领导主要是指对资金收付有审批权的领导，如公司老板或总经理、各主管副总等。在为这些公司领导服务时，出纳人员既要时刻准备着回答他们的“账上还有多少钱”、“还有多少资金额度”、“费用限额还有多少”等问题，还要根据财经纪律和公司规章制度，倾听其指示，在合法合规的前提下合理执行。

1. 对家底要了如指掌

出纳人员的主要工作是对钱的管理，公司领导一般询问最多的问题也是与钱有关。作为出纳，面对公司老板或总经理的询问，不仅要将公司账面数据及时报出，还应主动将近期将要支付的款项、老板或总经理能够动用的账面金额等数据，准确、周全地报出，以便老板或总经理安排资金使用计划。

2. 分清轻重缓急、主动协调

出纳人员在日常工作中经常与花钱与收钱的部门及公司领导打直接的

交道，当所有人员的资金收付需求集中到出纳一人身上时，出纳业务就变得较为庞杂。所以，出纳人员在日常工作中一定要做到以下 4 点要求。

1）在清楚掌握家底的基础上，对即将到账的销售款项、到账时间等做到心中有数，以便应对公司的资金支付需求。

2）在可供支付的款项与资金支付需求发生矛盾时，首先要向用款领导解释目前的账上情况，并将即将到账款项、到账时间等主动告知，并尽自己所能地给出可行建议。

3）若有多位领导发出资金支付命令，要按轻重缓急原则主动协调各需求方，尽可能快捷、有序、有效地满足资金支付需求。

4）出纳人员在协调用款需求的过程中，要注意观察，适时向部门上级领导请示资金需求的决策重点，将资金有序地调度和组织起来。

3. 倾听指示、合理执行

出纳人员在工作过程中，极有可能发现违反财经纪律和公司财务制度的收付事项，或接到不符合财经纪律和公司财务制度的指示或命令。此时，出纳人员应从自身的资金收付监督这一职责出发，严格做到以下三点要求。

1）在日常工作中，严格按资金收付的审核程序严把审核关。

2）依据财经纪律和公司规章制度，及时制止违规收付，并向相关上级领导报告。

3）对没有书面文件的支付命令，应及时、不卑不亢地提醒公司相关领导，谦虚地请求其给出授权文件，以免发生不必要的经济损失或难以挽回的后果。

3.1.3 服务公司员工

出纳人员在日常工作中，向公司员工提供的服务主要包括发放工资、个人因公借款、报销费用等。

1. 发放工资

在每月固定的日期，出纳人员都需办理员工工资发放事宜。无论公司是通过现金形式发放工资，还是委托银行将工资汇到员工个人工资卡里，出纳人员都要及时、准确地办理相关手续。

1）出纳人员应及时向人事部门索取每月员工工资表，在审核工资表的正确性、审批程序是否完备后，计算当月员工工资总额。

2）若通过现金形式发放工资，按银行规定提前向银行提出现金提取需求，并在规定时间内去银行提取现金，备发工资。

3）若公司委托银行代发工资，出纳人员也应及时登录银行代理业务系统，编制当月员工工资的电子表，并盖章后，携带相关资料至银行柜台，办理银行委托代发工资的手续。

2. 个人因公借款服务

公司员工在为执行公务而提前预支差旅费、招待费等款项时，出纳人员应按公司规定的程序和规范为其提供借款手续办理服务。

1）要求借款人按规范填写公司内部使用的“借款单”（其样式如图 3-1 所示），并请其按审批程序依次找财务部经理（或主管会计）审核借款额度、有审批权限的主管领导审查签字。

内 部 借 款 单

编号：　　　　　　　　　　　　　　　　　　日期：　　年　　月　　日

<table>
<tr><td>借款人</td><td></td><td>借款人所在部门</td><td></td><td colspan="4">审核人</td><td colspan="5"></td></tr>
<tr><td rowspan="2">借款用途</td><td colspan="3" rowspan="2"></td><td colspan="9">金额</td></tr>
<tr><td>佰</td><td>拾</td><td>万</td><td>仟</td><td>佰</td><td>十</td><td>元</td><td>角</td><td>分</td></tr>
<tr><td>借款金额</td><td colspan="3">（大写）　佰　拾　万　仟　佰　十　元　角　分</td><td></td><td></td><td></td><td></td><td></td><td></td><td></td><td></td><td></td></tr>
<tr><td>款项类别</td><td colspan="12">□ 现金　　　　□ 支票（支票号码：　　　　　）</td></tr>
<tr><td>借款日期</td><td></td><td>还款日期</td><td></td><td colspan="3">还款方式</td><td colspan="6"></td></tr>
<tr><td>报销金额</td><td colspan="2"></td><td>实退金额</td><td colspan="9"></td></tr>
</table>

本单一式三联：第一联（白色）：付款联，第二联（绿色）：报销联，第三联（黄色）：存查联

主管副总：　　　　　　财务部经理：　　　　　　会计：　　　　　　出纳：

图 3-1 “借款单”样式

2）当借款人持经审核批准的借款单借款时，出纳人员应当审查借款用途、审批程序是否完备，以及金额、姓名等文字是否清晰正确、无涂改。

3）根据借款单上的经审批的借款额度，向借款人支付款项后，在出纳签名处签名，并加盖现金付讫章或银行付讫章。

4）将用印的借款单第二联交给付款人以备报销，第一、三联自存备查备办。

3. 费用报销服务

公司员工在采购、出差、招待客户等而发生款项支出后，凭发票、收据、报销单等原始凭证进行报销时，出纳人员应按公司规定的程序和规范为其提供费用报销服务。

1）要求报销人清晰、正确地填写报销单，并将拟报销的有效票据按凭证整理规范粘贴在报销单后面，提出报销申请。事先办过借款手续的，报销人还应持借款单的第二联办理还款、报销手续。

2）提醒报销人按审批程序依次找财务部经理（或主管会计）审核报销单和有效单据、有审批权的主管领导审查。

3）当报销人持报销单及相关票据来报账时，出纳人员应当审查报销单使用是否符合业务类型、审查费用的合理合法、各票据是否合法有效、审批程序是否完备，以及报销单及相关票据上的金额是否清晰正确、无涂改。

注意事项

一般来说，公司财务部常根据业务类型来设置报销单，例如，针对出差业务的差旅费报销单、招待或接待业务的招待费报销单，还有针对通信费、办公费的其他费用报销单等，所以，出纳人员在办理报销业务时，首先应审核报销单是否符合业务类型，以便对费用进行归类核算。

4）出纳人员根据批准的经审核无误的报销单，向报销人支付款项，并在报销单上的出纳签名处签名，留存报销单及相关原始凭证。

5）当借款人持借款单的报销联、经审核无误的票据报销时，出纳人员应分全额退回、全额报销、部分报销、超额报销 4 种情况分别处理，具体处理规范如表 3-1 所示。

表 3-1　借款后报销手续办理规范一览表

报销额度	办理规范
全额退回	◆ 确认原借款单的报销联与存查联、付款联的内容完全一致 ◆ 确认退回的金额与借款单上的金额相符，并验伪无异常 ◆ 在借款单各联上填写实退金额，并在各联的退回金额处加盖现金收讫章 ◆ 留存借款单的付款联、报销联作为原始凭证，将存查联交报销人备查

续上表

报销额度	办理规范
全额报销	◆ 确认借款单的报销联与存查联、报销单的内容完全吻合后，与其办理结账手续 ◆ 留存借款单的付款联、报销联及报销单作为原始凭证，将借款单的存查联交报销人备查
部分报销	◆ 确认借款单的报销联与存查联、报销单的内容吻合后，清点报销人退回的现金 ◆ 核对报销人的原始票据，在借款单各联的实退金额处填写退回金额，并在各联的退回金额处加盖现金收讫章 ◆ 留存借款单的付款联、报销联及报销单作为原始凭证，将借款单的存查联交报销人备查
超额报销	◆ 对超额垫支的部分，出纳人员需审核借款人是否按规定履行事前请示、审批程序 ◆ 在事前请示、审批程序完备的前提下，对借款人垫支的款项，出纳人员另行填写付款凭证予以报销 ◆ 与原借款金额一致的部分，可按“全额报销”的手续办理

3.2 服务外部客户，做到合法合规

出纳工作负责一个公司的资金收付、存取活动，而这些活动联系着整个社会的经济活动，所以，出纳人员的工作注定要与社会的各个方面发生业务关系。

- 就公司自身来说，出纳的资金收付活动会和公司的客户发生业务关系。
- 就出纳工作来说，出纳的工作不可避免的会去公司的开户银行办理银行业务。
- 公司作为纳税人应履行纳税义务，出纳应按期按时到税务机构办理各种税收事项。

所以，出纳在工作过程中不仅要服务公司的客户，还会与银行、税务等机构打交道。

3.2.1 与客户打交道

出纳人员要服务的公司客户主要包括供应商、购买本公司产品的用户等，具体的服务包括向供应商支付款项并索取发票、向产品的用户提供发

票开立等事项。

当出纳人员遇到客户询问关于购买货物付款事宜时，一定要耐心解答、详细告知相关事宜。如果是客户需要相关的文件或单据，出纳人员一定要及时和上级主管沟通，尽快解决，并告知客户。

如果遇到公司无法满足客户的要求时，出纳人员要及时、耐心的和客户协商解决。在协商沟通过程中，要用礼貌性语言，不可流露出暴躁、不耐烦等情绪。

3.2.2 与银行部门打交道

出纳人员掌管着公司的全部资金，当公司发生经济业务往来时，出纳人员就不可避免的要与银行打交道，具体包括存取款、银行存款对账、贷款与还款、票据结算等。出纳人员去银行办理这些业务时，一定要依据银行的工作规定，做好下列三项服务，以确保各项支付、结算业务的顺利进行。

1）出纳人员到银行办理相关业务，都要按照银行的规定办理，如履行提前告知义务。

2）银行需要企业配合工作时，出纳人员要给出全力、积极的配合。

3）与负责办理本公司银行业务的柜台人员建立良好的个人关系。

3.2.3 与税务部门打交道

依法纳税是企业应尽的社会责任和不可推卸的义务。企业的纳税工作，一般由出纳人员负责到税务局办理。所以，出纳人员应与税务系统相关人员建立良好的关系，并遵循以下 4 点要求。

1）必须积极配合税务局专管员的工作，如不能配合的，应当说明原因，争取其理解。

2）与税务局专管员沟通时，要做到礼貌用语，避免用不文明的语言攻击专管员。

3）按照税务局的要求，准备好各种账簿及纳税申报资料，以及专管员要求准备的其他文件。

4）应当耐心、虚心地听取税务局专管员的批评，积极主动地改正应当改正的错误。

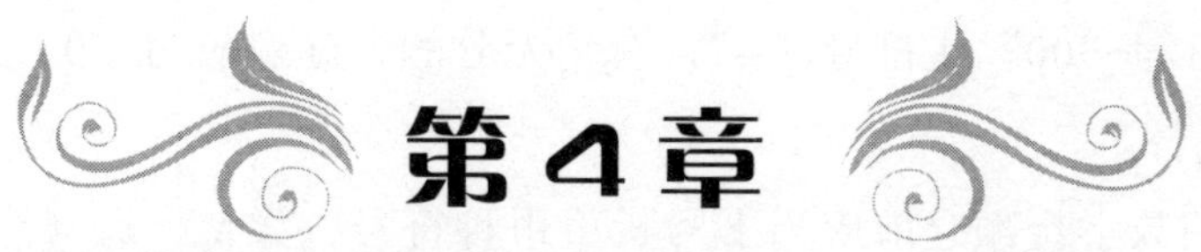

第4章 日期金额票据书写规范

4.1 数字书写规范

4.1.1 大写数字书写规范

书写大写数字时，要用正楷或行书正确地书写，不得用简化字代替，更不得自造简化字。

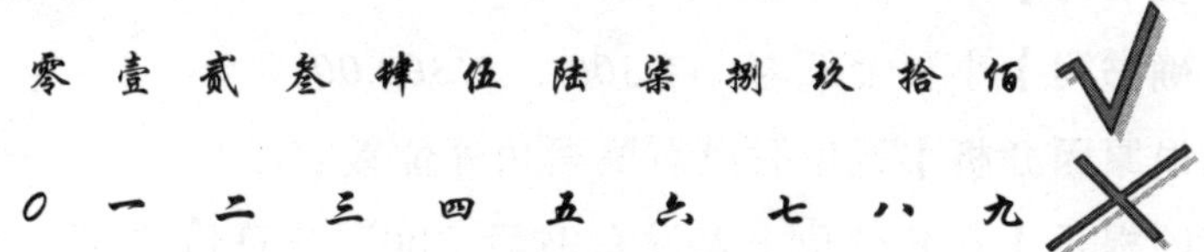

【示范 4-1】将“人民币 56.45 元”按规范书写。

【错误书写】大写金额为：人民币五十六元四角五分。

【正确书写】大写金额为：人民币伍拾陆元肆角伍分。

【错误原因分析】用简化字书写大写金额。

【风险提示】如果在单据、凭证上将“伍拾陆元肆角伍分”书写成“五十六元四角五分”，容易造成下列两大风险。

- 若单据或凭证是用来办理银行业务的，容易带来银行拒绝受理的风险。
- 若单据或凭证是用来办理其他日常业务的，容易被不法分子更改金额。

4.1.2 阿拉伯数字书写规范

书写阿拉伯数字应当一个一个地写，不得连写。

以“元”为单位（其他货币种类为该货币的基本单位，下同）的阿拉伯数字，除表示单价等特殊情况外，一律填写到角分位，无角、分位的，角、分位可写“00”或符号“--”，有角无分的，分位应写“0”，不得用符号“--”代替。

阿拉伯数字金额之前应当书写货币币种符号，如￥、$、€等，币种符号与阿拉伯数字金额之间不得留有空白。

【示范 4-2】正确书写下列数字的小写金额。

① 人民币叁佰元零肆角整。

【错误书写】小写金额为：300.40 元。

【正确书写】小写金额为：*￥300.40*。

【错误原因分析】小写金额前缺少人民币币种符号“￥”，在加上“￥”后，金额数字尾部，不再写“元”字。

【风险提示】在票据的数字金额前如果缺失指定的货币币种符号，容易被不法分子随意添加其他货币符号，从而造成不必要的损失。

② 人民币叁佰元整。

【错误书写】小写金额为：￥300。

【正确书写】小写金额为：*￥300*=，*￥300.00*。

【错误原因分析】元位后没有填写角分位数字。

【风险提示】在角分位上若没有书写“00”或符号“--”，容易让人更改金额，使小写金额与大写金额不符，从而带来损失。

4.2 日期金额书写规范

4.2.1 日期书写规范

1. 大写日期的书写

《支付结算办法》之“正确填写票据和结算凭证的基本规定”中明确规定：书写票据的出票日期时，必须使用中文大写，以防止变造票据的出票日期。

1）在填写年份的数字时，以中文大写数字和“年”字完整、规范书写。

2）在填写“月”的数字时，月为1月、2月、10月的，在月份前应加“零”字；月为3~9月的，月份前的“零”字可写可不写（担按长久以来形成的习惯，大家都习惯在月份前加写“零”字）；月为11~12月的，必须写成壹拾壹月、壹拾贰月。

3）在填写“日”的数字时，日为1~9日、10日、20日、30日的，在日前应加“零”字；日为11~19日的，在日前应加“壹”字；日为21~29日、31日的，应按数字的中文发音直接书写。

【示范4-3】用中文大写正确书写下列支票日期。

① 填写支票日期2015年2月8日。

【错误书写】贰零壹伍年贰月捌日。

【正确书写】贰零壹伍年零贰月零捌日。

【错误原因分析】月份、日的数字前少写“零”字。

【风险提示】在书写票据的出票日期时若少写“零”字，会为变更或伪造票据的出票日期带来可乘之机。

② 填写支票日期2015年5月18日。

【错误书写】贰零壹伍年零伍月拾捌日。

【正确书写】贰零壹伍年零伍月壹拾捌日。

【错误原因分析】日的数字前少写“壹”字。

【风险提示】在书写票据日期时，少写、漏写大写数字，都不符合票据日期的书写规范，办理业务时会造成不必要的损失。

③ 填写支票日期2015年12月25日。

【错误书写】贰零壹伍年拾贰月贰拾伍日。

【正确书写】贰零壹伍年壹拾贰月贰拾伍日。

【错误原因分析】月份数字前少写“壹”字。

【风险提示】在书写票据日期时，少写、漏写大写数字，都不符合票据日期的书写规范，办理业务时会造成不必要的损失。

④ 填写支票日期2015年10月30日。

【错误书写】贰零壹伍年拾月叁拾日。

【正确书写】贰零壹伍年零壹拾月零叁拾日。

【风险提示】在书写票据日期时，凡是不符合票据日期大写规范的，都有可能带来损失。

2. 小写日期的书写

1）年份，应按公历习惯，以阿拉伯数字和中文“年”字完整书写。

2）月份，月份为 1～9 月的，在月份数字前要加写“0”，其他月份按正常书写。

3）日数，日数为 1～9 日的，在日数前要加写“0”，其他日数按正常书写。

【示范 4-4】正确书写小写日期的年月日。

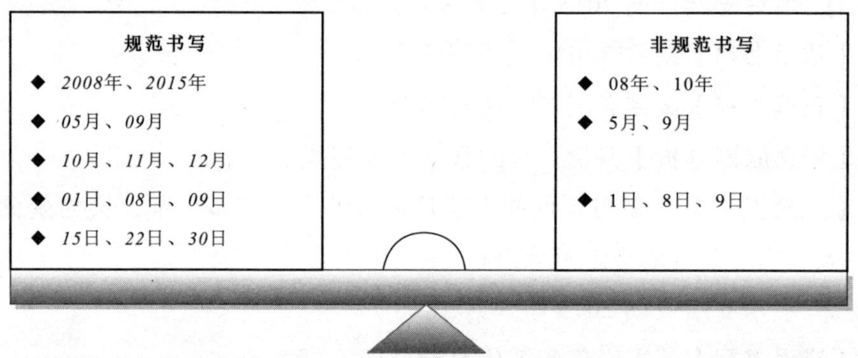

4.2.2 金额书写规范

出纳人员填写票据和结算凭证的金额时，必须做到标准化、规范化，要素齐全、数字正确、字迹清晰、不错漏、不潦草，防止涂改。

1. 大写金额的书写

出纳人员在书写大写的金额时，在遵循大写数字书写规范的前提下，遵照下列要求执行。

1）当大写金额数字前未印有货币名称的，应当在书写时加填货币名称（如“人民币”三字），货币名称与金额数字之间不得留有空白。

2）人民币的单位书写包括“元”、“角”、“分”、“整（正）”。以“元”为单位时，如果人民币“元”后分位没有金额，应在大写金额后加“整（正）”字结尾，如果分位有金额，在分位后不加“整（正）”字。

3）阿拉伯金额数字中间有“0”时，大写金额要写“零”字；阿拉伯金额数字中间连续有几个“0”时，大写金额中可以只写一个“零”字。

4）大写数字的金额不能乱用简化字，不能写错别字，如“零”不能用“另”代替，“角”不能用“毛”代替。

5）表示拾几、拾几万时，大写数字前必须有数字“壹”字，因为“拾”字代表位数，而不是数字。

【示范 4-5】用大写数字正确书写下列数字金额。

① 人民币 100.45 元。

【错误书写】大写金额为：人民币　壹佰元零肆角伍分。

【正确书写】大写金额为：人民币壹佰元零肆角伍分。

【错误原因分析】货币名称与金额数字之间留有空白。

【风险提示】在书写时，若货币名称与金额数字之间留有空白，会为不法分子伪造票据的金额带来可乘之机，由此造成不必要的损失。

② 人民币 106.45 元。

【错误书写】大写金额为：人民币壹佰零陆元肆角伍分整。

【正确书写】大写金额为：人民币壹佰零陆元肆角伍分。

【错误原因分析】在分位后多加“整”字。

【风险提示】按规范书写，在分位后不应该加“整”字，否则书写不规范，在银行办理业务时，银行可能拒绝给予办理。

③ 人民币 200.45 元。

【错误书写】大写金额为：人民币贰佰元另肆角伍分。

【正确书写】大写金额为：人民币贰佰元零肆角伍分。

【错误原因分析】把“零”字写成“另”字，自造简化字。

【风险提示】自造的简化字，不符合票据书写规范，银行不予认可。

④ 人民币 18 元。

【错误书写】大写金额为：人民币拾捌元整。

【正确书写】大写金额为：人民币壹拾捌元整。

【错误原因分析】拾位数前少写一个“壹”字。

【风险提示】按票据书写规范正确填写票据金额，降低票据使用风险。

⑤ 人民币 110 010.64 元。

【错误书写】大写金额为：人民币拾壹万零拾元陆角肆分。

【正确书写】大写金额为：人民币壹拾壹万零壹拾元陆角肆分。

【错误原因分析】拾万位、拾位数前少写一个“壹”字。

【风险提示】按票据书写规范正确填写票据金额，降低票据使用风险。

2. 小写金额的书写

出纳人员在书写小写金额时，应注意小写数字的数位、封位符、千分号“,”，特别需要注意小数位的书写规范。

1）小写数字以个位数为起点，小数位需要保留两位，即写至分位。

2）在写第一位小写金额时，在其左侧紧邻位置书写货币封位符（如人民币用“¥”表示）。使用封位符后，金额数字的尾部，不用再写“元”字了。

3）当金额数字超过百位时，自个位数依序往左，每三个数字之间应加注千分号“,”。

4）若不在格式框内书写小写金额时，金额小数位的书写应遵循下列规范。

小数位书写规范

◆ 将小数位数字书写于个位数的右上方，其大小约为个位数及以上位数数字高度的 1/2。

◆ 在小数位数字的底部加划一条横线，尾部不再写“元”字，如 $4.^{\underline{05}}$。

◆ 若小数位均为 0，则可在个位数的右上方画一个表示数位的横线，如 4^{-}。

【示范 4-6】用小写数字规范书写下列数字金额。

① 人民币 6 角。

【错误书写】0.6 元。

【正确书写】*0.60* 元，*¥0.60*。

【错误原因分析】小写金额的小数位只保留了一位。

② 人民币叁佰伍拾元贰角伍分。

【错误书写】350.25。

【正确书写】*¥350.25*，*¥350.*$^{\underline{25}}$。

【错误原因分析】小写金额前未加货币符号作为封位符，小数位的书写不规范。

③ 人民币叁万零伍分。

【**错误书写**】¥30000.05。

【**正确书写**】*¥30,000.05*，*¥30,000.$\underline{^{05}}$*。

【**错误原因分析**】小写金额数字超过百位时，未加注千分号“,”。

4.3 支票发票填写规范

4.3.1 现金支票填写规范

出纳人员在填写现金支票时，需要填写的项目包括出票日期、收款人姓名、支票金额以及用途。填写支票时，应当注意以下 7 点。

1）填写现金支票时，要用专用的黑碳素（中性）笔填写，并且尽量用同一枝笔一次完成填写。

2）填写现金支票的日期和金额时，要遵循日期和金额的填写规范。

3）现金支票的收款人若为企业的，要写单位名字的全称，不得简写。

4）金额在 5 万元以上的，填写用途时，按实际用途填写；若金额在 5 万元以下的，填写用途时，可选填备用金、工资或差旅费。

5）支票存根联填写内容要与支票正面内容相一致。

6）支票背面要填写支票领用人的身份证号。

7）在支票的正面出票人签章栏，盖上本企业在银行预留的印鉴，即企业的财务章和企业的法人人名章。

【示范 4-7】现金支票的填写示范，如图 4-1 所示。

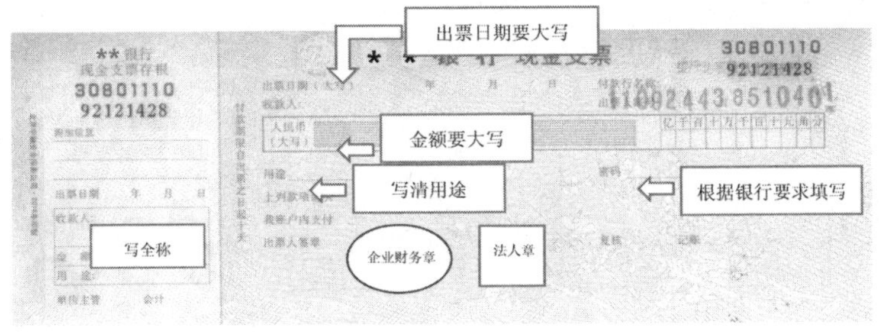

现金支票正面

图 4-1　××××银行现金支票填写示范

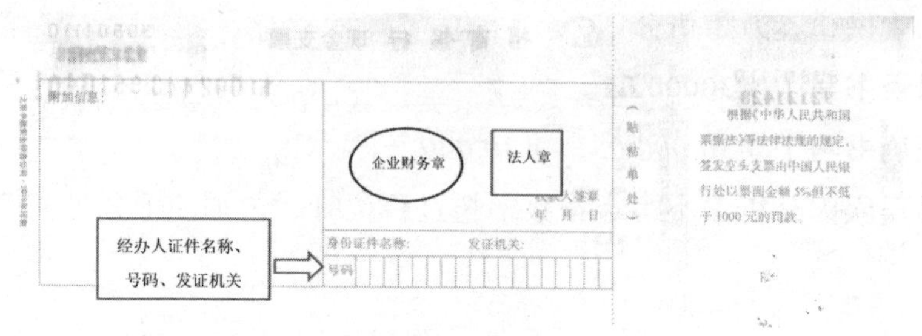

现金支票背面

图 4-1 ××××银行现金支票填写示范（续）

4.3.2 转账支票填写规范

出纳人员在填写转账支票时，需要填写的项目包括出票日期、收款人姓名、支票金额以及用途。填写支票时，应当注意以下 4 点。

1）转账支票的出票日期、金额填写规范，可参照本章给出的日期与金额填写规范。

2）填写转账支票的用途时，可按照实际用途填写。

3）在填写收款人时，应当填写对方单位名称。

4）转账支票背面由收款单位取得转账支票后，在被背书栏内加盖收款单位财务章和法人章，并且在“收款单位”栏处填写好银行进账单后连同该支票交给收款单位的开户银行委托银行收款。

【示范 4-8】转账支票的填写规范，如图 4-2 所示。

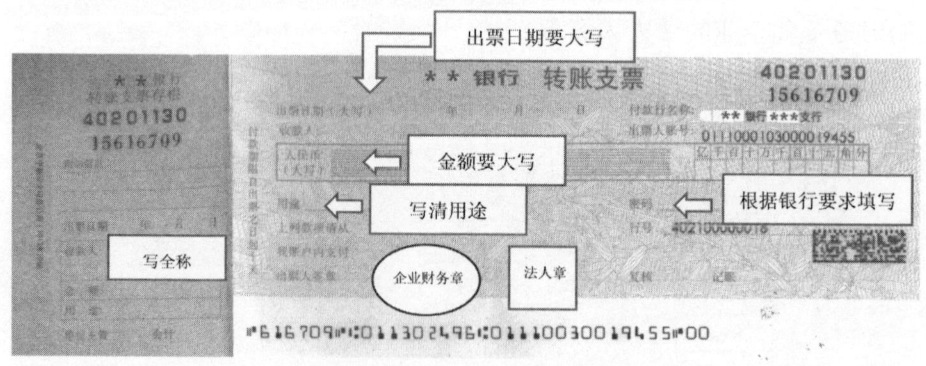

图 4-2 ××××银行转账支票填写示范

4.3.3 手写发票填写规范

出纳人员在填写手工发票时，应遵循下列规范。

1）填写对方单位的名称时，必须写全称，不能简写。

2）填写开票日期，必须是经营业务活动发生的实际日期，不能提前，也不能延后，要做到当天开取。

注意事项

对于餐饮、超市、百货等服务行业来说，由于其行业及经营活动的特殊性，其发票的开票日期一般是发生经营服务活动内的一个月内。

3）填写货物名牌或收入（收费）项目时，应按销售货物的名称、劳务名称逐项如实填写，不得虚开或改变内容。

4）填写规格、计量单位、数量、单价时，必须按实际或标准填写。

5）填写发票时必须同时填写大小写金额，其填写规范可参考本章给出的金额填写规范。

第5章 操作示范——填制与审核会计凭证

5.1 原始凭证的审核

原始凭证也称为单据，是企业在发生经济业务时取得或填制的，用以记录和证明该经济业务发生与完成情况,并作为记账依据的一种会计凭证。按其取得的来源不同，可分为外来原始凭证与自制原始凭证。

原始凭证上应具备的基本内容主要包括但不限于下列 7 个方面。

- 原始凭证的名称，如增值税发票、收据、入库单、领料单等。
- 原始凭证的编号，原始凭证应当连续编号，以利于查对。
- 填制原始凭证的日期，原始凭证发生的日期一般为经济业务发生的日期。
- 接受原始凭证单位的名称。
- 有关的经济业务内容。
- 经济业务所涉及的数量、计量单位、单价和金额总量。
- 经办人、责任人的签名和盖章。

5.1.1 原始凭证审核

1. 原始凭证的审核内容

出纳人员在核查原始凭证时，主要核查这些凭证的真实性、合法性、完整性、合理性、正确性这 5 个方面。

（1）真实性审核

对外来原始凭证真实性的核查，主要从发生经济业务关系的真实性和填制内容的真实性两方面来进行。

经济业务发生关系的真实性，主要是指企业存在实际发生的经济业务关系，不得伪造虚假的经济业务关系。

填制内容的真实性，主要是指填制的原始凭证的日期、地点、货物名称、规格、型号以及数量和金额是否真实。

（2）合法性审核

对外来原始凭证合法性的核查，主要是核查凭证所记录的内容是否合法、合规，有无违反法令、制度的行为，有无用白条、收据等无效凭证付款的问题。若发现有涂改、伪造、弄虚作假的凭证，出纳人员应当拒绝受理，并报告企业领导人处理。

例如，出纳人员在审查外来的发票时，要审查是否违章用票，看是否有转借、代开和从外地带到本地填开使用的发票，并辨别发票的真假，是否有过期作废和涂改伪造的假发票。

（3）完整性审核

对外来原始凭证完整性内容的核查，主要是对原始凭证的各要素进行逐项审核，审核各项目是否按规定填写，填写的项目是否完整，是否有相关人员的签名或盖章。若经核查发现，凭证填写内容不全，手续不完备，出纳人员应退回经办单位，要求重新开具。

（4）合理性审核

看支付的款项是否合理，有无不合理的费用。

（5）正确性审核

看外来原始凭证的填写是否符合要求，有无张冠李戴、计算错误、大小写不符的现象。

2. 原始凭证的审核规范

审核原始凭证时，应符合下列规范。

1）审核凭证的日期填写是否规范、正确。

2）审核凭证上填写的名称是否正确。

3）审核凭证上的字迹是否清晰，容易辨认。

4）审核凭证上填写的金额大小写是否一致，大小写金额书写是否规范。

5）审核凭证的内容填写是否正确、完整，有无简略填写。

6）审核取得的外来凭证是否有出具凭证单位的盖章。

5.1.2 外来原始凭证审核

外来原始凭证是指在同外单位发生经济往来业务时，从外单位取得的凭证。外来原始凭证主要包括从外单位取得的发票、收据、入库单、出库单、银行回单等凭证。

对出纳人员来说，其主要职责是遵照上述审核内容与规范，审核外来原始凭证的填制是否规范、是否合法合规合理等。

【示范 5-1】图 5-1 所列是一张甲企业发货给乙企业，并从乙企业取得的外来原始凭证“入库单”。

该凭证由乙企业已经填制完毕，其重点需要核查的内容如图 5-1 所示。

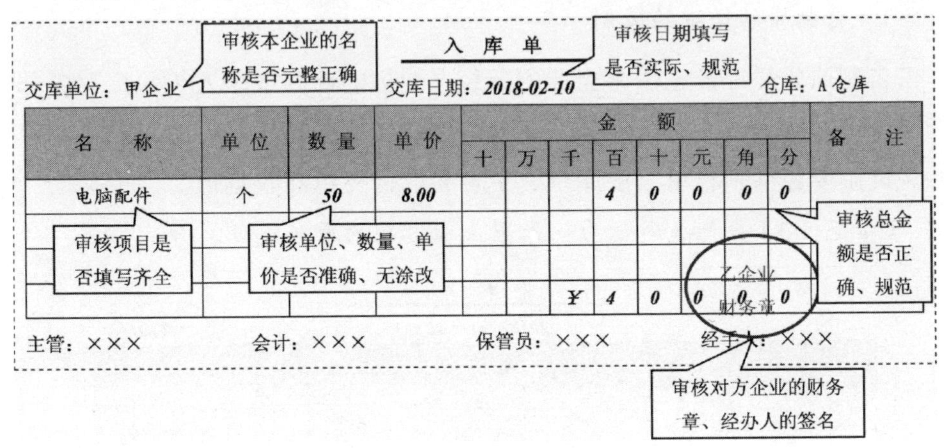

入库单

交库单位：甲企业　　交库日期：*2018-02-10*　　仓库：A仓库

名称	单位	数量	单价	金额								备注
				十	万	千	百	十	元	角	分	
电脑配件	个	*50*	*8.00*				*4*	*0*	*0*	*0*	*0*	
						¥	*4*	*0*	*0*	*0*	*0*	

主管：×××　　会计：×××　　保管员：×××　　经手人：×××

图 5-1 入库单的填制示范

【示范 5-2】以增值税发票为例，重点审核图 5-2 中标示出的内容。

图 5-2 标示出来的这些内容为出纳审核外来原始凭证时重点审核的内容。

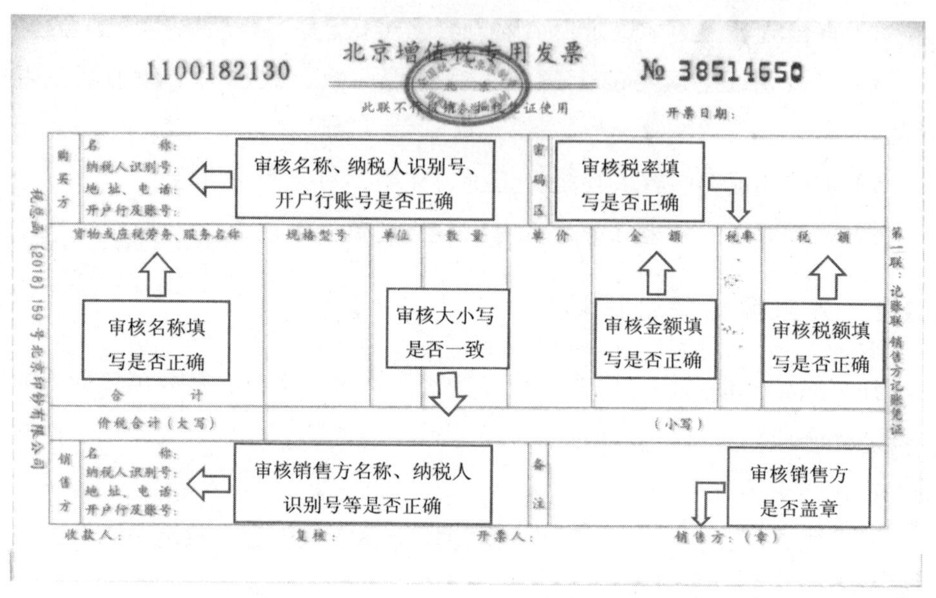

图 5-2　xxx 省增值税专用发票填制示范

5.1.3　自制原始凭证填制与审核

1. 自制原始凭证的填制

自制原始凭证是指由本企业内部经办业务的部门或个人（包括财务部门本身）在执行或完成某项经济业务时所填制的原始凭证。常见的自制原始凭证主要包括领料单、出库单、工资表、借支单和收据等。

【示范 5-3】图 5-3 所示为一张甲企业自制的原始凭证。

收　料　单

2018年01月20日　　　　第001号

供应商：乙企业		发票12630215　号			材料类别：原材料									
编号	材料名称	规格	应收数量	实收数量	单位	单价	金额							
							十	万	千	百	十	元	角	分
	A材料		500	500	千克	100		5	0	0	0	0	0	0
备注：		验收人签章	×××		合计		¥	5	0	0	0	0	0	0

图 5-3　收料单填制示范

2. 自制原始凭证的审核

出纳人员审核自制的原始凭证时，可参照审核外来原始凭证的规范进行操作，但是审核自制的原始凭证不同于审核外来原始凭证的是，自制的原始凭证必须有本企业相关人员的签名或盖章，若审核时发现无本单位相关人员的签名或盖章，则自制的原始凭证无效。

【示范 5-4】以自制的收据为例说明自制原始凭证的核查内容。

用“★”符号标注出了需要重点审核的内容，如图 5-4 所示。

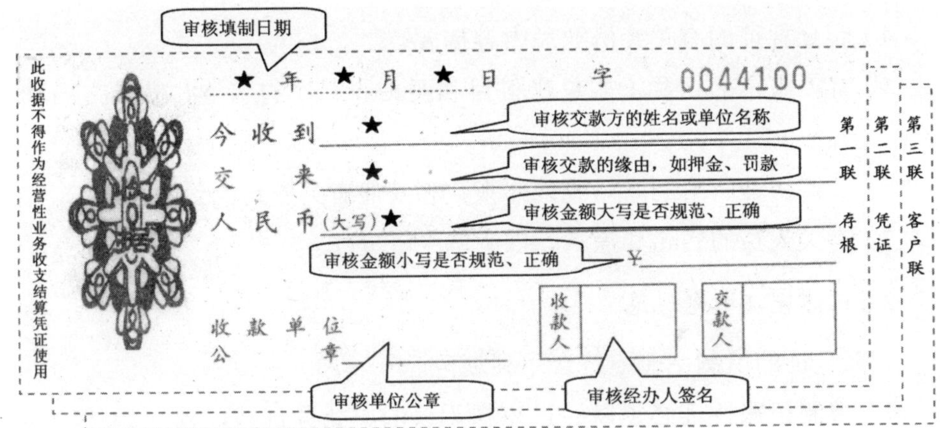

图 5-4 收款收据核查示范

5.2 记账凭证填制与审核

记账凭证是企业会计人员根据审核无误的原始凭证或汇总原始凭证，按经济业务的内容进行归类，用来确定会计分录而填制的作为登记账簿依据的会计凭证。

记账凭证包括收款凭证、付款凭证和转账凭证。按财务会计相关法规的规定，出纳人员不得兼任稽核、会计档案保管和收入、支出、费用、债权债务账目的登记工作。所以，企业的记账凭证一般均由专职会计人员编制，然后交由出纳人员登记日记账。

所以，出纳人员作为一名专职的财务工作人员，很有必要了解并熟悉记账凭证的填制与核查规范，以提升本岗位与会计接口业务的技能素质。

5.2.1 记账凭证及其填制与审核

1. 记账凭证基本内容

记账凭证上要填制的基本内容包括但不限于下列 7 个方面。

1)记账凭证的名称,如收款凭证(现金收款凭证、银行存款收款凭证)、付款凭证(现金付款凭证、银行存款付款凭证)和转账凭证。

2)记账凭证的编号,也称为“字号”,如现付字××号,银收字××号。

3)填制记账凭证的日期。

4)记账凭证的有关经济业务内容摘要。

5)有关账户的名称(如总账科目和明细科目)的名称,借贷方向和金额。

6)记账凭证所附的原始凭证的张数和其他有关资料的份数。

7)有关人员的签名和盖章,以明确经济责任。

2. 记账凭证填制规范

记账凭证的填制一般应符合下列规范。

1)填制记账凭证必须以经过审核无误的原始凭证或汇总原始凭证为依据。

2)记账凭证上的会计分录编写要正确,各级科目与明细科目之间要保持对应关系,且金额要核对无误。

3)摘要的填写要简明、正确、合理。

4)记账凭证要正确填写日期,且要编号。

5)填制记账凭证时,要认真查对所附的原始凭证的种类、张数,以保证所填列的经济业务的内容、数字正确,防止重复填制或漏填。

6)记账凭证填制后如果还有空行,应该自最后一笔金额的空行处至合计数上的空行处划斜线注销,严格会计核算手续。

7)记账凭证填制后,应进行复核与检查,有关人员要签名或盖章。

3. 记账凭证审核事项

1)记账凭证的内容是否完整、齐全、内容是否清晰。

记账凭证填制的各项目是否完整,有无遗漏和错误,是否有有关人员的签名和盖章。

2）记账凭证与原始凭证所反映的经济业务内容是否相同。

记账凭证所附原始凭证的张数与字面附件张数是否相符，原始凭证所记录的经济业务内容和数额是否与记账凭证一致。

3）会计账户对应关系是否正确。

记账凭证所填列的会计分录是否正确，应借应贷的方向和金额是否正确，账户对应关系是否清晰，是否符合有关会计制度的规定。

4）记账凭证的填写是否正确、规范。

记账凭证的书写是否工整、数字是否清晰。

5.2.2 现金收款凭证填制与审核

1. 现金收款凭证填制示范

现金收款凭证的填制参照“记账凭证填制规范”，但应该注意的是，现金收款凭证的填制日期是货币资金收入的日期，与原始凭证的日期可能不一定一致。

现金收款凭证要按“字”分类再编号，如“现收字第××号”。

【示范 5-5】甲企业收到员工丁某在 2018 年 1 月 20 日交来的罚款 300 元，编制现金收款凭证，如图 5-5 所示。

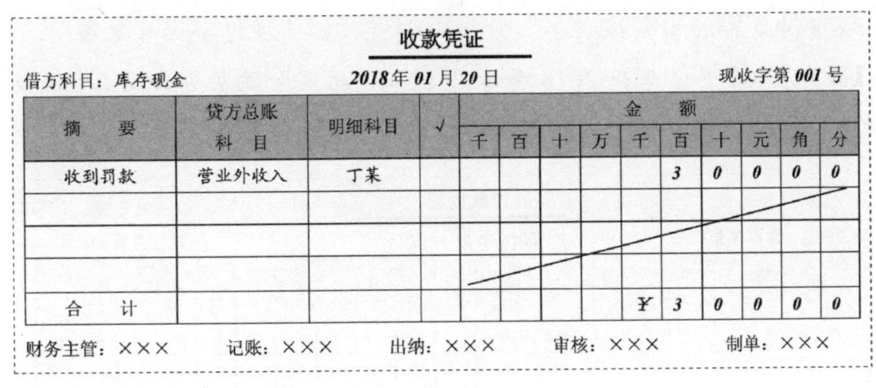

收款凭证

借方科目：库存现金　　2018年01月20日　　现收字第001号

摘要	贷方总账科目	明细科目	√	金额									
				千	百	十	万	千	百	十	元	角	分
收到罚款	营业外收入	丁某							3	0	0	0	0
合计								¥	3	0	0	0	0

财务主管：×××　记账：×××　出纳：×××　审核：×××　制单：×××

图 5-5　现金收款凭证填制示范

2. 现金收款凭证审核示范

现金收款凭证是登记现金日记账借方科目的重要依据，所以在核查现金收款凭证时，要注意以下 4 大事项。

1）检查现金收款凭证左上方的“借方”科目是否填写“库存现金”字样，是否填写日期，右上角是否填写凭证字号。

【核查提示】在【示范 5-5】中，检查凭证的科目是否填写正确，日期是否准确、规范，凭证字号是否依序编写。

2）现金收款凭证所附原始凭证是否齐全，是否经过审核，其记录内容是否与原始凭证所记录的内容相一致。

【核查提示】在【示范 5-5】中，核查现金收款凭证是否附有收款收据，其金额等内容是否与收款收据记录的金额等内容保持一致。

3）核查金额栏内的空白处是否有划线注销。

【核查提示】在【示范 5-5】中检查收款收据金额栏是否有划线注销。

4）为明确经济责任，核查是否有相关负责人的签字。

【相关说明】在【示范 5-5】中的相关负责人一律用“×××”代替。

5.2.3 现金付款凭证填制与审核

1．现金付款凭证填制示范

现金付款凭证填制参照“记账凭证填制规范”，但应该注意的是，现金付款凭证填制的日期与现金收款凭证填制的日期都是货币资金收付的日期，与原始凭证的日期可能不一定保持一致。

现金付款凭证也要按“字”分类再编号，如“现付字第××号”。

【示范 5-6】甲企业在 2018 年 1 月 21 日，用现金购买办公用品 500 元，编制现金付款凭证如图 5-6 所示。

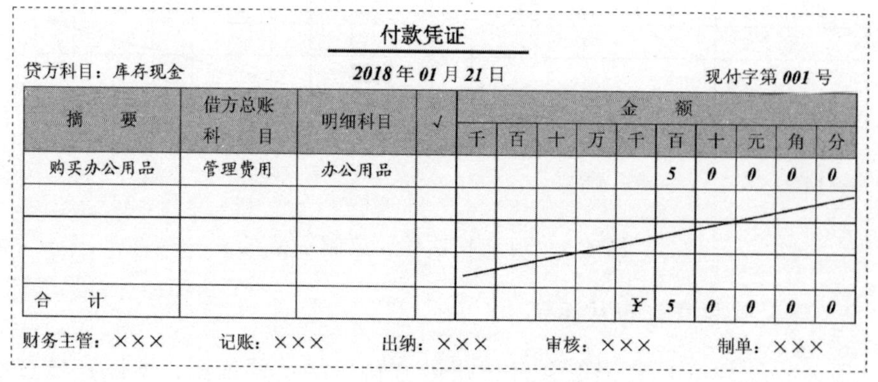

付款凭证

贷方科目：库存现金　　2018 年 01 月 21 日　　现付字第 001 号

摘　要	借方总账科目	明细科目	√	千	百	十	万	千	百	十	元	角	分
购买办公用品	管理费用	办公用品							5	0	0	0	0
合　计								¥	5	0	0	0	0

财务主管：×××　　记账：×××　　出纳：×××　　审核：×××　　制单：×××

图 5-6　现金付款凭证填制示范

2. 现金付款凭证审核示范

现金付款凭证是登记现金日记账贷方科目的重要依据，所以在核查现金付款凭证时，要重点核查以下事项。

1）核查现金付款凭证左上方的“贷方”科目是否填写“库存现金”字样，是否填写日期，右上角是否填写凭证字号。

【核查提示】在【示范 5-6】中核查凭证的科目是否填写正确，日期是否准确、规范，凭证字号是否依序编写。

2）其他同现金收款凭证的相关应注意事项。

5.2.4 银行存款收款凭证填制与审核

1. 银行存款收款凭证的填制示范

银行存款收款凭证填制参照“记账凭证填制规范”，但应该注意的是，银行存款收款凭证填制的日期与现金收、付款凭证填制的日期一样，都是货币资金收付的日期，与原始凭证的日期未必保持一致。

银行存款收款凭证也要按“字”分类再编号，如“银收字第××号”。

【示范 5-7】甲企业于 2019 年 4 月 19 日，收到乙企业支付的货款 1 000 元，增值税 130 元，编制银行存款收款凭证如图 5-7 所示。

收款凭证

借方科目：银行存款　　*2019* 年 *04* 月 *19* 日　　银收字第 *001* 号

摘要	贷方总账科目	明细科目	√	金额									
				千	百	十	万	千	百	十	元	角	分
收到货款	主营业务收入							*1*	*0*	*0*	*0*	*0*	*0*
	应交税费	应交增值税（销项税额）							*1*	*3*	*0*	*0*	*0*
合计							￥	*1*	*1*	*3*	*0*	*0*	*0*

财务主管：×××　　记账：×××　　出纳：×××　　审核：×××　　制单：×××

图 5-7　银行存款收款凭证填制示范

2. 银行存款收款凭证的审核示范

银行存款收款凭证是登记银行存款日记账借方科目的重要依据，所以在核查银行存款收款凭证时，要注意以下事项。

1）核查银行存款收款凭证左上方的“借方科目”是否填写“银行存款”字样，是否填写日期，右上角是否填写凭证字号。

2）其他核查注意事项同现金收款凭证应注意事项。

5.2.5 银行存款付款凭证填制与审核

1．银行存款付款凭证的填制示范

银行存款付款凭证填制参照“记账凭证填制规范”，但应该注意的是，银行存款付款凭证填制的日期与银行存款收款凭证填制的日期一样，都是货币资金收付的日期，与原始凭证的日期未必保持一致。

银行存款付款凭证也要按“字”分类再编号，如“银付字第××号”。

【示范 5-8】甲企业在 2019 年 4 月 22 日，支付前欠丙企业货款 2 000 元，增值税为 260 元，编制银行存款付款凭证，如图 5-8 所示。

付款凭证

贷方科目：银行存款　　2019 年 04 月 22 日　　银付字第 001 号

摘　要	借方总账科　目	明细科目	√	金额									
				千	百	十	万	千	百	十	元	角	分
支付欠款	应付账款	丙企业						2	2	6	0	0	0
合　计							¥	2	2	6	0	0	0

财务主管：×××　　记账：×××　　出纳：×××　　审核：×××　　制单：×××

图 5-8　银行存款付款凭证填制示范

2．银行存款付款凭证的审核示范

银行存款付款凭证是登记银行存款日记账贷方科目的重要依据，所以在核查银行存款付款凭证时，要注意以下事项。

1）核查银行存款付款凭证左上方的“贷方科目”是否填写“银行存款”字样，是否规范填写日期，右上角是否填写凭证字号。

2）其他核查注意事项同现金收款凭证应注意事项。

5.2.6 转账凭证填制与审核

1. 转账凭证的填制示范

凡是不涉及现金和银行存款增加或减少的业务，都应填制转账凭证。转账凭证填制参照“记账凭证填制规范”，但应该注意的是，转账凭证填制的日期以收到原始凭证的日期作为记账凭证的日期，并且在“摘要”栏内注明实际发生的日期。

转账凭证也要按“字”分类再编号，如“转字第××号”。

【示范 5-9】甲企业于 2019 年 4 月 23 日，购进一批原材料 A 材料，价款为 3 000 元，增值税为 390 元，货物已验收入库，款项尚未支付，甲企业编制转账凭证，如图 5-9 所示。

转账凭证

2019 年 04 月 23 日　　　　转字第 001 号

摘　要	总账科目	明细科目	√	借方金额	贷方金额	√
购进原材料	原材料	A 材料		3,000		
	应交税费	应交增值税（进项税额）		390		
	应付账款				3,390	
合　计				¥3,390	¥3,390	

财务主管：×××　记账：×××　出纳：×××　审核：×××　制单：×××

图 5-9　转账凭证填制示范

2. 转账凭证的审核示范

在核查转账凭证时，要注意以下事项。

1）转账凭证没有固定的格式，其左上角没有设置会计科目，其所涉及的会计科目按“总账科目”和“明细科目”分别登记。

2）借方科目的金额应在“借方金额”栏同一列填列，贷方科目的金额应在“贷方金额”栏同一列填列。

3）“借方金额”栏合计数应和“贷方金额”栏合计数相等。

5.3 凭证整理规范与装订

5.3.1 凭证整理规范

凭证整理，是指出纳人员对记账凭证所附的原始凭证按编号顺序进行整理，以便进行规范装订。整理凭证时，出纳人员应遵照以下 5 点规范。

1. 分类整理

1）如果企业采用收、付、转凭证，则分类整理收、付、转凭证，并按顺序排列。

2）如果企业采用的是通用记账凭证，则按顺序整理，检查日数、编号是否齐全。

2. 汇总归集

按凭证的汇总日期进行归集，以便确定装订成册的本数。

3. 粘贴前的处理

1）对于纸张面积过大的原始凭证，要折叠成同记账凭证一样大小，且要避开装订线，保持数字完整，以便查阅。

2）对于纸张过小的原始凭证，不能直接装订，可用胶水将其粘贴在一张同记账凭证大小一样的白纸上，然后再附在所属记账凭证的后面。

4. 粘贴原始凭证

1）粘贴原始凭证时，应错位粘贴，即每一张原始凭证与已经粘好的原始凭证之间，依次借位 3 ~ 5 mm，以减薄同一粘贴位置纸张的厚度。

2）对于相同支出类别的原始凭证，可粘贴在一张记账凭证上。

3）对于较厚的原始凭证，可将票面与票底轻轻剥离后，留用票面。

5. 检查凭证

1）对整理好的会计凭证，要依次检查其顺序编号，发现有颠倒的要重新排列，发现缺号的要查明原因，同时检查附件是否漏缺。

2）要检查凭证上有关人员的签章是否齐全。

5.3.2 凭证装订示范

经过整理的会计凭证一般每月装订一次，以便装订好的凭证按年度、分月份进行归档保管。

1. 选择凭证封面

1）如果企业采用收、付、转凭证，而且单位凭证数比较少，可以把这三种凭证分别整理完后，装订成一本凭证。这样装订成本的凭证封面，可采用如图 5-10 所示的样式。如果凭证数量比较多，可以分别按类别分开装订，可采用如图 5-11 所示的样式。

单位名称

第　　册
共　　册

会计凭证封面

自　　年　　月　　日起至　　年　　月　　日止

记账凭证种类	凭证起讫号数	付原始凭证张数
收款凭证	共　　张自第　　号至第　　号	共　　张
付款凭证	共　　张自第　　号至第　　号	共　　张
转账凭证	共　　张自第　　号至第　　号	共　　张
记账凭证	共　　张自第　　号至第　　号	共　　张
备　注		

20　　年　　月　　日装订

会计主管人员　　　　复核　　　　装订员

图 5-10　会计凭证封面示意图（一）

会计凭证封面

单位名称	
年　月	年　　　月　　　份
册　别	本册第　　本　　本月份共　　本
凭单号别	自第　　号至第　　号止
备　注	

会计主管人员　　　　复核　　　　装订员

图 5-11　会计凭证封面示意图（二）

2）如果企业采用通用记账凭证，装订好的凭证封面，可采用如图 5-12 所示的样式。

2. 装订凭证规范

凭证整理好后，开始装订凭证，装订凭证按以下规范进行。

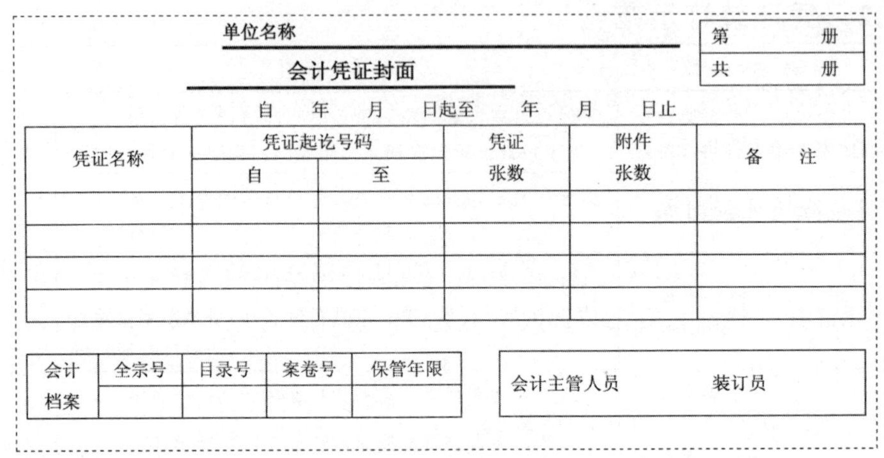

单位名称

会计凭证封面

第	册
共	册

自　年　月　日起至　年　月　日止

凭证名称	凭证起讫号码		凭证张数	附件张数	备　注
	自	至			

会计档案	全宗号	目录号	案卷号	保管年限

会计主管人员　　装订员

图 5-12　会计凭证封面示意图（三）

1）确定凭证的大致厚度：为确保凭证装订得美观、牢固，一般将凭证的装订厚度控制在 2 厘米左右。

2）将凭证封面和封底放在凭证前后，再找一张凭证封皮，裁下一半放在封面上角，做护角线，另一半裁下的封皮可留作下次使用。

3）将裁下的凭证封皮裁剪成长、宽各为 9 厘米的正方形纸张，并放置在全部凭证上面的左上角。以左上角对齐，画一个边长为 5 厘米的等腰三角形，用夹子夹住，并用装订机在底线上均匀的打两个孔（孔距约为 1 厘米）。

4）将长约 10 厘米的线绳穿过两个孔，并在凭证的背面打线结。

5）将凭证正面的正方形牛皮纸以底线为边向左上角翻折到凭证反面，中间需要适当的剪开正方形牛皮纸，以使牛皮纸正好包住凭证的左上角，并反折到凭证的反面，正好盖住线结。

6）将反折到凭证反面的牛皮纸，用胶水粘在打好的线结上，将结压在里面。

7）在晾干后的凭证封面上，填写企业名称、年度、月份和起讫日期、凭证种类、起讫号码。

8）装订人员（一般由出纳执行装订）在封面上签名或盖章。

9）对装订好的凭证应使用尺寸约为 1.25cm × 1.25cm 的包角纸进行封角，以防止日后有人对凭证进行拆分、加页等非法行为。

3. 装订凭证步骤示范

装订凭证的步骤示范如图 5-13 所示。

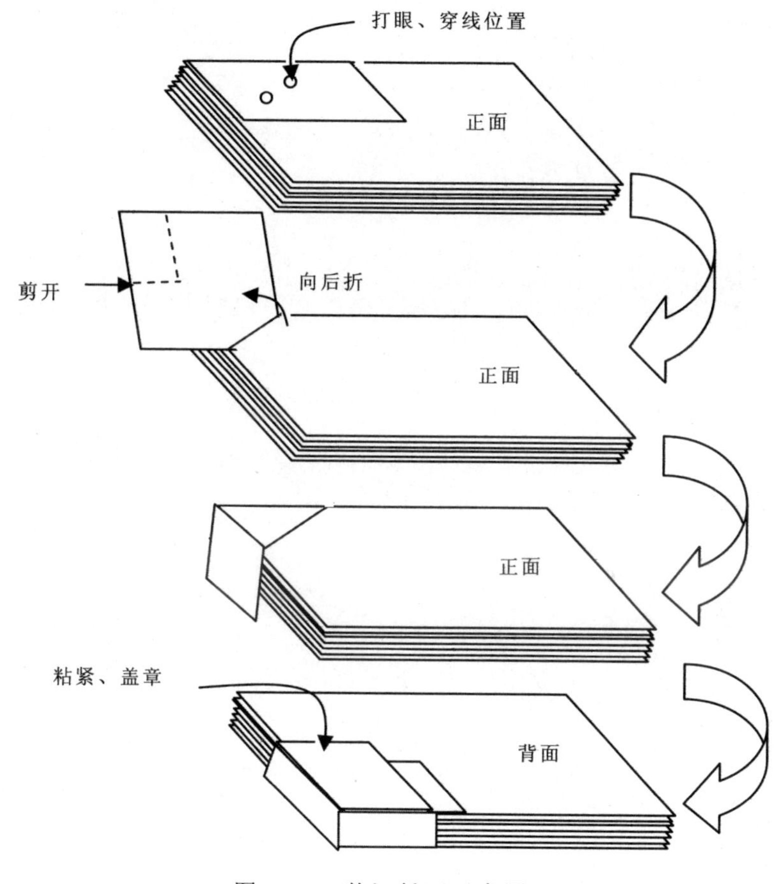

图 5-13　装订凭证示意图

4. 装订凭证意外处理规范

如果出纳人员在装订完凭证后，发现漏了凭证或有凭证被装进订线里，出纳人员应向会计和主管领导报告后，及时拆开重新装订，并出具一份说明书，分别请会计和主管领导签名确认后，将其装订在凭证首页。

操作示范——出纳账簿启用与操作

6.1 出纳账簿启用与登记

企业在日常经济活动中，用到的会计账簿有现金日记账、银行存款日记账、总分类账和明细账。但是，根据企业财务会计内控相关规定，出纳人员只负责登记现金日记账和银行存款日记账，其他账簿由指定的会计人员登记。所以，本章的出纳账簿主要是指现金日记账和银行存款日记账。

6.1.1 启用账簿

出纳人员在启用出纳账簿时，可参照如下步骤。

1）打开新购置的现金日记账或银行存款日记账账本时，出纳人员即可看到账簿的扉页内容，如图 6-1 所示。

<table>
<tr><th colspan="11">账簿启用及交接表</th></tr>
<tr><td>单位名称</td><td colspan="8"></td><td colspan="2">公　　章</td></tr>
<tr><td>账簿名称</td><td colspan="8"></td><td colspan="2" rowspan="4"></td></tr>
<tr><td>账簿编号</td><td colspan="8"></td></tr>
<tr><td>账簿页数</td><td colspan="8"></td></tr>
<tr><td>启用日期</td><td colspan="8"></td></tr>
<tr><td rowspan="3">经管人员</td><td colspan="2">单位主管</td><td colspan="3">财务主管</td><td colspan="2">复　　核</td><td colspan="3">记　　账</td></tr>
<tr><td>姓　名</td><td>盖　章</td><td>姓　名</td><td colspan="2">盖　章</td><td>姓　名</td><td>盖　章</td><td>姓　名</td><td colspan="2">盖　章</td></tr>
<tr><td></td><td></td><td></td><td colspan="2"></td><td></td><td></td><td></td><td colspan="2"></td></tr>
<tr><td rowspan="3">交接记录</td><td colspan="2">经人员</td><td colspan="4">接　　管</td><td colspan="4">交　　出</td></tr>
<tr><td>职　别</td><td>姓　名</td><td>年</td><td>月</td><td>日</td><td>盖　　章</td><td>年</td><td>月</td><td>日</td><td>盖　　章</td></tr>
<tr><td></td><td></td><td></td><td></td><td></td><td></td><td></td><td></td><td></td><td></td></tr>
<tr><td>备　　注</td><td colspan="10"></td></tr>
</table>

图 6-1　账簿启用及交接表示意

2）在“账簿启用及交接表”的表格内填写相应的内容，并在“账簿名称”表格内填写“现金日记账”或“银行存款日记账”。

3）在年度开始启用新账簿时，应把上年度的年末余额，记入新账第一页的第一行，并在“摘要”栏注明“上年结转”或“年初余额”字样，如图 6-2 所示。

现金日记账

第　页

年		凭　证		摘　要	对方科目	借　方	贷　方	借或贷	余　额	√
月	日	字	号							
				上年结转						

图 6-2　现金日记账示意图

6.1.2　登记现金日记账

现金日记账是用来逐日反映库存现金的收入、支出及结余情况的特种日记账。它是由出纳人员根据审核无误的现金收、付款凭证和从银行提取现金的银行存款付款凭证序时逐笔进行登记的。

1. 现金日记账的设置规范

现金日记账是专门用来登记库存现金每天的收入、支出和结存情况的账簿。企业应按币种设置现金日记账进行明细分类核算。

现金日记账的常用格式一般有“三栏式”、“多栏式”和“收付分页式”三种。在实际工作中，企业大多采用的是“三栏式”账页格式（如图 6-2 所示）。现金日记账账本必须采用订本式账簿。

2. 现金日记账的登账规范

登记现金日记账有如下要求。

1）现金日记账所记载的内容必须同原始凭证、记账凭证所记载的内容相一致，不得随便增减。

2）现金日记账的每一笔账都要登记记账凭证的日期、编号、摘要、金额和对应科目。

3）现金日记账的登记要做到逐笔、序时，做到日清月结。现金日记账每日最少要登记一次，每日发生的经济业务当日都要登记入账，并结出余额。

4）现金日记账的登记必须按页次、行次、位次顺序连续登记，不得跳行或隔页登记，不得随便更换或撕去作废的账页。记账时，如不慎发生跳行、隔页时，应在空页或空行中间划线加以注销，或注明“此行空白”、“此页空白”字样，并由记账人员盖章，以明确责任。

5）现金日记账的文字、数字必须规范、整洁、清晰、准确无误，无涂改。

6）登记现金日记账时，要使用钢笔，以蓝、黑色墨水书写，不得使用圆珠笔（银行复写账簿除外）或铅笔书写。但是，按照红字冲账凭证冲销错误记录及会计制度中规定用红字登记的业务可以用红色墨水记账。

7）在每一账页登记完毕结转下页时，必须按规定转页，并结出当月发生额合计数及余额，在本页最后一行“摘要”栏注明“过次页”，同时在下页第一行的“摘要”栏注明“承前页”字样。

8）现金日记账必须逐日结出余额，每月月末必须按规定结账。现金日记账不得出现贷方（或红字）余额。

9）现金日记账的记录发生错误时，必须按规定方法进行更正，不得随意涂改，严禁刮、擦、挖、补，或使用化学药物清除字迹。发现差错时，必须根据差错的具体情况采用划线更正、红字更正、补充登记等方法更正。

3. 现金日记账的登账示范

【示范 6-1】2018 年 1 月 9 日，甲企业现金日记账余额为 1 000 元。10 日，发生如下经济业务，会计人员已编制现金收、付款凭证以及提取现金编制的银行存款付款凭证。

① 以现金支付电话费 500 元，现付字第 52 号凭证。

凭证上的会计分录内容如下。

借：管理费用　　500

　　贷：库存现金　　500

② 以现金购桶装水 300 元，现付字第 53 号凭证。

凭证上的会计分录内容如下。

借：管理费用　　300

　　贷：库存现金　　300

③ 收到员工偿还的借款 800 元，现收字第 43 号凭证。

凭证上的会计分录内容如下。

借：库存现金　　800

　　贷：其他应收款　　800

④ 从银行提取现金 3 000 元，用作日常零星开支，银付字第 76 号凭证。

凭证上的会计分录内容如下。

借：库存现金　　3 000

　　贷：银行存款　　3 000

出纳人员根据以上现金业务登记现金日记账，如图 6-3 所示。

现金日记账

2018年		凭证		摘　　要	对方科目	借　方	贷 方	借或贷	余额	√
月	日	字	号							
				承前页		4 000	3 000	借	1 000	
1	10	现付	52	支付电话费	管理费用		500	借	500	
		现付	53	购桶装水	管理费用		300	借	200	
		现收	43	收到偿还借款	其他应收款	800		借	1 000	
		银付	76	提取现金	银行存款	3 000		借	4 000	
				本日合计		￥3 800	￥800	借	￥4 000	

图 6-3　现金日记账登账示范

6.1.3　登记银行存款日记账

银行存款日记账是专门用来反映银行存款增加、减少和结存的情况，是记录银行存款收支业务的特种日记账。

1. 银行存款日记账的设置规范

企业应按币种设置银行存款日记账进行明细分类核算，其格式也有“三栏式”、“多栏式”和“收付分页式”三种，但是实际中企业一般用“收入（借方）”、“支出（贷方）”和“余额”三栏式（如图 6-4 所示）。银行存款日记账也必须采用订本式账簿。

银行存款日记账

年		凭证		摘要	对方科目	结算凭证		收入（借方）	支出（贷方）	余额
月	日	种类	号数			种类	编号			

图 6-4　银行存款日记账示意图

2. 银行存款日记账的登账规范

银行存款日记账的登账应遵照如下要求。

1）出纳人员根据审核无误的银行存款收、付款凭证以及现金存入银行时编制的现金付款凭证登记银行存款日记账。

2）银行存款日记账所记载的经济业务内容必须同记账凭证相一致，不得随便增减。

3）登记银行存款日记账要按经济业务发生的先后顺序逐笔登记。

4）必须连续登记银行存款日记账，不得跳行、隔页，不得随便更换账页和撕扯账页。

5）银行存款日记账文字、大小写数字必须整洁清晰，准确无误。

6）登记银行存款日记账时，必须使用钢笔，以蓝、黑色墨水书写，不得使用圆珠笔（银行复写账簿除外）或铅笔书写。

7）每一账页记完后，必须按规定转页，并结出当月发生额合计数及余额，在本页最后一行“摘要”栏注明“过次页”，同时在下页第一行的“摘要”栏注明“承前页”字样。

8）每月月末必须按规定结账。

9）银行存款日记账的记录发生错误时，必须按规定方法进行更正。不得随意涂改，严禁刮、擦、挖、补，或使用化学药物清除字迹。发现差错时，必须根据差错的具体情况采用划线更正、红字更正、补充登记等方法更正。

3. 银行存款日记账的登账示范

【示范 6-2】2019 年 4 月 10 日，甲企业银行存款日记账余额为 86 500 元。11 日，发生如下经济业务，会计人员已编制银行存款收、付款凭证。

① 收到丙企业电汇货款 5 000 元，（银收字第 62 号凭证），凭证上的会计分录内容如下。

借：银行存款　　5 000

　　贷：应收账款－丙企业　　5 000

② 开出转账支票购买打印机价款 1 850 元，（银付字第 77 号凭证），凭证上的会计分录内容如下。

借：固定资产　　1 850

　　贷：银行存款　　1 850

③ 开出转账支票支付前欠乙企业的货款 3 400 元，（银付字第 78 号凭证），凭证上的会计分录内容如下。

借：应付账款－乙企业　　3 400

　　贷：银行存款　　3 400

④ 甲企业销售商品给乙企业，收到乙企业的转账支票，其中商品款为 5 000 元，增值税为 650 元，当日将支票送存银行，（银收字第 63 号凭证），凭证上的会计分录内容如下。

借：银行存款　　5 650

　　贷：主营业务收入　　5 000

　　　　应交税费－应交增值税（销项税额）　　650

出纳人员根据以上银行存款相关业务顺序登记银行存款日记账，如图 6-5 所示。

银行存款日记账

2018年		记账凭证		摘　要	对方科目	结算凭证		收入（借方）	支出（贷方）	余额
月	日	种类	号数			种类	号数			
				承前页				180 800	94 300	86 500
2	11	银收	62	收到货款	应收账款	电汇		5 000		91 500
		银付	77	购买打印机	固定资产	支			1 850	89 650
		银付	78	偿还欠货款	应付账款	支			3 400	86 250
		银收	63	销售商品款	主营业务收入	支		5 650		91 900
				本日合计				￥10 650	￥5 250	￥91 900

图 6-5　银行存款日记账登账示范

6.2　其他账簿设置与登记

6.2.1　设置明细账

明细分类账（又称为“明细账”）是按照总账科目所属的二级科目或明细科目设置，用来分类、连续地记录某一类经济业务的账簿。

除了现金、银行存款等账户会设明细账外，材料物资、应收账款、应付账款、费用、成本等其他账户也要设置明细账。明细账按账页格式不同可分为三栏式、数量金额式和多栏式明细账。

1. 三栏式明细账的设置示范

三栏式明细账的账页只设“借方”、“贷方”和“余额”三个金额栏，不设“数量”栏。这种格式适用于那些只需要进行金额核算而无需进行数量核算的明细核算，如“应收账款”、“应付账款”等债权债务结算科目的明细分类核算。具体设置格式如图 6-6 所示。

三栏式明细账

总账科目：　　　　　　　　　　　　　　　　总第　页

明细科目：　　　　　　　　　　　　　　　　分第　页

年		凭证号	摘　　要	借　　方	贷　　方	借或贷	余　　额
月	日						

图 6-6　三栏式明细账设置示范

2. 数量金额式明细账的设置示范

数量金额式明细账的账页按“收入”、“发出”和“结余”再分别设“数量”和“金额”栏。这种格式适用于既需要进行金额核算，又需要进行实物数量核算的各种财产物资的明细核算，如“原材料”、“产成品”等财产物资科目的明细分类核算。具体格式如图 6-7 所示。

数量金额式明细账

总账科目：　　　　　　　　　　　　　　　　　　　　　　　　总第　页

明细科目：　　　　　　　　　　　　　　　　　　　　　　　　分第　页

年		凭证		摘要	收入			发出			结存		
月	日	种类	号数		数量	单价	金额	数量	单价	金额	数量	单价	金额

图 6-7　数量金额式明细账设置示范

3. 多栏式明细账的设置示范

多栏式明细账的账页按照明细科目或明细项目分设若干专栏，以在同一账页上集中反映各有关明细科目或某明细科目各明细项目的金额。这种格式适用于费用、成本、收入和成果类账户的明细核算。

多栏式明细账可以设置成借方多栏式，如“材料采购”、“生产成本”、“管理费用”等；也可以设置成贷方多栏式，如“收入”；还可以设置成借方贷方多栏式，如“本年利润”、“利润分配”等账户。其中，出纳人员常接触到的主要是前两类。

借方多栏式明细分类账，样式如图 6-8 所示。

生产成本明细账

账户名称：　　　　　　　　　　　　　　　　　　完工数量：

年		凭证		摘要	借方科目			
月	日	种类	号数		直接材料	直接人工	制造费用	合计

图 6-8　借方多栏式明细账设置示范

贷方多栏式明细分类账，样式如图 6-9 所示。

现金（银行存款）收入明细账

账户名称：

年		凭证		摘要	贷方科目			
月	日	种类	号数					金额合计

图 6-9　贷方多栏式明细账设置示范

6.2.2　登记明细账

各种明细账的登记都要根据原始凭证、原始凭证汇总表和记账凭证，可以每天进行登记，也可以定期（如 3 天或 5 天）登记。

【示范 6-3】甲企业 2018 年 1 月，原材料总账账户借方余额 30 000 元，其中“甲材料”明细账户结存 500 千克，单价 60 元。

① 1 月 12 日，购入甲材料 200 千克，单价 60 元。

② 1 月 26 日，领用甲材料 400 千克，单价 60 元，合计金额 24 000 元。

根据以上经济业务，分析应用数量金额式明细细登记甲材料明细账，如图 6-10 所示。

材料明细账

总账科目：原材料　　　　　　　　　　　　　　　　　　　　总第　页

明细科目：甲材料　　　　计量单位：千克　　金额：元　　　分第　页

2018年		凭证		摘要	收入			发出			结存		
月	日	种类	号数		数量	单价	金额	数量	单价	金额	数量	单价	金额
1	1			期初余额							500	60	30 000
	12			购入材料	200	60	12 000				700	60	42 000
	26			领用材料				400	60	24 000	300	60	18 000
				本月合计	200		￥12 000	400		￥24 000	300	60	￥18 000

图 6-10　材料明细账登记示范

6.2.3　登记总分类账

总分类账（亦简称“总账”）是根据一级科目分类开设的账簿，用来连续地记录和反映企业全部经济业务情况，提供资产、负债、所有者权益、收入、费用和利润等方面概括信息的账簿。

总分类账一般采用订本式账簿。总分类账的账页格式，一般采用“借方”、“贷方”、“余额”三栏式，企业根据实际需要，也可以在“借方”、“贷方”两栏内增设“对方科目”栏。

总分类账与明细账之间是密切相关的，二者之间的关系可以概括如下。

1）总分类账户对该账户下所属的明细分类账户具有统驭控制作用，明细分类账户对总分类账户具有补充说明作用。总分类账户的余额或发生额应当与其所属明细分类账户余额或发生额之和相等。

2）企业所发生的所有经济业务，登记账簿时都要以会计凭证为依据，一方面计入有关总分类账户，另一方面记入有关明细分类账户，记录时要在同一会计期间，根据相同的会计凭证，将相同金额，分别记入总分类账户和该账户所属的明细分类账户的相同账户方向。

【示范 6-4】以【示范 6-3】为例，登记原材料总分类账。

原材料总分类账的具体登记示范如图 6-11 所示。

原材料总分类账

总账科目：原材料

2018年		凭证		摘要	借方	贷方	借或贷	余额
月	日	种类	号数					
1	1			期初余额			借	30 000
	12			购入甲材料	12 000		借	42 000
	26			领用甲材料		24 000	借	18 000
				本期发生额及余额	￥12 000	￥24 000	借	￥18 000

图 6-11　原材料总分类账登记示范

6.2.4　登记备查账簿

备查账簿也称辅助账簿，是指对在日记账、明细账、总分类账中均未记录或记录不全的经济业务进行补充登记的账簿。例如，租入固定资产登记簿、受托加工材料登记簿、发票备查登记簿、应收票据备查登记簿、应收账款备查登记簿、代销商品登记簿等。这些都是出纳人员在日常工作中随时都有可能接触到的。

1. 租入固定资产登记簿

该备查账簿主要用来登记临时租入的固定资产的相关情况，如固定资产名称、规格/型号、合同号、租入日期、租期、租金等。具体设置如表6-1所示。

表6-1 租入固定资产登记簿

资产名称	规格	合同号	租出单位	租入日期	租期	租金	使用地点	备注

2. 受托加工材料登记簿

该备查账簿主要用来登记企业对外接收来料加工、装配业务而收到的原材料、零部件等收发结存数额。此类业务收到的物资的所有权不属于本企业，不应包括在“原材料”科目的核算范围内，所以应另设备查账簿特别登记。具体设置如表6-2所示。

表6-2 委托加工材料登记簿

计量单位：

材料名称	规格	合同号	委托单位	接受数量	成品名称	消耗定额	预计成品量

3. 发票备查账簿

该备查账簿主要用来详细登记企业增值税专用发票、普通发票的领购、缴销、结存等情况。具体设置如表6-3所示。

表6-3 发票登记备查账簿

发票名称： 发票代码： 每本份数：

<table>
<tr><th colspan="2">年</th><th rowspan="3">凭证号</th><th rowspan="3">摘要</th><th colspan="3">增加</th><th colspan="3">减少</th><th rowspan="3">收费项目</th><th rowspan="3">累计金额</th><th rowspan="3">是否免税</th><th rowspan="3">结存份数</th><th rowspan="3">缴回存根数份数</th></tr>
<tr><th rowspan="2">月</th><th rowspan="2">日</th><th colspan="2">发票号码</th><th rowspan="2">份数</th><th colspan="2">发票号码</th><th rowspan="2">份数</th></tr>
<tr><th>起始号码</th><th>终止号码</th><th>起始号码</th><th>终止号码</th></tr>
<tr><td></td><td></td><td></td><td></td><td></td><td></td><td></td><td></td><td></td><td></td><td></td><td></td><td></td><td></td><td></td></tr>
<tr><td></td><td></td><td></td><td></td><td></td><td></td><td></td><td></td><td></td><td></td><td></td><td></td><td></td><td></td><td></td></tr>
<tr><td></td><td></td><td></td><td></td><td></td><td></td><td></td><td></td><td></td><td></td><td></td><td></td><td></td><td></td><td></td></tr>
</table>

填写说明：

1. 本账簿“增加”栏记购入或经批准印制的发票数量。
2. 本账簿“减少”栏记使用发票单位的领用数量。

4. 应收票据备查登记簿

该备查账簿主要用来逐笔登记每一张应收票据的种类、号数和出票日期、票面金额、交易合同号和付款人、承兑人、背书人的姓名或单位名称、到期日期和利率、贴现日期、贴现率和贴现净额，以及收款日期和收回金额等信息。应收票据到期结清票款后，应在备查簿内逐笔注销。

5. 备查账簿的登记规范

登记备查账簿与登记日记账、明细账、总分类账一样，首先需要遵循“不相容职务要分离”的原则如实、规范登记。

登记备查账簿与登记日记账、明细账、总分类账最大的不同体现在以下两个方面。

1）登记依据可能不需要记账凭证，甚至不需要一般意义上的原始凭证。

2）账簿的格式和登记方法不同，备查账簿的主要栏目不记金额，更注重用文字来表述某项经济业务的发生情况。

6.3 出纳错账查找与更正

6.3.1 查找错账

1. 记账凭证错误

记账凭证可能出现的错误，大概包括以下内容，如图 6-12 所示。

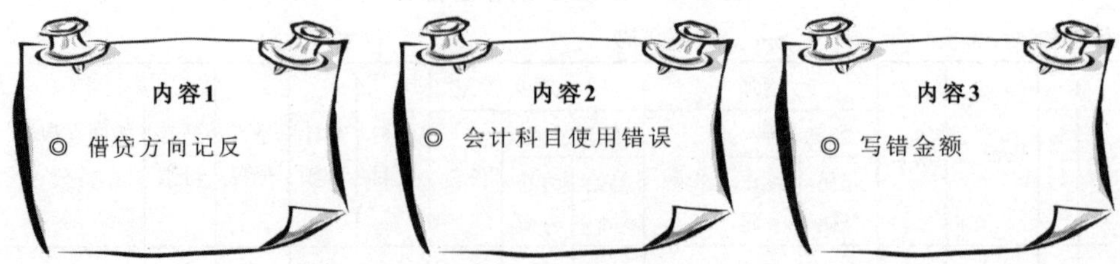

图 6-12 记账凭证可能出现的错误内容

2. 会计账簿错误

会计账簿一般会出现以下 4 个方面的错误。

1）依据错误的记账凭证登记会计账簿，从而导致会计账簿出现相同的错误。

2）记账凭证没有错误，错误发生在账簿登记过程中，可能是文字的错误也可能是数字的错误。

3）重记，即将已经登记入账的金额数字重复登记。

4）漏记，即在记账时，遗漏某记账凭证，造成没有在账簿上登记。

3. 错账查找方法示范

会计上常用的错账查找方法归纳起来大概有顺查法、逆查法、抽查法、差数法、二除法、九除法等。

1）顺查法，主要是按照原来账务处理的程序，从头到尾进行普遍查找的方法。即按照查找原始凭证、记账凭证、登记账簿、结账、试算平衡这一顺序，依次查对。

2）逆查法，是指按与原来的账务处理程序相反的顺序，从尾到头的一一普遍查找的方法。

3）抽查法，是对账簿中估计出现差错可能性较大的部分进行检查的方法。

4）差数法，主要用于查找漏记、重记差错的寻找。

【示范 6-5】某企业出纳人员小丁在查账时，发现现金日记账余额比现金总账余额多出（或少了）10 元。

因现金日记账余额比现金总账余额多 10 元，出纳人员可推断可能重记了某一金额为 10 元的有关凭证，据此可着手检查有关金额为 10 元的凭证。

5）二除法，主要用于查找记账方向记反错误的寻找，即用账簿中反映的错误金额除以 2，得到的商数若为偶数，则可推断记账方向可能记反，此时用得到的商数，去查找账簿中的金额，待查到这个金额后，再与记账凭证核对，便可找到错误的方向。

【示范 6-6】某企业出纳人员小张在查账时，发现现金日记账余额比库存现金多出 200 元，为查明原因，小张决定采取二除法进行错误缘由寻找。

① 因现金日记账比库存现金多了 200 元，小张先用 200 除以 2 得到的商数是 100。

② 小张随即查找现金日记账时发现金额为 100 的账目，据此核对记账凭证，发现记账凭证为“现付字 23 号”的付款凭证，摘要内容为“用现金购买办公用品”，会计分录如下。

借：管理费用　　　　　　　　　　　　　　100

　　贷：库存现金　　　　　　　　　　　　　　100

③ 最后，查找错误的原因是自己在登记账簿时，将本该记到借方的 100 元现金支出业务记到了贷方。

④ 出纳人员小张在查到原因，利用红字更正法更正了这笔会计分录，并及时更正现金日记账。

6）九除法，主要用来检查数字颠倒或数字移位而导致的记账错误的查找，具体错误特征如表 6-4 所示。

表 6-4　九除法可查到的记账错误特征

错误类型	错误说明	记账错误特征	错误查找
数字颠倒而致的错误	——	误差是9的倍数	通过“数字颠倒速查表”查找
		误差各位上的数字相加之和是9	
		被颠倒的两个数字之差等于差额除以9所得的商	
数字移位而致的错误	数字移位是指记账时将数字的位数记错	将300元误记为30元，使百位错位到十位，错位的误差为270，将270除以9得到的30就是移位数	只要查找账簿上是否有与错位数相同的数，并查看其是否记错即可找到错账
		将15元误记为150元，使十位错位到百位，错位的误差为135，将135除以9得到的15就是移位数	

对于数字颠倒而致的错误，出纳人员在实际工作中，可通过“数字颠倒速查表”（如表 6-5 所示）进行查找。

表 6-5　数字颠倒速查表

误差	9		18		27		36		45		54		63		72		81	
倍数	9的一倍		9的二倍		9的三倍		9的四倍		9的五倍		9的六倍		9的七倍		9的八倍		9的九倍	
数值范围	01	10	02	20	03	30	04	40	05	50	06	60	07	70	08	80	09	90
	12	21	13	31	14	41	15	51	16	61	17	71	18	81	19	91		
	23	32	24	42	25	52	26	62	27	72	28	82	29	92				
	34	43	35	53	36	63	37	73	38	83	39	93						
	45	54	46	64	47	74	48	84	49	94								
	56	65	57	75	58	85	59	95										
	67	76	68	86	69	96												
	78	87	79	97														
	89	98																

6.3.2 更正错账

1. 划线更正法更正账簿示范

划线更正法是用划线注销账簿中的记录以更正错误的一种方法。因为所用划线是红线，所以该方法又称为“红线更正法”。

划线更正法主要用于在结账时，更正那些记账凭证无错误，但在账簿登记过程中出现了错误的文字或数字。

这种更正方法的操作步骤如下。

1）直接将账簿中错误的文字或数字用一条红线划掉，应保持被划掉的字迹仍可辨认。

2）在划掉的文字或数字周围空白处用蓝黑字填写正确的文字或数字。

3）更正人员在更正处签章，以便明确责任。

【示范 6-7】以图 6-5 为例，运用划线更正法对原材料明细账进行更正，如图 6-13 所示。

材料明细账

总账科目：原材料

明细科目：甲材料　　　　计量单位：千克　　金额：元

2018年		凭证		摘要	收入			发出			结存		
月	日	种类	号数		数量	单价	金额	数量	单价	金额	数量	单价	金额
1	1			期初余额							500	60	30 000
	12			购入材料	200	60	12 000				700	60	42 000
	26			用 领~~示~~材料	盖章			400	60	24 000	300	60 盖章	18 000 ~~1 8 0~~
				本月合计	200		12 000	400		24 000	300	60	18 000 ~~1 800~~

说明：“□”内的数字代表蓝色数字，即代表更正的数字为蓝色；“ \ ”、“——”代表红线，用来注销错误文字或数字。

图 6-13　划张更正法更正示范

【示范说明】

① 注销错误的数字时，在错误的数字上必须全部划上红色横线，并将正确的数字用蓝字写在被注销的数字上方。

② 注销文字时，只划去错误的文字，其他文字不必划去，将正确的文字写在被注销的文字上方。

③ 所有被注销的文字或数字都应该保持字迹清晰，便于辨认，并且在所有被更正的地方都要有记账人员的盖章。

2. 红字更正法更正账簿示范

红字更正法，又称“红字冲账法”，是使用红字冲销或冲减账簿记录以更正错误的一种方法。红字更正法适用于下列两种情况。

1）账簿登记后，发现由于记账凭证中填制的会计分录用错了会计科目。

更正错误会计科目的具体做法如下。

① 先用红字按照错误的分录填写一张记账凭证，在“摘要”栏内写明“冲销××年××月第×号记账凭证的错误记录”，并用红字金额登记入账。

② 再用蓝字填写一张正确的记账凭证，在“摘要”栏内写明“补记××月××日凭证，原错误凭证编号为×号”，据以重新登记入账。

【示范 6-8】以【示范 6-2】中的①为例，在登记账簿后发现记账凭证里将贷方科目“应收账款”，误记为“应付账款”，如图 6-14 所示。

收款凭证

借方科目：银行存款　　2018年02月10日　　银收字第62号

摘　要	贷方总账科目	明细科目	√	金额 千	百	十	万	千	百	十	元	角	分
收到丙企业电汇款	应付账款	丙企业						5	0	0	0	0	0
合　计							¥	5	0	0	0	0	0

财务主管：×××　记账：×××　出纳：×××　审核：×××　制单：×××

图 6-14　收款凭证填制错误示范

采用红字更正法纠正时，首先应用红字编制一张与图 6-14 所示的内容完全一样的记账凭证，并用红字金额登记入账，并在“摘要”栏注明“冲销 2 月 10 日第 62 号凭证的错误记录”以示冲销，如图 6-15 所示。

收款凭证													
借方科目：银行存款		2018年02月10日							银收字第62号				
摘　　要	贷方总账科　目	明细科目	√	金　　额									
				千	百	十	万	千	百	十	元	角	分
冲销2月10日银收第62号凭证的错误记录	应付账款	丙企业						5	0	0	0	0	0
合　　计							¥	5	0	0	0	0	0

财务主管：×××　　记账：×××　　出纳：×××　　审核：×××　　制单：×××

说明：填制该收款凭证时，只有“金额”栏用红色笔填制，表示红字更正。

图 6-15　收款凭证红字冲销示范

再用蓝字编制一张正确的记账凭证，同时登记入账，并在“摘要”栏注明“补记 2 月 10 日凭证，原错误凭证编号为 62 号”，如图 6-16 所示。

收款凭证													
借方科目：银行存款		2018年02月10日							银收字第62号				
摘　　要	贷方总账科　目	明细科目	√	金　　额									
				千	百	十	万	千	百	十	元	角	分
补记2月10日凭证，原错误凭证编号为62号	应收账款	丙企业						5	0	0	0	0	0
合　　计							¥	5	0	0	0	0	0

财务主管：×××　　记账：×××　　出纳：×××　　审核：×××　　制单：×××

说明：填制该收款凭证的相关内容时，用蓝色笔填制。

图 6-16　收款凭证蓝字补记示范

2）账簿登记后，发现所记金额大于实际金额而造成的错误。

更正记账金额大于实际金额的具体做法：用红字填制一张记账凭证，在摘要栏内写明“冲销××年××月第×号记账凭证多记的金额”，将错记金额大于实际金额的差额用红字登记入账。

【示范 6-9】以【示范 6-2】中的①为例，登记账簿后发现，将 5 000 元误记成 8 000 元，发现后采用红字更正法，对该张凭证进行红字更正，如图 6-17 所示。

收款凭证

借方科目：银行存款　　2018年02月10日　　银收字第62号

摘　要	贷方总账科　目	明细科目	√	金额 千	百	十	万	千	百	十	元	角	分
冲销2月10日62号凭证多记金额	应收账款	丙企业						3	0	0	0	0	0
合　计							¥	3	0	0	0	0	0

财务主管：×××　记账：×××　出纳：×××　审核：×××　制单：×××

说明：填制该收款凭证的内容时，用红色笔填制，表示应冲销多记的金额。

图 6-17　收款凭证红字更正示范

3. 补充登记法更正账簿示范

补充登记法，又称“补充更正法”，是将记账凭证中少记部分的金额再填制一张记账凭证以更正错误的一种方法。它适用于在账簿登记后，发现记账凭证所填金额小于应填金额，导致有关账簿记录发生错误时。

具体方法是重新填制一张记账凭证，账户对应关系不变，只是金额填写原来少计的金额，然后补充记入账簿，错误便更正过来。

【示范 6-10】以【示范 6-2】中的①为例，登记账簿后发现将金额 5 000 元少记成 4 000 元，发现后用补充登记法进行更正，如图 6-18 所示。

收款凭证

借方科目：银行存款　　2018年02月10日　　银收字第62号

摘　要	贷方总账科　目	明细科目	√	金额 千	百	十	万	千	百	十	元	角	分
补记2月10日第62号凭证少记1 000元	应收账款	丙企业						1	0	0	0	0	0
合　计							¥	1	0	0	0	0	0

财务主管：×××　记账：×××　出纳：×××　审核：×××　制单：×××

说明：填制该收款凭证的内容时，用蓝色笔填制，表示补充登记。

图 6-18　收款凭证补充登记示范

6.4 出纳对账规范与示范

6.4.1 对账规范

对账是指在结账前，财务人员对账簿记录与各种会计凭证之间、各个账簿的记录之间、账簿记录与实物及货币资金之间的实存数进行核对的工作，以保证账证相符、账账相符、账实相符，从而为编制财务报表、进行财务决策提供真实、准确、可靠的财务会计信息。

具体来说，对账工作主要包括账证核对、账账核对、账实核对这三项内容。

1. 账证核对

对出纳人员来说，账证核对工作主要是对出纳账簿（现金日记账和银行存款日记账）与原始凭证、记账凭证（收、付款凭证）进行核对。这种核对一般发生在日常的凭证编制和日常记账的过程中。

月末对账时若发现账证不符，也需要重新对账簿记录与会计凭证进行核对。

核对时，将凭证和账簿的记录内容、数量、金额和会计科目等相互对比，保证二者相符。

2. 账账核对

账账核对，是指对各种账簿之间有关数字进行核对。对于出纳人员而言，主要是现金日记账和银行存款日记账的期末余额与现金总账、银行存款总账的期末余额的核对工作。

3. 账实核对

账实核对，是指各种财产物资的账面余额与实存数进行核对。对与出纳人员而言，账实核对主要有以下两方面。

1）现金日记账账面余额与现金实存数核对。

2）银行存款日记账账面余额与银行存款对账单余额核对。

月底，如果银行存款日记账账面余额与银行对账单余额核对不符，应编制“银行存款余额调节表”，调整未达账项，经过调整未达账项仍与银行对账单余额不符的，应该与银行进行核对，保证账实相符。

6.4.2 现金日记账对账示范

1. 现金日记账与总分类账的核对

现金日记账与总分类账的核对，主要核对本期内现金日记账的借方发生额合计、贷方发生额合计及余额与现金总分类账的借方发生额合计、贷方发生额合计及余额是否相等。

【示范 6-11】假定【示范 6-1】中经济业务为甲企业 1 月份发生的全部业务，出纳登记的现金日记账余额为 4 000 元，会计根据科目汇总表（图 6-19）登记库存现金总分类账，如图 6-20 所示。

科目汇总表

科目编号	科目名称	借方金额	贷方金额
1001	库存现金	3 800	800
1002	银行存款	0	3 000
182	其他应收账款	0	800
6602	管理费用	800	0
	合　　计	￥4 600	￥4 600

图 6-19　科目汇总表示范

根据科目汇总表的借方和贷方金额登记总分类账，如图 6-20 所示。

库存现金总分类账

总账科目：库存现金

2018年		凭　证		摘　要	借　方	贷　方	借或贷	余　额
月	日	种类	号数					
1	1			期初余额			借	1 000
	31			本期发生额	3 800	800	借	4 000
				本期发生额及余额	￥3 800	￥800	借	￥4 000

图 6-20　库存现金总分类账示范

出纳人员经过核对，确认现金日记账的借、贷方发生额及账面余额与现金总分类账的借、贷方发生额及账面余额分别相等。

2. 现金日记账与现金实存数核对

出纳人员每日都要按顺序逐笔登记现金日记账，并在每日终了结出余额后，与现金实存数进行核对，若发生现金与账簿不符时，要立即查明原因，并及时采取补救措施。

6.4.3 银行存款日记账对账示范

1. 银行存款日记账与银行存款总分类账核对

银行存款日记账与银行存款总分类账的核对，主要核对期末银行存款日记账的余额与银行存款总分类账的余额是否相等。

【示范 6-12】假定【示范 6-2】中银行存款的业务为甲企业 4 月份发生的全部业务，出纳登记的银行存款日记账余额为 92 100 元，会计根据科目汇总表（图 6-21）登记银行存款总分类账，如图 6-22 所示。

科目汇总表

科目编号	科目名称	借方金额	贷方金额
1002	银行存款	10 650	5 250
1122	应收账款	0	5 000
1601	固定资产	1 850	0
2202	应付账款	3 400	0
2221	应交税费	0	650
6301	主营业务收入	0	5 000
	合　　计	￥15 900	￥15 900

图 6-21　科目汇总表示范

根据科目汇总表的借方和贷方金额登记银行存款总分类账，如图 6-22 所示。

银行存款总分类账

总账科目：银行存款

2019年		凭　证		摘　要	借　方	贷　方	借或贷	余　额
月	日	种类	号数					
4	1			期初余额			借	86,500
	28			本期发生额	10,650	5,250	借	92,100
				本期发生额及余额	￥10 650	￥5 250	借	￥92 100

图 6-22　银行存款总分类账示范

出纳人员经过核对，确认银行存款日记账和银行存款总分类账的借方发生额、贷方发生额以及账面余额都相等。

2. 银行存款日记账与银行对账单的核对

出纳人员应当定期将银行存款日记账与银行对账单进行核对，若发现存在未达账项时，要及时编制银行存款余额调节表进行调整。

【示范 6-13】甲企业出纳人员在 2018 年 4 月 30 日，银行存款日记账余额为 84 000 元，而银行对账单余额为 78 000 元，经过逐笔核对发现以下未达账项。

① 甲企业于 4 月 8 号收到乙企业的转账支票 35 000 元，企业已入账，而银行尚未入账。

② 4 月 15 号银行从甲企业的账户扣除短期借款利息 28 000 元，甲企业尚未接到付款通知。

③ 4 月 19 号银行收到托收承付款 43 200 元，甲企业尚未接到收款通知。

④ 4 月 26 号甲企业开出转账支票 13 800 元，持票人尚未到银行办理转账业务。

根据上述未达账项，出纳人员编制银行存款余额调节表，如图 6-23 所示。

银行存款余额调节表

2018年04月30日　　　　单位：元

项　目	金　额	项　目	金　额
银行存款日记账余额	84 000	银行对账单余额	78 000
加：银行已收，企业未收的款项	43 200	加：企业已收，银行未收的款项	35 000
减：银行已付，企业未付的款项	28 000	减：企业已付，银行未付的款项	13 800
调节后余额	￥99 200	调节后余额	￥99 200

图 6-23　银行存款余额调节表编制示范

经过编制银行存款余额存款调节表调整银行存款日记账，使银行存款日记账账面余额与银行对账单余额相符。

6.5 结账规范与示范

6.5.1 结账规范

结账是指财务人员在期末把一定时期内所发生的全部经济业务登记入账的基础上，计算并记录本期发生额和期末余额，并将其余额按规定转入应转入的账户或结转至下期，以便据相关账簿编制财务报表。

对现金、银行存款日记账要按日结账，对其他账户可以按月、按季、按年结账。

1. 结账操作程序

结账操作应按以下程序进行。

1）结账前，要把本期内发生的全部经济业务登记到账簿中，即检查本期内发生的经济业务是否已全部登记入账，若发现漏账、错账，应及时补记、更正。

2）在确认当期发生的经济业务，调整账项及有关转账业务全部登记入账后，可办理结账手续，结计现金日记账、银行存款日记账、总分类账、明细分类账各账户的当期发生额、余额，并结转下期的账簿记录。

3）月度结账时，需要结出本月发生额的，应当在“摘要”栏内注明“本月合计”，并在下面通栏画单红线；如果本月只发生一笔经济业务，由于此笔记录的金额就是本月发生额，结账时只要在这项纪录下画一红线，表示与下月的发生额分开就可以了。

4）年度终了，所有账户都应结出本年发生额和年末余额，并在“摘要”栏内注明“本年累计”，即在 12 月末的“本年累计”发生额下面通栏画双红线。

2. 日结/月结操作规范

出纳人员在进行日结（月结）工作时应遵循的具体操作规范如下。

1）在该日（该月）最后一笔业务记录下面划一道通栏单红线，表示这一天（这一个月）的经济业务已经结束。

2）在红线下结算出本日（本月）合计及余额，并在“摘要”栏内注明

“本日合计”(“本月合计”)或“本日发生额及余额”(“本月发生额及余额”)字样。

3）在“借方”栏、“贷方”栏或“余额”栏分别填入本日（本月）合计数和余额，同时在“借或贷”栏内注明借贷方向。如无余额，应在“借或贷”栏内注明“平”字，并在余额栏内填“θ”或“√”符号。

4)在下面再划一道通栏红线，表示完成日结或月结工作，并与第二日、下一个月的发生额划清。

3. 季度结账操作规范

季度结账是指在每季末进行的结账。

1）办理季结时，应在季末月结数下，结算本季余额，在“摘要”栏内注明“本季合计”或“本季度发生额及余额”字样。

2）结出借方、贷方发生总额及季末余额。

3）在“本季合计”或“本季度发生额及余额”这一行上下各划一道通栏单红线，表示本季的季结结束。

4. 年度结账操作规范

年度结账是指企业在每年末进行的结账。办理年结时，应在年末月份的月结数下，结算本年合计数，在“摘要”栏内写明“本年合计”或“本年发生额及余额”字样。在“本年合计”这一行的下方划一条双红线，以示封账、完成年结工作。年结后，如无余额，应在“借”或“贷”栏内注明“平”字，并在余额栏内填“θ”或“√”符号。

年度结账后，总账和日记账应当更换新账簿，大部分明细账一般也应更换。更换结转操作规范如下。

1）年终时，相关财务人员应把各账户的余额结转到下一个会计年度，在“摘要”栏注明“结转下年”字样，结转金额可以不再抄写。如果账页的“结转下年”行以下还有空行，应当自“余额”栏的右上角至“日期”栏的左下角用红笔划对角斜线注销。

2）在下一会计年度新建有关会计账簿第一行的“余额”栏内填写上年结转的余额，并在“摘要”栏注明“上年结转”字样，同时在“借或贷”栏内注明余额方向。

6.5.2 现金日记账日结账示范

【示范 6-14】以【示范 6-1】的现金日记账为例，示范其日结账的具体操作。

现金日记账的日结账示范如图 6-24 所示。

现金日记账

2018年		凭证		摘要	对方科目	借方	贷方	借或贷	余额	√
月	日	字	号							
				承前页		4 000	3 000	借	1 000	
1	10	现付	52	支付电话费	管理费用		500	借	500	
		现付	53	购桶装水	管理费用		300	借	200	
		现收	43	收到偿还借款	其他应收款	800		借	1 000	
		银付	76	提取现金	银行存款	3 000		借	4 000	
				本日合计		￥3 800	￥800	借	￥4 000	

在“本日合计”栏的上下方各划一条单红线，作为本日结出余额的标志

说明：表中粗线表示结账所划的单红线。

图 6-24 现金日记账日结账操作示范

6.5.3 现金日记账月结账示范

【示范 6-15】假定【示范 6-1】中的经济业务为甲企业在 1 月份发生的全部经济业务，示范其月结账操作。

出纳人员月底结账的操作如图 6-25 所示。

现金日记账

2018年		凭证		摘要	对方科目	借方	贷方	借贷	余额	√
月	日	字	号							
				承前页		4 000	3 000	借	1 000	
1	10	现付	52	付电话费	管理费用		500	借	500	
		现付	53	购桶装水	管理费用		300	借	200	
		现收	43	收到偿还款	其他应收款	800		借	1 000	
		银付	76	提取现金	银行存款	3 000		借	4 000	
				本月合计		3 800	800	借	4 000	

在“本月合计”栏的上下方各划一条单红线，作为本月结账的标志

注：▬▬▬ 表示单红线

图 6-25 现金日记账月结账操作示范

6.5.4 现金日记账季结账示范

【示范 6-16】假定【示范 6-1】中的经济业务为甲企业在 1～3 月份发生的全部经济业务，示范其季结账操作。

出纳人员 3 月底结账的操作如图 6-26 所示。

现金日记账

2018年		凭证		摘要	对方科目	借方	贷方	借或贷	余额	√
月	日	字	号							
				承前页		4 000	3 000	借	1 000	
3	10	现付	52	付电话费	管理费用		500	借	500	
		现付	53	购桶装水	管理费用		300	借	200	
		现收	43	收到偿还款	其他应收款	800		借	1 000	
		银付	76	提取现金	银行存款	3,000		借	4 000	
				本月合计		3 800	800	借	4 000	
				本季合计		3 800	800	借	4 000	

在“本季合计”栏的上下方各划一条单红线，作为季度结账标志

注：———— 表示单红线

图 6-26 现金日记账季结账操作示范

6.5.5 现金日记账年结账示范

【示范 6-17】假定【示范 6-1】中的经济业务为甲企业在 12 月份发生的全部经济业务，示范其年度结账操作。

出纳人员年底结账的具体操作如图 6-27 所示。

现金日记账

2018年		凭证		摘要	对方科目	借方	贷方	借或贷	余额	√
月	日	字	号							
				承前页		4 000	3 000	借	1 000	
12	10	现付	52	付电话费	管理费用		500	借	500	
		现付	53	购桶装水	管理费用		300	借	200	
		现收	43	收到偿还款	其他应收款	800		借	1 000	
		银付	76	提取现金	银行存款	3 000		借	4 000	
				本月合计		3 800	800	借	4 000	
				本季合计		3 800	800	借	4 000	
				本年合计		3 800	800	借	4 000	
				年初余额		1 000				
				结转下年			4 000			
				合计		4 800	4 800	θ		

注：———— 表示单红线；════ 表示双红线

图 6-27 现金日记账年结账操作示范

6.6 出纳报告编制示范

6.6.1 出纳报告编制规范

出纳人员需经常编制的出纳报告即为“出纳报告单”，需经常编制的出纳报表主要是“银行存款余额调节表”。

1. 出纳报告单编制规范

出纳报告单属于企业内部财务报告，是出纳人员工作成果的重要体现，也是出纳人员接受会计监督的一种形式，还是企业管理人员进行经营决策的重要依据。因此，出纳人员应根据企业内部管理的要求设计符合本企业实际情况的出纳报告，定期编制并及时报送。

出纳报告单的编制一般应遵循以下规范。

1）“单位名称”处填写本企业名称，如无明确要求，可使用企业简称。

2）“编号”处填写本出纳报告单的序号，由出纳人员自行按一定规则编写。

3）“起止日期”即出纳报告单的编制周期，一般与总账会计的汇总记账周期相一致，具体时间可根据企业实际情况及会计人员的具体要求确定。例如，若企业 10 天汇总一次总账，则出纳报告单则应 10 天编写一次。

4）“编写日期”处填写出纳报告单编写完成的日期。

5）出纳报告单的“期初余额”即是上期出具报告单的期末余额数。

6）“本期收入”按本期现金和银行存款账户的借方余额填列。

7）“本期合计”按本期初余额和本期收入合计数填列。

8）“本期支出”按现金和银行存款账户的贷方余额填列。

9）“期末余额”按“本期合计”数与“本期支出”之差填列，并且期末余额必须与现金和银行存款账户的账面余额一致。

期末余额=本期合计金额－本期支出金额

根据上述规范编制出来的出纳报告单的样式如图 6-28 所示。

出纳报告单

公司名称：　　　　　　　　　　　起始自：　　　　　　　　　　至：

项目	库存现金	银行存款	备注
期初余额			
本期收入			
本期合计			
本期支出			
期末余额			

会计主管：　　　　　　记账：　　　　　　复核：　　　　　　制单：

图 6-28　出纳报告单样式

2. 银行存款余额调节表编制规范

银行存款余额调节表的编制方法一般是在银行对账单余额与银行日记账账面余额的基础上，分别补记对方已记而本方未记账的账项金额，然后验证调节后的双方账目是否相符，以确保银行存款核算的正确性。

因此，出纳人员应定期核对银行存款日记账与开户行的对账单，在此基础上编制银行存款余额调节表，确认二者之间的金额是否相符。具体清查、核对顺序如下。

1）把至清查日为止的银行存款收付业务登记入账，对错账、漏账及时查清、更正。

2）与开户行的对账单进行逐笔核对，根据核对结果采取相应处理措施。

3）编制“银行存款余额调查表”，分别加减未达账项，力求调整后的双方余额相符。

银行存款余额调节表的样式如图 6-29 所示。

银行存款余额调节表

年　　月　　日　　　　　　　　　　　　　　　　　　　　　单位：元

项　　目	金　额	项　　目	金　额
银行存款日记账余额		银行对账单余额	
加：银行已收，企业未收的款项		加：企业已收，银行未收的款项	
减：银行已付，企业未付的款项		减：企业已付，银行未付的款项	
调节后余额		调节后余额	

图 6-29　银行存款余额调节表样式

6.6.2 出纳报告编制示范

1. 出纳报告单编制示范

【示范 6-18】假设【示范 6-1】的现金日记账是甲企业 2018 年 1 月 1 日～10 日的全部现金收付业务、【示范 6-2】的银行存款日记账是甲企业 2018 年 1 月 1 日～10 日的全部银行存款收付业务，出纳人员据此编制 2018 年 1 月 1 日～10 日的出纳报告单。

出纳报告单的编制操作示范如图 6-30 所示。

出纳报告单

单位名称：甲企业　　　　编　　号：

起止日期：2018年01月01日～2018年01月10日　　　　编制日期：2018年01月10日

项目	库存现金	银行存款	备注
期初余额	1 000	86 500	
本期收入	3 800	10 650	
本期合计	4 800	97 150	
本期支出	800	5 250	
期末余额	￥4 000	￥91 900	

会计主管：　　　记账：　　　复核：　　　制单：

图 6-30　出纳报告单示范

通过编制出纳报告单，出纳人员既实现了对现金日记账、银行存款日记账的自我核查工作，也有利于会计人员进行总账的核对。

2. 银行存款余额调节表编制示范

【示范 6-19】甲企业在 2018 年 9 月 30 日的银行存款日记账余额为 50 000 元，而银行对账单余额为 40 000 元，经过逐笔核对发现以下未达账项。

① 9 月 12 日收到乙企业的转账支票 13 000 元，企业已入账，而银行尚未入账。

② 9 月 15 日银行从甲企业账户扣除短期借款利息 2 000 元，甲企业尚未接到付款通知。

③ 9 月 20 日银行收到托收承付款 3 200 元，甲企业尚未接到收款通知。

④ 9 月 24 日甲企业开出现金支票 1 800 元，持票人尚未到银行提取现金。

根据上述未达账项，编制“银行存款余额调节表”，如图 6-31 所示。

银行存款余额调节表

2018年09月30日　　　　单位：元

项　目	金　额	项　目	金　额
银行存款日记账余额	50 000	银行对账单余额	40 000
加：银行已收、企业未收的款	3 200	加：企业已收、银行未收的款项	13 000
减：银行已付、企业未付的款项	2 000	减：企业已付、银行未付的款项	1 800
调节后余额	￥51 200	调节后余额	￥51 200

图 6-31　银行存款余额调节表示范

第7章

操作示范——出纳现金业务全景

7.1 现金与印章管理

7.1.1 现金管理

1. 现金提取

企业出纳人员从银行提取现金时，应按以下步骤进行操作。

① 签发现金支票。

② 将支票交给银行有关人员审核。

③ 银行经办人员对支票进行审核，审核完毕后按规定办理付款手续。

④ 拿到款项时，当面点清金额。

风险提示

- 出纳人员提取大额现金时，企业可以指派两人以上人员共同办理。
- 出纳人员在清点现金的过程中，若发现有残缺、损伤的票币，应向银行提出更换。

2. 库存现金管理

库存现金管理主要是现金安全管理和限额管理。

（1）企业收入的现金不准以个人储蓄方式存储

企业收入的现金应当存入企业的开户银行，而不能以个人名义存入银行。

（2）库存现金不得以“白条”抵库

所谓“白条”就是指人为开具或索取的不符合正规凭证的非正式单据，目的是用来充当原始凭证，以逃脱监督。

（3）企业不得设“账外账”和“小金库”

“账外账”是指企业将一部分收入没有纳入财务统一管理，而是在企业核算账簿之外另设一套账来记录财务统管之外的收入。

“小金库”又称“小钱柜”，是企业库存之外保存的现金和银行存款，一般情况下与单位设置的“账外账”'相联系，有“账外账”就有“小金库”，有“小金库”就有“账外账”。

（4）企业不得坐支现金

企业不得从本单位的现金收入中直接支付款项，其收入的现金应当及时送交开户银行。

3. 现金使用管理

（1）现金使用范围

根据《现金管理暂行条例》等相关规定，企业或授权出纳人员只能在下列范围内使用现金。

① 支付职工工资和各种津贴。

② 支付职工个人劳务报酬。

③ 支付国家规定的各种奖金，包括个人科学技术、文化艺术、体育等各种奖金。

④ 支付各种劳保、福利费用以及国家规定的对个人的其他支出。

⑤ 支付企业向个人收购农产品和其他物质的价款。

⑥ 出差人员必须随身携带的差旅费。

⑦ 结算起点（如 1 000 元）以下的零星支出。

⑧ 中国人民银行确定需要支付的其他支出。

（2）企业与企业之间不得相互借用现金

（3）企业的银行账户不得出租、出借

（4）企业不准谎报用途套取银行现金或银行信用

4. 现金收入管理

企业收取的现金要合法，且收取的现金都要及时送存银行，不得坐支现金。

（1）现金收入来源

企业的现金收入主要来自两个方面，一是企业从单位的开户银行提取的现金，二是企业日常的收入。

（2）现金收入的规定

① 企业的现金收入要合理合法，来源要合理合法、手续完备合法。

② 根据《现金管理暂行条例》规定："开户单位现金收入应当于当日送存开户银行，当日送存确有困难的，由开户银行确定送存时间。"所以，企业在收入现金后，出纳人员要及时送存银行，严禁发生坐支行为。

5. 现金核算管理

现金核算管理，主要是指在现金的收付存等业务中，要严格按照会计准则和相关制度的规定进行核算，全面系统地反映现金的收付存业务，为企业的其他会计核算和经济管理提供现金的准确信息。

因此，企业应当设置现金总账和现金日记账，分别进行企业库存现金的总分类核算和明细分类核算。

现金日记账由出纳人员根据库存现金收付款凭证和银行存款付款凭证，按照业务发生顺序逐笔登记。每日终了，应当在现金日记账上计算出当日的现金收入合计额、现金支出合计额和结余额，并将现金日记账的账面结余额与实际库存现金金额相核对，保证账实相符；月度终了，现金日记账的期末余额应当与现金总账的期末余额核对，做到账账相符。

7.1.2 印章管理

1. 印章分类

出纳人员在日常工作中常会接触到的企业印章有 13 种，具体如表 7-1 所示。

表 7-1 出纳人员常会接触到的企业印章一览表

印章名称	具体用途或使用范围	出纳使用情形
企业公章	用于代表企业的书面文件，如公函、介绍信、证明、决定等	办理税务社保事项时
合同章	专用于代表企业的书面经济合同，如采购合同、购销合同	基本无接触
财务章	专用于代表企业对涉及财务事项的文件、凭证，如银行备案的印鉴、开出的收据等	在办理现金、银行存款业务中经常使用
法人名章	专用于法定代表人及财务事项的凭证	本职财务事项中使用
银行备案个人名章	专用于银行开户备案的印鉴，企业一般以法人名章作为银行备案的个人名章	本职财务事项中使用
发票专用章	专用于所开具的发票，代表企业对发票及其内容予以确认	在发票业务中常使用
现金收讫章	专用于收到现金的凭证	在现金收入业务中常使用
现金付讫章	专用于支付现金的凭证	在现金支出业务中常使用
银行收讫章	专用于将收到的转账支票交存银行后，在收款凭证上盖章	转账支票交存业务中使用
银行付讫章	专用于将开出的转账支票交给收款方后，在付款凭证上盖章	转账支票支付业务中使用
过次页章	专用于账本翻页的左下角	日记账业务中常使用
承前页章	专用于账本翻页后的左上角	日记账业务中常使用

2. 印章保管

企业印章的保管规定如下。

① 企业的印章要指派专人、专柜保管，确定印章代理保管人。同时将印章保管人员、印章代理保管人的名单备案。印章保管人员应按公司规定用章，不得随意或自作主张乱用印章，否则，造成的一切后果自负。

② 企业的印章严禁私自带出企业使用。若因工作需要确需带出使用时，要由财务主管签字，总经理或授权管理相关人员审批；并在使用时请示总经理或部门经理，承担依法使用的责任、用后及时归还。印章带出使用期间，借用人要对印章的使用后果承担一切责任。

③ 印章保管人员对印章的使用及安全承担全部责任。印章使用必须登记，未经总经理或副总经理批准，严禁盖空白章或给外单位盖章。

④ 对于超出使用权限的文件，必须经总经理审批，对未经审批而使用公章，要追究当事人和保管人的责任，由此而产生的后果由当事人负责。

⑤ 如因业务需要需在空白纸上章盖，需经总经理审批，由保管员对所盖章的空白纸编号登记后盖章。申请人对空白纸的使用负责。

⑥ 各种印章的安全由指定保管人员负责，如有遗失及时汇报。否则，造成责任由印章保管人员全权负责。

⑦ 每一年核查一次印章，保管人员调整后需办理交接手续。

3. 印章使用

（1）印章使用流程

出纳人员在办理相关业务需要使用印章时，必须按规定办理报批和登记手续，并由印章保管人员亲自用印。其使用流程如下。

① 使用人或申请人所在部门经理或主管上级向印章归口管理部门，即财务部提出申请。

② 财务部指定的印章保管人员审阅、了解用印内容，并对申请人资格进行核准。

③ 财务部指定的印章保管人员在《印章使用登记表》上登记，并按财务规定用印。

（2）印章使用规范

① 出纳人员用印前，应准备好需要用印的印章，仔细辨认印章的文字，以防用错；同时，还应准备好印垫、印泥和对应颜色的印油。

② 用印时，将准备用印的文件、票据及其用印位置搁置在印垫上，将印章在印泥上均匀蘸色，经确认用印效果后，再蘸色后正式用印，做到用动地方、不缺边少字、无蹭污变形。

③ 用印后，将印章向上提起，离开纸面，此时防止出现印迹重影。

④ 用完印的文件、票据要妥善保管，以防蹭污。

7.1.3 空白票据管理

1. 空白支票管理

（1）空白支票的签发

企业签发空白支票时，要设置“空白支票签发登记簿”（样式如图 7-1 所示）。

空白支票签发登记簿

领用日期	支票号码	领用人	用途	收款单位	限额	批准人	销号

图 7-1　空白支票签发登记簿样式图

空白支票签发规定如下。

① 实行空白支票领用销号制度，严格控制空白支票的签发。

② 签发空白支票时，要按编号顺序签发，并且不得在签发支票前加盖签发支票的印章。对于签错或作废的支票，必须加盖“作废”戳记并与支票存根一起保管。

③ 不得出借空白支票。

④ 空白支票遗失，应立即向银行申请挂失，并通过媒体声明支票作废。

（2）空白支票的领用

领用人在领用支票时，应在“空白支票签发登记簿”的“领用人”栏里签字，当领用人将支票的存根或未使用的支票交回时，应在登记簿的“销号”栏里销号并注明销号日期。

（3）空白支票的保管

因为支票是一种支付凭证，一旦填写了有关内容并加盖了在银行的预留印鉴后，支票就成为直接从银行提取现金或与其他企业办理业务结算的凭证。所以，空白支票要加强保管，以免造成不必要的损失。

① 支票的保管要实行专人保管。

② 支票的保管要严格贯彻支票与印章分管的原则。

2. 空白收据管理

收据是企业在暂时进行收付资金时填写的内部管理票据。收据不是会计的记账凭证，不具有发票的法律效力。其样式如图 7-2 所示。

此收据不得作为经营性业务收支结算凭证使用

★年 ★月 ★日 字 0044100

今收到 ★

交 来 ★

人民币（大写）★

¥

收款单位公章

收款人 交款人

第一联 存根

第二联 凭证

第三联 客户联

图 7-2 收据样式图

（1）空白收据的领用

领用空白收据时，需填写“空白收据领用单”，并经相关人员签字。“空白收据领用单”样式如图 7-3 所示。

空白收据领用单

年		领用部门	起始号码	证 件	领 取 人	签章发放人
月	日					

图 7-3 空白收据领用单样式图

（2）空白收据的使用

空白收据一般由会计人员保管，出纳人员在使用空白收据时，需提出申请，并注意以下事项。

① 不得出借空白收据。

② 不得开具实物与票面不相符的收据。

③ 不得将收据带出企业使用。

④ 作废的收据要加盖“作废”章。

（3）空白收据的保管

空白收据即未填制的收据。空白收据一经填制，并加盖有关印鉴，即可成为办理转账结算和现金支付的一种书面证明，直接关系到资金结算的准确、及时和安全。因此，收据必须按规定加以保管和使用。

空白收据的保管应注意以下事项。

① 空白收据由专人保管，一般应由主管会计人员保管。出纳人员需用时，应向主管会计人员提出申请。

② 建立“空白收据领用单”，接到申请时，主管会计人员应填写领用日期、单位、起始号码，并由领用人签字。

③ 收据用完后，要及时归还、核销。

④ 收据使用部门或单位不得转借、赠送或买卖收据，不得弄虚作假、开具实物与票面不相符的收据，更不能开具存根联与其他联不符的收据。

⑤ 作废的收据要加盖“作废”章，各联要连同存根一起保管，不要撕毁、丢失。

7.2 备用金业务规范与示范

7.2.1 备用金业务规范

企业备用金用于企业内部的小额零星报销费用支出，如差旅费的报销、零星采购等。备用金要专款专用，不得任意改变用途。

企业备用金一般分为定额备用金和不定额备用金两种，二者在保管上是相同的，只是在使用报销时的账务处理有差别。

1. 备用金额度申请

企业应根据本单位的业务量及零星开支情况向银行提出备用金额度申请，银行依据企业的申请及具体业务情况审定备用金额度。

2. 备用金保管规范

① 备用金实行专人保管，专人负责，谁签字谁负责的原则。

② 备用金要存放在安全的地点，不准将备用金私自带出企业或挪用。

③ 建立“备用金”账户，并编制“备用金使用登记表”。

④ 备用金保管员离开工作岗位时，必须将备用金保管在保险箱中。如不按规定保管，导致备用金遗失或被盗的，保管员要负全额赔偿责任。

7.2.2 备用金业务示范

1. 备用金借支操作示范

备用金借支行为主要涉及到预借差旅费。企业内部员工预借差旅费时，要填制“内部借款单”，并经相关人员审核签字。内部借款单样式可参考图 3-1 所示内容。

企业会计人员可将内部借款单作为原始凭证，登记现金付款凭证，出纳人员根据现金付款凭证登记现金日记账。

2. 备用金报销操作示范

（1）定额备用金的报销示范

定额备用金是指企业给经常申请使用备用金的部门，根据其日常的经济业务核定一个固定的备用金数额，并经常保持这一核定数额。

【示范 7-1】甲企业拨付给销售部门的定额备用金是 3 500 元。2018 年 1 月 10 日，销售人员丁某到外地出差，回来报销差旅费 2 000 元，出纳人员应该给丁某报销 2 000 元。

注意事项

出纳人员在办理定额备用金的领用、报销手续时，应注意以下两点事项：

- ◆ 定额备用金领用时，要一次性全部领出；
- ◆ 凭发票报销时，要按报销金额补足定额备用金。

（2）非定额备用金的报销示范

非定额备用金是指企业根据每次业务所需备用金的数额，填制内部借款单预借现金，使用后凭发票等原始凭证一次性到财务部门报销，多退少补，一次结清。下次用时需重新办理。

【示范 7-2】甲企业员工丙出差，预借差旅费 1 500 元，回来后凭发票实际报销差旅费 1 300 元，出纳人员应收回丙多借的差旅费 200 元。

注意事项

出纳人员在办理非定额备用金的领用、报销手续时，应注意以下两点事项：

◆ 预借非定额备用金时，要根据业务情况预估金额；

◆ 凭发票报销时，非定额备用金要按报销金额多退少补。

7.3 现金支付业务规范与示范

7.3.1 现金支付业务规范

1. 现金支付内容

企业用现金支付发生的业务，一般包括以下内容。

1）支付工资。

2）差旅费的报销。

3）备用金的预借。

4）备用金的报销。

5）其他费用支出时。

2. 现金支付流程

企业出纳人员在用现金支付时，应遵循下列流程及相应的规范。

1）审核原始凭证。

2）审核无误后，加盖“现金付讫”印章。

3）支付现金，并要求收款人当面点清。

4）将原始凭证传递给会计人员，由会计人员编制现金付款凭证。

5）根据记账凭证登记现金日记账。

7.3.2 现金支付业务示范

【示范 7-3】甲企业在 2018 年 1 月 12 日，发生如下经济业务。

① 用现金支付员工工资 8 000 元，编制会计分录如下。

借：应付职工薪酬　　　　8 000

　　贷：库存现金　　　　　8 000

操作示范

◆ 出纳人员在发放工资前，应审核员工工资表，如审核工资金额是否计算正确，是否已有相关权限领导的签字等。

◆ 出纳人员在发放工资时，要让领款人当面点清工资金额，并让其在“工资领用表”上签字。

② 用现金支付员工乙某借款 500 元，编制会计分录如下。

借：其他应收款－乙某　　500

　　贷：库存现金　　500

操作示范

◆ 出纳人员在支付员工借款前，首先审核借款单，如审核是否有相关人员的签字（包括公司领导的签字，借款人的签字等），借款金额大小写是否一致等。

◆ 出纳人员在出纳人员支付现金时要请领用人当面点清金额。

③ 用现金支付员工丁某报销差旅费 1 000 元，编制会计分录如下。

借：管理费用－差旅费　　1 000

　　贷：库存现金　　1 000

操作示范

出纳人员办理员工报销差旅费时，审核程序、重点如下。

◆ 报销凭证是否规范，是否附有差旅费借款单和报销单。

◆ 差旅费报销单上是否有相关人员签字以及报销金额大小写是否一致等。

◆ 合计报销金额是否与差旅费报销单上填写的金额一致。

◆ 如审核无误再支付确定的金额给报销人，并让其当面点清款项金额。

④ 销售部门领用备用金 5 000 元，编制会计分录如下。

借：其他应收款－销售部　　5 000

　　贷：库存现金　　5 000

操作示范

出纳人员支付备用金时，重点要审核领用人填写的借款单据，借款单据一般是一式三联。

◆ 第一联为付款凭证，财务部门作为记账凭证留存。

◆ 第二联为报销凭证，支付备用金时，由借款人持有以备报销；报销时，报销时作为出纳人员的核对依据，报销后随同报销单据作为记账凭证附件。

◆ 第三联由借款人留存，报销时由出纳人员签字后作为借款结算及交回借款的依据。

7.4 现金存入银行业务规范与示范

7.4.1 现金存入银行业务规范

现金存入银行就成为银行存款。银行存款是指企业存放在银行或其他金融机构中的货币资金,是现代社会经济交往中的一种主要资金结算工具。

根据国家有关规定，凡是独立核算的企业，都必须在当地银行开设账户。企业开设银行账户后，除按银行规定的库存现金限额可保留一定的库存现金外，超过限额的现金都必须存入银行。

企业收入现金时，出纳人员应于当天送存开户银行，确有困难无法当天送存的，应由开户银行确定送存时间。

出纳人员送存现金时，应按以下步骤进行操作。

① 整理票币。票币按每百张为一把，每十把为一捆，硬币按百枚或50枚为一卷，不足一卷的为零头，最后合计出需要存款的金额。

② 填写现金缴款单并送交银行。

③ 银行办理后，根据银行退回的进账单第一联，由企业会计人员编制记账凭证。

注意事项

◆ 企业不得擅自坐支现金。

◆ 企业之间不得拆借现金。

◆ 企业不准套取现金。

◆ 企业需要现金，应从开户银行提取，提取时应写明用途，不得编造用途套取现金。

7.4.2 现金存入银行业务示范

【示范 7-4】2018 年 1 月 15 日，甲企业的出纳人员将现金 3 000 元存入企业开户银行，示范其具体操作步骤。

出纳人员在送存现金时，一般按下列步骤开展。

① 整理票币。

出纳人员经过整理，最后为 15 张 100 元的票币、8 张 50 元的票币、25 张 20 元的票币、30 张 10 元的票币、50 张 5 元的票币、50 张 1 元的票币。

② 填写现金缴款单，填制示范如图 7-4 所示。

××××银行现金缴款单

2018年01月15日　　　　序号：

<table>
<tr><td rowspan="7">客户填写部分</td><td colspan="2">收款人户名</td><td colspan="6">甲企业</td></tr>
<tr><td colspan="2">收款人账号</td><td colspan="3">×××</td><td>收款人开户行</td><td colspan="2">×××</td></tr>
<tr><td colspan="2">缴款人</td><td colspan="3">×××</td><td>款项来源</td><td colspan="2">×××</td></tr>
<tr><td rowspan="2">币种</td><td>人民币</td><td colspan="6" rowspan="2">大写叁仟元整　　　¥3,000.00</td></tr>
<tr><td>外币</td></tr>
<tr><td>券币</td><td>100元</td><td>50元</td><td>20元</td><td>10元</td><td>5元</td><td>1元</td><td>辅币</td></tr>
<tr><td>张数</td><td>15</td><td>8</td><td>25</td><td>30</td><td>50</td><td>50</td><td>金额</td></tr>
<tr><td rowspan="3">银行填写部分</td><td colspan="2">日期：</td><td colspan="2">日志号：</td><td colspan="2">交易码：</td><td colspan="2">币种：</td></tr>
<tr><td colspan="2">金额：</td><td colspan="2">终端号：</td><td colspan="2">主　管：</td><td colspan="2">柜员：</td></tr>
<tr><td colspan="8"></td></tr>
</table>

图 7-4　银行现金缴款单填制示范

③ 将现金和填写完毕的现金缴款单一并送交银行。

④ 将办理完毕的现金缴款单回单拿回，交企业会计人员编制现金付款凭证。

⑤ 根据现金付款凭证，出纳人员登记现金日记账。

注意事项

◆ 如实填写款项来源。

◆ 收款人名称要写全称。

◆ 缴款日期必须填写缴款当日的日期。

◆ 填写现金缴款单时，要用双面复写纸复写。

7.5 现金盘点业务规范与示范

7.5.1 现金盘点规范

现金盘点是指对库存现金的盘点和核对，包括出纳人员每日进行的账款核对和企业资产清查小组定期或不定期对库存现金的盘点和核对。

1. 出纳人员进行现金盘点

出纳人员应当在每日经济业务终了时，对库存现金进行盘点，并将实际盘点数与现金日记账的当天余额核对，做到日清月结，保证账款相符。

出纳人员若在盘点过程中发现长短款现象的，应及时查明原因并纠正，无法查明原因的应当报单位领导批准作为待处理财产损溢处理。

2. 企业清查小组进行现金盘点

企业清查小组盘点现金时，一般在一天业务没有开始之前或一天业务结束之后，多采用实地盘点法，在没有预先通知出纳人员的情况下，进行突击盘点。

企业清查小组在进行现金清查时，应该注意以下事项。

① 进行现金盘点时，出纳人员应在场。

② 企业的现金若有两处或两处以上存放地点的，应该同时盘点或先封存再盘点。

③ 进行现金盘点时，除了要核对账实是否相符外，还应该检查现金管理是否符合现金管理制度。

④ 现金盘点中，发现现金长款或短款时，应设法查明原因。现金盘点完毕，应编制现金盘点表，并对现金长款或短款的原因作出不同的处理。

7.5.2 现金盘点示范

【示范 7-5】甲企业在 2018 年 1 月 23 日，清查小组对库存现金进行盘点，假设银行核定库存限额为 2 500 元，现金盘点情况如下。

① 盘点现金实存数是 2 356.80 元。

② 账面结余数是 3 200.80 元。

③ 经查原因发现企业已收款但尚未入账的金额是 700 元。

④ 经查原因发现企业已付款但尚未入账的金额是 1 544 元。

甲企业根据以上盘点情况编制“现金盘点表”，如图 7-5 所示。

现金盘点表

被审单位：甲企业

盘点时间：2018年01月23日　　币别：人民币　　单位：甲企业

项目		金额	面额	张数	金额
1．银行核定库存限额		2 500元	100元	20	2 000元
2．库存现金盘点实存数		2 356.80元	50元	3	150元
3．盘点日账面结余数		3 200.80元	20元	8	160元
4．账面结余数加已收款但尚未入账部分		700元	10元	4	40元
5．账面结余数减已付款但尚未入账部分		1 500元	5元	1	5元
6．调整后账面应存数		2 400.80元	1元	1	1元
7．溢余或短缺数	溢余	44元	5角	1	0.5元
	短缺		1角	3	0.3元
溢缺原因（出纳人员自填）	经查发现这44元属于应找回员工丁某报销差旅费的零钱				

盘点人：×××　　监盘人：×××　　出纳：×××

图 7-5　现金盘点表填制示范

风险提示

- 现金的日清月结工作一般是由出纳人员完成的。
- 当出纳人员发现现金短缺，要仔细查找原因，包括核查对账单检查是否记错账、漏记账、少收钱、多付钱、是否将钱放置别处；若出纳人员在日清月结过程中发现现金溢余，更不得将其据为已有。
- 对现金收支过程中出现的处理错漏，更正、补充的方法主要有两种：一是补充法，即将漏记的金额以新的分录入账；二是红字更正法，即用红字将原错误分录冲销，再以新制的正确分录入账。

第8章

操作示范——本地银行业务

8.1 银行开户与管理规范

企业银行账户，又称“银行存款账户”，或称“存款账户”，是指企业在中国境内银行开立的人民币存款、支取、转账结算和贷款户头的总称。按照资金的不同性质、用途和管理要求，企业在银行可以开立的账户有四种，如图 8-1 所示。

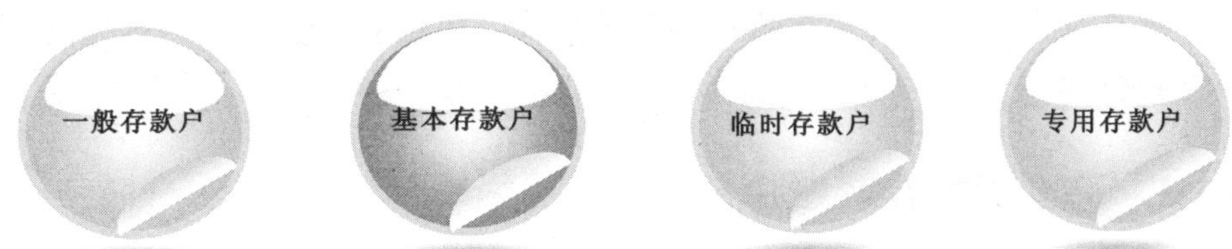

说明： 基本存款账户是企业必须开立的账户，其他三种账户企业可根据实际需要选择开立

图 8-1 四类银行账户

上述各类账户均有不同的设置和开户条件。其中，银行存款账户是企业委托银行办理信贷、转账结算、现金收付业务的工具。凡新办的企业在取得工商行政管理部门颁发的法人营业执照后，可选择离办公场地近的银行申请开设自己的结算账户。对于非现金使用范围的开支，都要通过银行账户办理。

根据《人民币银行结算账户管理办法》的规定，银行账户的管理应当遵守以下基本原则。

（1）一个基本账户原则

企业只能在银行开设一个基本存款账户（国家特殊规定除外），并实行由中国人民银行当地分支机构核发开户许可证制度。一个企业不能同时开立多个基本存款账户，违反此规定的，除责令其限期撤销多余账户外，并对其处以 5 000～10 000 元的罚款。

（2）自愿选择账户原则

企业可以自主选择银行开立账户，任何单位和个人不得强制干预企业选择银行开立或使用账户。

（3）守法原则

企业银行结算账户的开立和使用应当遵守法律、行政法规，不得利用银行账户进行偷税、逃避债务、套取现金及其他违法犯罪活动。

（4）存款保密原则

银行必须依法为企业账户保密，维护企业资金的自主支配权。除国家法律规定和国务院授权中国人民银行总行的监督项目外，银行不代任何单位和个人查询、冻结、扣划企业账户内存款。

（5）银行不垫款原则

银行在办理结算时，只负责办理结算双方单位的资金转移，不为任何单位垫付资金。

8.1.1 开立基本存款账户

基本存款账户是指企业办理日常转账结算和现金收付的账户。企业若想办理工资、奖金等现金的支取业务，只能通过基本账户办理。按照规定，企业只能在银行开立一个基本存款账户，同时该账户也是企业在银行开立的主要账户。

1. 开立基本存款账户的资料

企业在申请开立基本存款账户，应向开户银行提交下列所述资料。

① 企业法人身份证原件及复印件。

② 单位证明。

③ 营业执照正本及复印件。

④ 税务登记证正本及复印件。

⑤ 组织机构代码正本及复印件。

⑥ 公章、财务章以及法人人名章。

注意事项

- ◆ 若办理开户的不是企业法人本人，而是委托人代办，除了要携带以上所述资料外，还要携带委托人的身份证原件及复印件以及企业法人签发给委托人的授权委托书。
- ◆ 以上所述资料复印件应加盖企业的公章。
- ◆ 因各个银行办理开立基本存款户所需资料不尽相同，因此在办理前，开户人有必要电话咨询银行的工作人员相关事宜。

授权委托书样式，如图8-2所示。

授权委托书

×××银行：

兹授权×××同志身份证号码（××××××××××），代表本人为×××公司在××银行办理开立基本存款户手续，本人承诺所提供资料真实有效，并且本公司愿意承担一切后果。

授权人签章：

被授权人签章：

授权单位：×××公司（盖章）

日期：　　年　月　日

图8-2　授权委托书样式

2. 开立基本存款账户的程序

企业在开立基本存款账户时，应按照以下步骤进行。

① 持开户所需的资料到银行申请开户，并填写“开立申请表”。

“开户申请表”一式三联，第一联由中国人民银行当地分支机构留存；第二联由开户银行留存；第三联由企业保管，待销户时做重新开户的证明。其样式如图8-3所示。

<table>
<tr><th colspan="8">中国××银行开户申请表</th></tr>
<tr><td>申请开户
单位全称</td><td></td><td colspan="2">地址</td><td colspan="4"></td></tr>
<tr><td>单位性质</td><td></td><td colspan="2">经营范围</td><td colspan="4"></td></tr>
<tr><td>申请开户
单位公章</td><td>法人代表
（签　章）
年　月　日</td><td colspan="2">开户银行
审查意见</td><td colspan="4">（签字盖章）
年　月　日</td></tr>
<tr><td>账户性质</td><td></td><td>账号</td><td></td><td>联系电话</td><td></td><td>联系人</td><td></td></tr>
<tr><td rowspan="2">营业执照</td><td>发证机关</td><td colspan="3"></td><td colspan="3" rowspan="2">开户时间
年　月　日</td></tr>
<tr><td>编号</td><td colspan="3"></td></tr>
</table>

图 8-3　中国××银行开户申请表样式图

② 提交开户证明，并送交盖有企业印章的“银行印鉴卡”。

“银行印鉴卡”一式两张，一张留存开户银行，一张开户企业留存，其样式如图 8-4 所示。

<table>
<tr><th colspan="9">中国××银行印鉴卡</th></tr>
<tr><td>户名</td><td colspan="6"></td><td>账号</td><td></td></tr>
<tr><td>地址</td><td colspan="2"></td><td colspan="2">联系电话</td><td colspan="2"></td><td>联系人</td><td></td></tr>
<tr><td>启用日期</td><td colspan="4"></td><td colspan="2">注销日期</td><td colspan="2"></td></tr>
<tr><td colspan="2">申请开户单位印鉴</td><td colspan="2"></td><td>银行印鉴</td><td colspan="4"></td></tr>
<tr><td colspan="2" rowspan="2">单位财务专用章</td><td colspan="2" rowspan="2"></td><td>财务主管签章</td><td colspan="4"></td></tr>
<tr><td>出纳人员签章</td><td colspan="4"></td></tr>
<tr><td colspan="9">印鉴使用说明：</td></tr>
</table>

图 8-4　中国××银行印鉴卡样式图

③ 开户银行审核所有材料。

④ 待开户银行同意后，将申请材料送交中国人民银行当地分支机构审核；中国人民银行审核通过后，填制“开户许可证”。

⑤ “开户许可证”一式两本（正、副本），正本由开户企业留存，副本由开户银行存查，其样式如图 8-5 所示。

中国人民银行开户许可证	
开户许可证	开户注意事项
银行管证字（ ）第 号 存款人名称： 申请账户性质： 基本账户开户行： 基本账户账号： 所有制性质： 经营范围： 法人代表： 营业执照编号： 统一标识代码： 经审核，该存款人符合开户条件， 准予在我行开立 存款账户。 开户银行（盖章） 年 月 日	（略） 中国人民银行制发

图 8-5 中国人民银行开户许可证样式图

⑥ 企业在拿到银行签给的“开户许可证”后，便可去工商局办理划资手续。

注意事项

◆ 印鉴卡片上填写的户名必须与单位名称一致，同时要加盖开户单位公章、单位负责人或财务负责人、出纳人员 3 颗图章。它是企业与银行事先约定的一种具有法律效力的付款依据，银行在为企业办理结算业务时，凭开户企业在印鉴卡片上预留的印鉴审核支付凭证的真伪。

◆ 当支付凭证上加盖的印章与预留的印鉴不符，银行就可以拒绝办理付款业务，以保障开户企业款项的安全。

8.1.2 开立一般存款账户

一般存款账户是指企业因借款或其他结算需要，在基本存款账户开户银行以外的银行营业机构开立的银行结算账户，包括为与企业经营地点不在同一地点的附属非独立核算单位开立的账户。

企业可以通过一般存款账户办理转账、结算和存入现金，但不能支取现金。

1. 开立一般存款账户的资料

企业在申请开立一般存款账户时，应提交下列所述资料。

① 企业营业执照正本及加盖企业公章的复印件。

② 企业税务登记证正本及加盖企业公章的复印件。

③ 企业组织机构代码证正本及加盖企业公章的复印件。

④ 法人身份证原件及加盖企业公章的复印件。

⑤ 法人授权委托书并加盖企业公章。

⑥ 开户证明文件并加盖企业公章。

2. 开立一般存款账户的程序

企业在申请开立一般存款账户时，应该按照以下程序进行。

① 持开户所需的相关资料到开户银行申请开户，并填写“开户申请书”。

② 提交开户申请书及基本存款账户“开户许可证”，并送交盖有企业印章的“银行印鉴卡”。

③ 银行审核同意后，即可开立一般存款账户。

8.1.3 开立临时存款账户

临时存款账户是指企业因临时经营活动需要，在规定期限内使用而开立的银行结算账户。企业可以通过临时存款账户办理转账结算和根据国家现金管理的规定办理现金收付。临时存款账户的有效期最长不得超过两年。

1. 开立临时存款账户的资料

开立临时存款账户所需资料具体包括下列 5 种，出纳人员在实际办理前应电话咨询银行客服人员。

① 临时机构，应出具其驻地主管部门同意设立临时机构的批文。

② 异地建筑施工及安装单位，应出具其营业执照正本或其隶属单位

的营业执照正本，以及施工及安装地建设主管部门核发的许可证或建筑施工及安装合同。

③ 异地从事临时经营活动的单位，应出具其营业执照正本以及临时经营地工商行政管理部门的批文。

④ 注册验资资金，应出具工商行政管理部门核发的企业名称预先核准通知书或有关部门的批文。

⑤ 第②、③项还应出具其基本存款账户的开户登记证。

2. 开立临时存款账户的程序

企业在申请开立临时存款账户时，应该按照以下程序进行。

① 持开户所需的相关资料到银行申请开户，并填写“开户申请书”。

② 提供开立基本存款户开户许可证，并送交盖有存款人印章的“银行印鉴卡”。

③ 经开户银行审核同意后，即可开立临时存款账户。

8.1.4 开立专用存款账户

专用存款账户是指企业按照法律、行政法规和规章的规定，对其特定用途的资金进行专项管理和使用而开立的银行结算账户。

1. 开立专用存款账户的资料

因管理的专项资金的不同，所以在办理专用存款账户开立手续时所需资料也不同，大概有以下 10 种。出纳人员在实际办理前应电话咨询银行客服人员。

① 基本建设资金、更新改造资金、政策性房地产开发资金、住房基金、社会保障基金，应出具国家主管部门的批文。

② 财政预算外资金，应出具国家财政部门的证明。

③ 粮、棉、油、盐收购资金，应出具国家主管部门批文。

④ 单位银行卡备用金，应按照中国人民银行批准的银行卡章程的规定出具有关证明和资料。

⑤ 证券交易结算资金，应出具证券公司或证券管理部门的证明。

⑥ 期货交易保证金，应出具期货公司或期货管理部门的证明。

⑦ 金融机构存放同业资金，应出具其证明。

⑧ 收入汇缴资金和业务支出资金，应出具基本存款账户存款人有关的证明。

⑨ 党、团、工会设在单位的组织机构经费，应出具该单位或有关部门的批文或证明。

⑩ 其他按规定需要专项管理和使用的资金，应出具有关法规、规章或政府部门的有关文件。

2. 开立专用存款账户的程序

企业在申请开立专用存款账户时，应该按照以下程序进行。

① 持开户所需的相关资料到银行申请开户，并填写“开户申请书”。

② 提供相应的证明文件，送交盖有存款人印章的“银行印鉴卡”。

③ 经银行审核同意后开立账户。

8.1.5 变更与迁移账户

1. 变更账户

（1）变更账户名称

开户企业需要变更账户名称，应向银行交验上级主管部门批准的正式函件，企业和个体工商户需向银行交验工商行政管理部门登记的营业执照，经银行调查属实后，根据不同情况变更账户名称或撤销原账户并开立新账户。

（2）更换企业财务专用章等

若开户单位由于其他原因，需要更换单位财务专用章、财务主管印章或出纳人员印鉴的，应填写“更换印鉴申请书”，由开户银行发给新的“银行印鉴卡”。企业应将原印鉴盖在新的“银行印鉴卡”的反面，将新印鉴盖在新的“银行印鉴卡”正面，注明启用日期交开户银行。在更换印鉴前签发的支票仍然有效。

操作规范

企业如发生预留银行印鉴的印章遗失时，应当出具公函，填写“更换印鉴申请书”，由开户银行办理更换印鉴手续。遗失个人名章的由开户企业备函证明，遗失企业公章的由上级主管单位备函证明；经银行同意后按规定办法更换印鉴，并在新印鉴卡上注明情况。

2. 迁移账户

当企业的办公地点或经营场所发生搬迁时，应到银行办理迁移账户手续。如果迁入迁出在同一城市，由迁出行出具证明，迁入行凭此开立新账户；如搬迁到他城，重新按规定办理开户手续，在搬迁过程中可凭证暂时保留原账户，但在搬迁结束已在当地恢复生产经营活动时，原账户一般应在一个月内结清。

8.1.6 合并与撤销账户

1. 销户申请

企业申请合并、撤销账户，经开户行核对存（贷）款账户余额全部无误后，办理销户手续，同时交回各种空白重要凭证。销户后由于未交回空白重要凭证而产生的一切责任，由销户单位全部承担。

2. 银行销户

如果单位在银行的账户连续一年没有发生收付活动，银行以为无继续存在的必要时，即通知开户企业在接到通知之日起一个月内来银行办理销户手续，逾期未办，视同企业自愿销户，存款账户内若有余额，银行在年终时作为收益处理。

8.2 利息核算规范与示范

8.2.1 利息核算规范

利息，是借款者使用货币资金必须支付的代价，是货币所有者因借出货币资金而从借款者手中获得的报酬。其计算公式如下。

利息=本金×利率×计息期间

由利息的计算公式可发现，影响利息多少的因素有三个，即本金的多少、利率的高低、计息时间的长短。其中，借款计息期间的计算采用“算头不算尾，两头算一头”的方法。在计算时，对于满月的按整月30天计算；有整月又有零头天数的，可全部转成天数按天数计算；满月的不论大月、小月均按30天计算；零头天数则按实际天数计算。

利率分为年利率（%）、月利率（‰）和日利率（‱），年利率一般由中国人民银行规定，而月利率、日利率的计算公式如下。

$$月利率=\frac{年利率}{12}，日利率=\frac{年利率}{360}或\frac{月利率}{30}$$

1. 存款利息（利息收入）核算规范

出纳人员在核算企业银行存款利息收入时，应根据利息金额的大小分别处理。

（1）如果利息金额较大，应按月计提利息收入

出纳人员在计提银行存款利息时，借方科目登记“应收利息”，贷方科目登记“财务费用”；在收到银行存款利息时，借方科目登记“银行存款”，贷方科目登记“应收利息”。

（2）如果利息金额较小，在实际收到利息时记入“财务费用”

出纳人员在将实际收到利息记入“财务费用”时，借方科目登记“银行存款”，贷方科目登记“财务费用”。

注意事项

- 从税收角度考虑，利息支出是有标准的，不能超过规定的利率，如果取得的利息收入冲减利息支出，会出现单笔利息支出超规定标准而全年总利息支出不超的现象，不利于税前扣除的准确计算。所以，从所得税税前扣除规范来讲，建议出纳人员将取得的利息收入贷记“财务费用”，这与《企业会计制度》的规定也是一致的。
- 根据税法的有关规定，企业取得的银行存款利息收入应当计入当期应纳税所得额，计算交纳企业所得税。

2. 借款利息（利息支出）核算规范

借款利息是指资金的使用者为取得在一定时期内使用货币资金的权利

而支付给货币所有者的补偿，即企业向银行筹集资金的成本。

（1）短期借款利息核算规范

短期借款利息是指企业在经营活动中为满足临时性的需要而发生的利息费用，应作为一项财务费用，记入当期损益。

如果企业的短期借款利息是按月支付且利息数额不大时，利息费用可直接记入当期损益，应设置“财务费用”科目，用以登记利息费用的发生。

如果短期借款利息是按季支付或是在借款到期时连本金一起归还，并且利息数额较大时，应采用预提的方法，按月预提，记入损益。在《企业会计准则》的指引下，企业按月预提的借款利息应当记入“应付利息”科目。

（2）长期借款利息核算规范

长期借款的本金及利息均应计入“长期借款”账户进行统一核算，这一点是长期借款与短期借款的最大区别。长期借款可分为生产周转借款和专门借款两种。

① 专门借款。

专门借款是指企业为了购建固定资产而专门借入的款项。因专门借款所发生的应计利息和借款费用必须按照《企业会计准则》的要求予以资本化处理，即将符合资本化条件的借款费用，计入相关固定资产的成本。

② 生产周转款。

生产周转款则是指企业为了满足生产经营或资金周转等其他原因而发生的借款。生产周转借款发生的应计利息可以参照短期借款的利息进行账务处理。

8.2.2 利息核算示范

1. 银行存款利息核算示范

【示范 8-1】甲企业在 2018 年 1 月 25 日，将银行存款 100 000 元转为期限为半年的定期存款，存款年利率为 2.8%，则甲企业计算的存款利息如下。

$$\text{半年存款利息}=\frac{100000\times 2.8\%}{12}\times 6=1\,400\text{（元）}$$

【示范 8-2】某企业以 100 000 元作为本金，以 2 年作为一个存款期限。分别以 6 个月定期，1 年定期，2 年定期，来计算所得利息总额。我们假设这 3 个时期的年利率分别为 3.3%，3.5%，4.4%，利息结果约到小数点后两位。

① 定存 6 个月，利息总额的计算结果如下。

第 1 个 6 月到期时的利息：100 000×3.3%/12×6=1 650 元

第 2 个 6 月到期时的利息：（1 650+100 000）×3.3%/12×6=1 677.225 元

第 3 个 6 月到期时的利息：（1 677.225+100 000）×3.3%/12×6=1 677.674 元

第 4 个 6 月到期时的利息：（1 677.674+100 000）×3.3%/12×6=1 677.681 元

两年共获得的利息=1 650+1 677.225+1 677.674+1 677.681=6 682.58 元

② 定存 1 年，利息总额的计算结果如下。

第 1 年到期时的利息：100 000×3.5%=3 500 元

第 2 年到期时的利息：（3 500+100 000）×3.5%=3 622.50 元

两年共获得的利息=3 500+3 622.50=7 122.50 元

③ 定存 2 年，共获得的利息总额：100 000×4.4%×2=8 800 元。

因此，从利息上看，定存 2 年获利最多，但两年中本金不能动。3 个月的利息最少，但企业可以每 3 个月动一次本金，企业可以根据自身生产经营情况来确定。

2. 银行借款利息核算示范

【示范 8-3】甲企业在 2018 年 1 月 1 日，向银行借入生产用的短期借款 100 000 元，期限 3 个月，年利率为 5.35%，根据协议，该笔借款到期后连同本金一次归还，利息按月预提，按季支付。

① 1 月 5 日，收到银行短期借款，编制会计分录如下。

借：银行存款　　100 000

　　贷：短期借款　　100 000

② 1 月末，计提本月的借款利息，并编制会计分录如下。

$$计算本月应计提的利息金额=\frac{100000\times 5.35\%}{12}=445.83(元)$$

借：财务费用　　445.83

贷：应付利息 445.83

2 月末计提的 2 月份利息处理方法同上。

③ 3 月末，计提本月的借款利息，编制会计分录如下。

借：财务费用 445.83

贷：应付利息 445.83

④ 4 月 1 日，支付短期借款本金和利息时，编制会计分录如下。

借：短期借款 100 000

应付利息 1 337.49

贷：银行存款 101 337.49

8.3 银行存款核算规范与示范

8.3.1 银行存款核算规范

银行存款是指企业存放在银行和其他金融机构的货币资金。按照国家现金治理和结算制度的规定，每个企业都要在银行开立账户，用来办理存款、取款和转账结算。

企业在核算银行存款时，应根据相关凭证，编制银行存款收款凭证，借方科目登记“银行存款”，贷方科目的登记根据实际发生经济业务的性质判定，如“库存现金”“应收账款”“实收资本”等。

只要有结算业务的单位，不管其规模大小，都要设置“银行存款日记账”。不同企业，因其经济性质、规模大小、经营管理的要求各不相同，因此需要设置的日记账种类、格式也就不同。

在具体设置日记账时，出纳人员应从本企业实际情况出发，遵循节约原则，避免复杂与浪费。有外币存款业务的企业，应分别按人民币和各种外币设置“银行存款日记账”进行明细核算。

企业发生外币业务时，应将有关外币金额折合为人民币记账。除另有规定外，所有与外币业务有关的账户，应采用业务发生时的汇率，也可以采用业务发生当期期初的汇率折合。

8.3.2 银行存款核算示范

【示范 8-4】甲企业在 2018 年 2 月 19 日，收到乙企业偿还的货款 50 000 元存入银行。

甲企业会计根据银行回单编制银行存款收款凭证，编制会计分录如下。

借：银行存款　　50 000

　　贷：应收账款－乙企业　　50 000

【示范 8-5】甲企业出纳人员于 2018 年 3 月 6 日，从银行提取现金 3 000 元。

甲企业会计根据银行回单编制银行存款付款凭证，编制会计分录如下。

借：库存现金　　3 000

　　贷：银行存款　　3 000

【示范 8-6】甲企业销售商品价款为 10 000 元，增值税为 1 300 元，款项已存入银行。

甲企业会计根据银行回单编制银行存款收款凭证，编制会计分录如下。

借：银行存款　　11 300

　　贷：主营业务收入　　10 000

　　　　应交税费－应交增值税（销项税额）　　1 300

8.4 银行借款核算规范与示范

8.4.1 银行借款核算规范

银行借款是指企业根据其生产经营业务的需要，为弥补自身资金的不足，而向银行借入的款项，是企业从事生产经营活动资金的重要来源。

企业在核算银行借款时，应根据银行借据，编制银行存款收款凭证，借方科目登记“银行存款”，贷方科目的登记则根据借款的性质而定，如“短期借款”“长期借款”等。

企业在与银行签订的“借款合同”中，一般会明确规定贷款的种类、金额、用途、期限、利率、还款方式、结算办法和违约责任等条款。

8.4.2 银行借款核算示范

【示范 8-7】甲企业 2018 年 3 月 2 日，从银行借入短期借款 150 000 元。

① 甲企业收到银行的借款借据，编制银行存款收款凭证，编制会计分录如下。

借：银行存款 150 000

贷：短期借款 150 000

②借款到期，甲企业主动开出结算凭证，并以银行存款偿还借款，编制会计分录如下。

借：短期借款 150 000

贷：银行存款 150 000

8.5 银行支票结算规范与示范

8.5.1 银行支票结算规范

支票是由付款方签发的，委托办理支票存款业务的银行或者其他金融机构在见票时无条件支付确定的金额给收款方或持票人的票据。

支票可分为现金支票、转账支票、普通支票和画线支票四种。现金支票只能用于支取现金，不能用于转账；转账支票只能用于转账，而不能用于支取现金；普通支票既可以用来支付现金，又可以用来转账。

根据票据法规定，普通支票用于转账时，应当在支票正面注明。这一注明方式一般是在支票上画线，未画线者可以用于支取现金，画线支票只能用于转账。

现金支票样式，如图 8-6 所示。

中国建设银行 现金支票（鄂） 当阳 07178888

出票日期(大写) 年 月 日 付款行名称:

收款人: 出票人帐号:

本支票付款期限十天

人民币（大写）	元整	亿	千	百	十	万	千	百	十	元	角	分
				¥								

用途________ 科目(借)

上列款项请从 对方科目(贷)

我帐户内支付 转帐日期 年 月 日

出票人签章 复核 记帐

图 8-6 现金支票样式

转账支票的结构和外表与现金支票相似，只是将现金支票中“现金支票”改为“转账支票”。

1. 银行支票结算业务操作规定

银行支票结算时，应遵照以下 8 项规范进行。

① 银行支票只能在同城或指定票据交换地区内使用，可用于商品交易、劳务供应、资金调拨以及其他款项结算。

② 银行支票的结算起点为 100 元。起点以下的款项结算一般不使用支票，但缴纳公用事业费，缴拨基本养老保险基金、住房公积金等，可不受金额起点的限制。

③ 银行支票一律记名。即签发的支票必须注明收款方的名称，并只准收款方或签发人向银行办理转账或提取现金。中国人民银行总行批准的地区，转账支票可以背书转让。

④ 银行支票的有效期为 10 天。支票的有效期从签发的次日算起，到期日遇节假日顺延。

⑤ 签发银行支票应用蓝、黑色签字笔填写，未按规定填写，被涂改冒领的，签发人负责。

⑥ 银行支票上各项内容要填写齐全，内容要真实，字迹要清晰，数字要标准，大小写金额要一致。支票大小写金额、签发日期和收款人不得更改，其他内容如有更改，必须由签发人加盖银行预留的印鉴证明。

⑦ 签发人必须在银行账户余额内按照规定向收款方签发支票，不得

签发空头支票或印章与预留银行印鉴不符的支票。如遇上述情况，银行除退票外并按票面金额处以 5%但不低于 1 000 元的罚款。对屡次签发空头支票的，银行将根据情节给予警告，通报批评，直至停止其向收款方签发支票。

⑧ 已签发的现金支票遗失，可向银行申请挂失。挂失前已经支付的，银行不予受理。已签发的转账支票遗失，银行不予受理挂失，可请求收款方协助防范。

2. 银行支票结算业务操作程序

在采用支票结算方式时，财务人员必须严格按照支票结算的要求取得或签发支票，并按银行规定的程序进行处理，保证支票在收款、支付及背书转让过程中的安全。

（1）现金支票的结算程序

现金支票的结算程序如下所述。

① 开户企业用现金支票提取现金时，由其财务人员签发现金支票并加盖银行预留印鉴后，到开户银行提取现金。

② 开户企业用现金支票向外单位或个人支付现金时，由付款单位财务人员签发现金支票并加盖银行预留印鉴章和注明收款方后交收款方。

③ 收款方持现金支票到付款单位开户银行提取现金，并按照银行的要求交验相关证件。

简单地讲，现金支票结算的基本程序如图 8-7 所示。

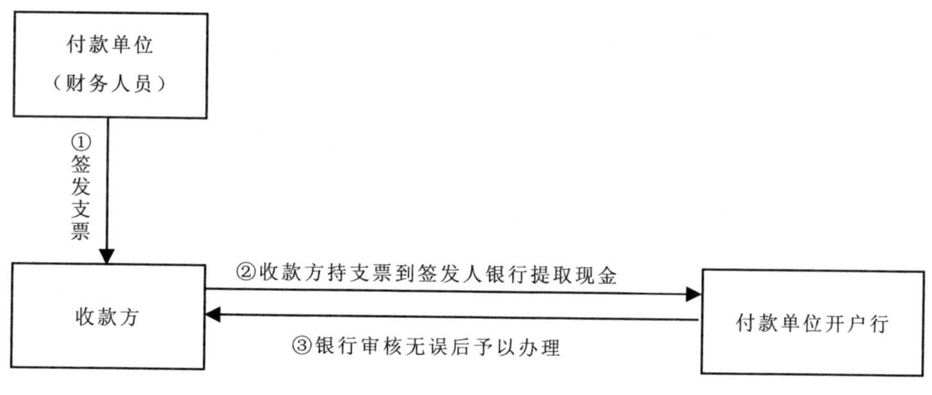

图 8-7 现金支票的结算程序

（2）转账支票的结算程序

转账支票的结算程序如下所述。

① 收款方财务人员收到付款单位交来的支票后，首先应对支票进行审查，以免收进假支票或无效支票。

② 收款方财务人员对受理的转账支票审查无误后，即可填制一式两联进账单，连同支票一并递交其开户银行。开户银行审核无误后即可在进账单第一联上加盖“转讫”章退回收款单位。

③ 收款方财务人员应根据银行盖章退回的进账单第一联编制银行存款收款凭证。

简单地讲，转账支票结算的基本程序如图 8-8 所示。

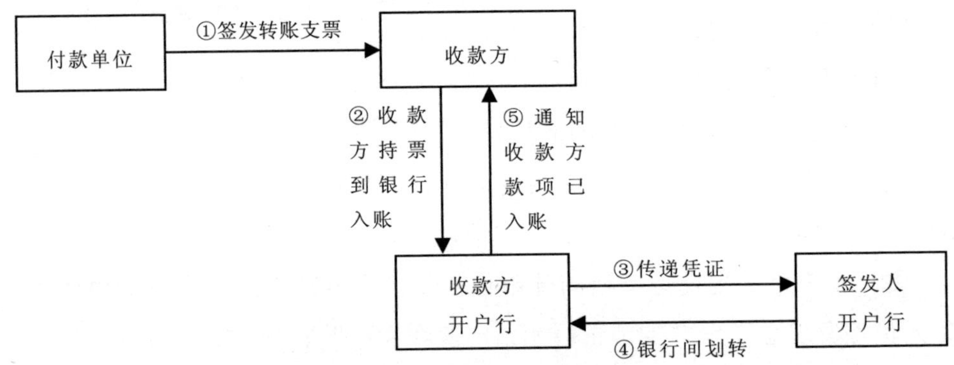

图 8-8　转账支票结算程序

注意事项

- ◆ 财务人员领取转账支票，要根据用款计划填写“支票领用审批单”，注明用途、金额，由部门或项目负责人批准签字，再到财务部领取支票。
- ◆ 支票领用部门要填写“支票领用登记薄”，财务部对使用的支票要按号登记，定期核对，及时注销；财务人员对签发错误的支票应加盖“作废”章并与存根一并保存，逾期未用支票要及时收回。

8.5.2　银行支票结算示范

【示范 8-8】甲企业 2018 年 2 月 15 日从中国 × × 银行提取现金 16 000 元，用作备用金。请问，甲企业财务人员应如何填写现金支票、办理现金提取业务？

① 甲企业财务人员填写现金支票，如图 8-9 所示。

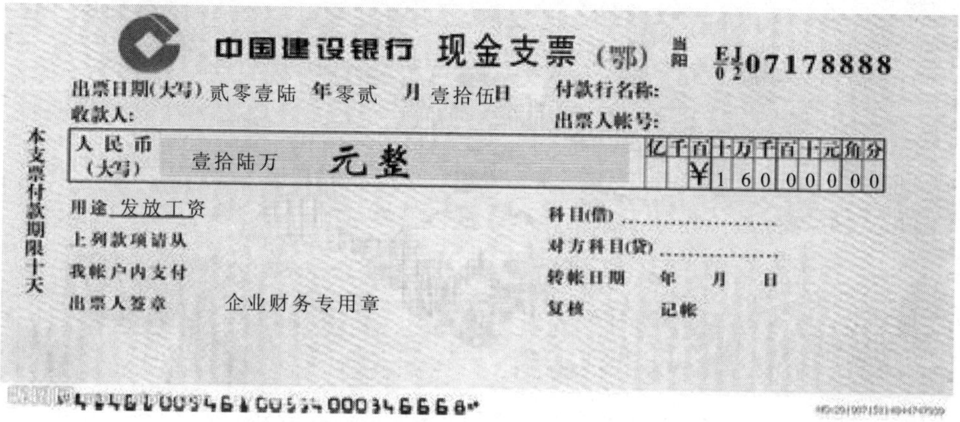

中国建设银行 现金支票 (鄂) 当阳 EJ 02 07178888
出票日期(大写) 贰零壹陆 年零贰 月 壹拾伍日 付款行名称:
收款人: 出票人帐号:
本支票付款期限十天
人民币(大写) 壹拾陆万 元整 亿 千 百 十 万 千 百 十 元 角 分 ¥ 1 6 0 0 0 0 0 0
用途 发放工资 科目(借)
上列款项请从 对方科目(贷)
我帐户内支付 转帐日期 年 月 日
出票人签章 企业财务专用章 复核 记帐

图 8-9 中国××银行现金支票填写示范

② 财务人员拿支票去本企业的开户银行对公业务窗口办理提取现金业务。

8.6 银行本票结算规范与示范

8.6.1 银行本票结算规范

银行本票是企业将款项交存银行，由银行签发的承诺自己在见票时无条件支付确定的金额给收款方或持票人的票据。银行本票按照其金额是否固定可分为不定额和定额两种。

不定额银行本票是指凭证上金额栏是空白的，签发时根据实际需要填写金额，并用压数机压印金额的银行本票；定额银行本票是指凭证上预先印有定固定面额的银行本票。

1. 银行本票结算业务操作规定

企业财务人员在办理银行本票结算业务时，应遵循下列操作规范。

① 银行本票一律记名，允许背书转让。

② 不定额银行本票的金额起点为 100 元。定额银行本票面额为 1 000 元，5 000 元，10 000 元和 50 000 元，其提示付款期限自出票日起最长不

得超过 2 个月。

③ 银行本票的付款期为一个月。不分大月小月，统一按次月对日计算，到期日遇到节假日顺延。逾期的银行本票，兑付银行不予受理。

④ 申请人办理银行本票，应向银行填写“银行本票申请书”，详细填明收款方名称，需要支取现金的，在银行本票上划去“转账”字样，填明“现金”字样。不定额银行本票用压数机压印金额，将办妥的银行本票交给申请人。

⑤ “银行本票申请书”一式三联，第一联由签发单位或个人留存，第二联由签发行办理本票的付款凭证，第三联由签发行办理本票的收款凭证。

⑥ 未在银行开立账户的收款方，凭具有“现金”字样的银行本票向银行支取现金，应在银行本票背面签字或盖章，并向银行交验有关证件。

⑦ 银行本票即付，不予挂失。遗失的不定额银行本票在付款期满后一个月，确未冒领，可以办理退款手续。

⑧ 申请人因银行本票超过付款期或者其他原因要求退款时，可持银行本票到签发银行办理。

2. 银行本票结算业务操作程序

（1）申请办理银行本票

申请人办理银行本票，应向银行填写一式三联“银行本票申请书“，其格式按中国人民银行各分行确定的格式印制，详细填明收款人名称，个体经济者或个人需要支取现金的还应填明“现金”字样。如申请人签发银行有关账户，则应在“银行本票申请书”上加盖预留银行印鉴。

（2）银行本票的签发

① 银行受理银行本票申请书，在办好转账或收妥现金后，签发银行本票。对个体经济户和个人需支取现金的，在银行本票上划去“转账”字样，加盖印章，不定额银行本票用压数机压印金额，将银行本票交给申请人。

② 专业银行签发不定额银行本票的余额和签发定额银行本票收的款项，应划缴中国人民银行。

（3）银行本票的付款

① 银行本票见票即付。

申请人持银行本票可以向填明的收款方或个体经济户办理结算。收款方为个人的也可以持转账的银行本票经背书向被背书的单位或个体经济户办理结算。具有“现金”字样的银行本票可以向银行支取现金。未在银行开立账户的收款方，凭具有“现金”字样的银行本票向银行支取现金，应在银行本票背面签字或盖章，并向银行交验有关证件。

② 兑付银行在接到收款方或被背书人交来的本票和两联进账单时，对本票进行严格审查确认无误后，办理兑付手续。

兑付银行对银行本票的审查内容包括但不限于图 8-10 所列的 9 个方面。

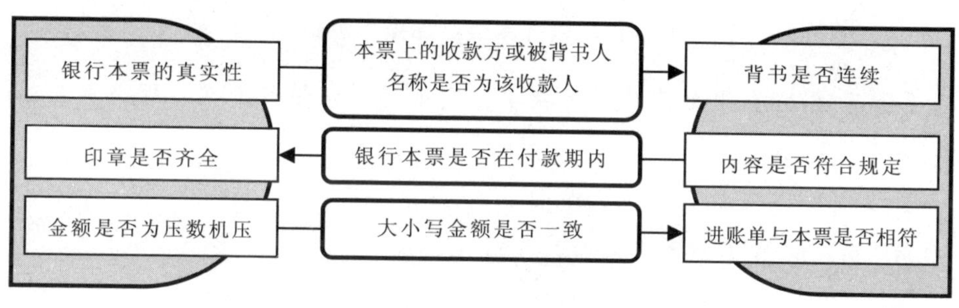

图 8-10　兑付银行对银行本票的审查要点示意图

- 如是转账支取的，应在第一联进账单上或背面背书上加盖转讫章作收款通知交给收款方，第二联进账单作收入传票。
- 如是现金支取的，由收款方填制一联支款凭条，经审查本票上填明收款人姓名和具有“现金”字样，并查验收款人的身份证后，办理现金支付手续。

简单地讲，银行本票的结算程序如图 8-11 所示。

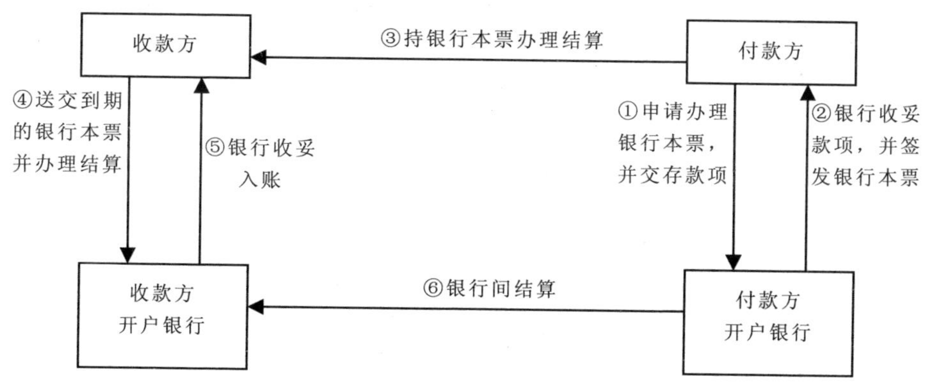

图 8-11　银行本票结算程序

8.6.2 银行本票结算示范

【示范 8-9】甲企业收到客户送来的一张银行本票，那么甲企业该如何将银行本票入账呢？

甲企业财务人员处理本业务时，应参照如图 8-12 所示的步骤。

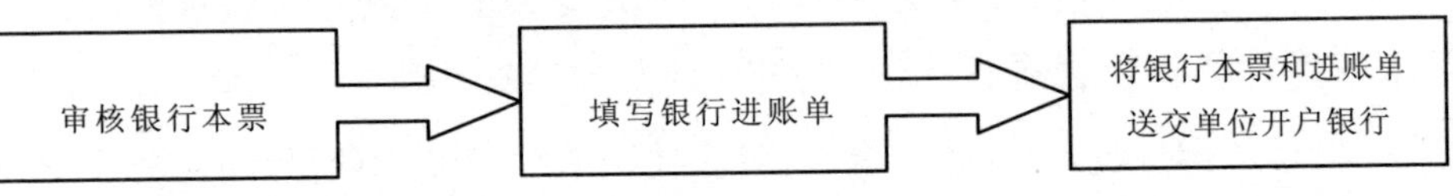

图 8-12 银行本票结算操作步骤

【示范 8-10】甲企业收到付款单位交来的一张银行本票，那么甲企业的出纳人员应该如何审核银行本票呢？

甲企业财务人员处理本业务时，应该审查以下事项。

① 审核收款人是否为本单位（即甲企业）。

② 银行本票是否在提示付款期内。

③ 必须记载的事项是否齐全。

④ 出票人签章是否符合规定。若是不定额本票，要查看是否有压数机压印的出票金额，小写金额与大写金额是否一致。

⑤ 出票金额、出票日期、收款人名称是否有更改，其他记载事项若有更改，查看是否有原记载人的签章证明。

⑥ 审核银行本票上加盖的汇票专用章是否清晰。

【示范 8-11】申请人取回银行签发的银行本票后，应该如何处理账务？

申请人取回银行本票后，应当借记“其他货币资金－银行本票”，贷记“银行存款”。

第9章 操作示范——外地银行业务

9.1 银行汇兑结算规范与示范

9.1.1 银行汇兑结算规范

银行汇兑结算是指汇款企业委托银行将款项汇往异地收款单位的一种结算方式，根据凭证传递方式的不同，银行汇兑分为信汇和电汇两种。汇款企业或收款企业不论是否在银行开户均可办理。

根据有关规定，企业财务人员在办理汇兑结算相关业务时，应遵循下列最基本的规定。

（1）第一条：汇兑结算不受金额起点的限制

即无论汇款金额多少均可以办理信汇和电汇结算。

（2）第二条：收款方出纳人员如何支取现金

1）收款方如在汇入银行支取现金，财务人员应要求付款方出纳在填制信汇或电汇凭证上时，在凭证“汇款金额”大写金额栏中填写“现金”字样；如果信汇或电汇凭证上未注明“现金”字样而需要支取现金的，则需要汇入银行按现金管理规定审查后方可支付。

2）款项汇入异地后，收款方财务人员需携带本人的身份证件或汇入地有关单位足以证实收款方身份的证明，到银行一次办理现金支付手续。

3）收款方接到汇入银行的取款通知后，若需要分次支取的，其财务人员要向汇入银行说明分次支取的原因和情况，经汇入银行同意，以收款方名义设立临时存款账户，该账户只付不收，结清为止，不计利息。

（3）第三条：如何将汇款留行待取

1）汇款方将款项汇往异地需派人领取的，在办理汇款时，应在签发的汇兑凭证各联的“收款人账号或地址”栏注明“留行待取”字样。留行待取的汇款，需要指定单位的收款人领取汇款的，应注明收款人的单位名称。

2）汇款汇入异地后，收款人须携带足以证明本人身份的证件，或汇入地有关单位足以证实收款人身份的证明向银行支取款项。

（4）第四条：收款方如何办理转汇

收款方如需将银行汇兑的汇款转到另一地方，其财务人员应在汇入银行重新办理汇款手续。转汇时，收款人和用途不得改变，银行必须在信汇或电汇凭证上加盖“转汇”戳记。

（5）第五条：汇款方如何办理退汇

1）汇款方对汇出的款项要求退汇时，财务人员应向银行出具正式函件，说明要求退汇的理由或本人身份证明和原信、电汇凭证回单，向汇出银行办理退汇。

2）汇出银行审查后，通知汇入银行，经汇入银行查实款项确未解付，方可办理退汇。如汇入银行网付款项已经解付或款项已直接汇入收款人账户，则不能办理退汇。

注意事项

- 汇款人办理异地汇款时选择信汇或电汇结算方式，可根据款项汇入地点的远近和时间的要求，选择电汇或信汇。
- 填写汇款凭证时，要按照凭证各栏要求，详细填明收款人及汇款用途等项内容并在第二联上加盖预留银行印章。

1. 银行信汇结算业务操作规范

信汇是汇款人向银行提出申请，同时交存一定金额及手续费，汇出银行将信汇委托书以邮寄的方式寄给汇入银行，授权汇入银行向收款人解付一定金额的一种汇兑结算方式。

（1）信汇凭证填写规范

① 汇款方财务人员办理信汇时，应按照信汇凭证填写要求，填写信

汇凭证一式四联，并加盖单位公章，送交本单位开户银行办理信汇。

② 银行工作人员受理后，应将信汇凭证第一联（回单）退给汇款方财务人员记账，留下第二联（支款凭证）用于银行记账，将第三联（收款凭证）和第四联（收账通知）传给收款银行。

③ 收款银行收到凭证后，留下第三联收款凭证用于记账，将第四联传给收款方。

④ 收款方财务人员收到第四联收款通知后，进行账务处理。

（2）信汇凭证结算规范

① 汇款方财务人员在办理异地汇款时，选择信汇方式结算的，在填写汇款凭证时，要按照凭证各栏要求，详细填明汇入地点、行名、收款人及汇款用途等项内容，并在第二联上加盖预留银行印鉴。

② 根据结算规定，信汇汇款可附带与汇款有关的少量单证，如向外地订购书刊的订购单、商品订购单以及向外地人员汇付工资时的工资表等。

（3）信汇凭证的结算程序

① 汇款方财务人员填写“汇出汇款申请书”，并注明是使用信汇结算方式，同时交款给汇出银行。

② 汇款方财务人员取得信汇回执。

③ 汇出银行制作信汇委托书或支付委托书，经两人双签，邮寄汇入银行。

④ 汇入银行收到信汇委托书或支付委托书，核对签字无误，通知收款方。

⑤ 收款方财务人员凭收据取款。

⑥ 汇入银行借记汇出行账户，取出头寸，解付汇款给收款方。

⑦ 汇入银行将借记通知书寄给汇出银行，通知它解付完毕，资金从债务人流向债权人，完成信汇汇款。

2. 银行电汇结算业务操作规范

电汇是汇款人将一定的款项交存汇款银行，汇款银行通过电报或电传给目的地的分行或代理行，指示汇入行向收款人支付一定金额的一种汇款方式。

（1）电汇凭证的结算规范

汇款方财务人员在办理异地汇款时，选择电汇方式结算的，电汇结算业务操作规范可参考办理信汇业务结算规范，不同的是电汇汇款不可以附带单证。

（2）电汇凭证的结算程序

① 汇款方财务人员填写汇款申请书，交款付费给汇出行，并在申请书上注明使用电汇汇款方式。

② 汇款方财务人员取得电汇回执。

③ 汇出银行发出加押电报或电传给汇入银行，委托其解付汇款给收款单位或收款人。

④ 汇入银行接到电传或电报，核对密押无误后，通知收款方收款。

⑤ 收款方财务人员在收款联上盖章后交汇入银行。

⑥ 汇入银行借记汇出行账户，解付汇款给收款方。

⑦ 汇入银行将借记通知寄给汇出银行，通知它付款解付完毕，资金从债务人流向债权人。完成电汇汇款业务。

注意事项

- 采用信汇方式办理异地汇款时，汇款时间长、速度慢，但信汇的汇率低。
- 采用电汇方式办理异地汇款，电汇速度快，但电汇的汇率高。

9.1.2 银行汇兑结算示范

1. 银行信汇结算业务操作示范

【示范 9-1】甲企业以信汇的方式付款给乙企业，财务人员应如何办理该业务？

甲企业财务人员向银行提出委托汇款申请，填写一式四联的“信汇凭证”。信汇凭证的规范如图 9-1 所示，填写信汇凭证时，可参照信汇业务结算操作规范。

甲企业财务人员将填写好的一式四联信汇凭证交给办理银行，由银行审查后，拿回银行盖章的第一联回单，甲企业财务人员可凭此据入账。

中国××银行　信汇凭证（回单）　1

委托日期：2018年3月14日　　　　　　　　　　　　　　　　　　　　　第1号

汇款人	全　称	北京[illegible]有限公司	收款人	全　称	上海[illegible]有限公司		
	账　号	0232 [illegible] 865		账　号	0343 [illegible] 167		
	汇出地点	中国××银行北京市分行		汇入地点	上海市	汇入行	中国××银行上海市分行

人民币（大写）：肆万捌仟柒佰玖拾肆元柒角整	千	百	十	万	千	百	十	元	角	分
			¥	4	8	7	9	4	7	0

汇款用途：支付设备款	汇出行盖章
上述款项已根据委托办理，如须查询，请持此回单来行面洽 单位主管：×××会计：××× 复核：××× 记账：×××	年　月　日

注：汇款凭证的第一联给汇款人；第二联汇出行留存；第三联汇入行留存；第四联给收款人

图 9-1　中国××银行信汇凭证（回单）1

2. 银行电汇结算业务操作示范

【示范 9-2】甲企业以电汇的方式付款给乙企业，出纳人员应如何办理业务呢？

甲企业财务人员向银行提出委托汇款申请，填写一式三联的“电汇凭证”。电汇凭证填制规范如图 9-2 所示，填写电汇凭证时，可参照电汇业务结算操作规范。

中国××银行　电汇凭证（回单）　1

委托日期：2018年3月15日　　　　　　　　　　　　　　　　　　　　　第1号

汇款人	全　称	天津市[illegible]公司	收款人	全　称	北京市[illegible]劳务公司		
	账　号	0132 [illegible] 811		账　号	0288 [illegible] 234		
	汇出地点	中国××银行天津市分行		汇入地点	北京市	汇入行	中国××银行北京市分行

人民币（大写）：柒万陆仟玖佰叁拾叁元整	千	百	十	万	千	百	十	元	角	分
			¥	7	6	9	3	3	0	0

汇款用途：支付劳务费	汇出行盖章
上述款项已根据委托办理，如须查询，请持此回单来行面洽 单位主管：×××会计：×××复核：×××记账：×××	年　月　日

注：汇款凭证的第一联给汇款人；第二联汇出行留存；第三联汇出行据以拍发电报

图 9-2　中国××银行电汇凭证（回单）1

甲企业财务人员将填写好的一式三联电汇凭证交给办理银行，由银行审查后，拿回银行盖章的第一联回单，甲企业财务人员可凭此据入账。

注意事项

- ◆ 收款方财务人员要在汇入银行支取现金时，必须请付款方财务人员在凭证“汇款金额”大写金额栏中填写“现金”字样，方可办理。
- ◆ 汇款方若将款项汇往异地需派人领取的，如企业在外地开立临时存款户用以采购物质，财务人员在办理汇款时，应注明“留行待取”字样；对于留行待取的汇款，需要指定单位的收款人领取汇款的，应注明收款人的单位名称；信汇凭印鉴支取的，应在第四联凭证上加盖预留的收款人印鉴。

9.2 商业汇票结算规范与示范

9.2.1 商业汇票结算规范

商业汇票是指由付款人或存款人（或承兑申请人）签发，由承兑人承兑，并于到期日向收款人或被背书人支付款项的一种票据。商业汇票按其承兑人不同，可分为银行承兑汇票和商业承兑汇票两种。

1. 商业汇票结算业务操作基本规定

财务人员在办理商业汇票结算业务时，应遵循下列基本的操作规定。

① 商业汇票一律记名，允许背书转让。

② 办理商业汇票必须以真实的交易关系和债权债务关系为基础。

③ 使用商业汇票的人，应为在银行开立存款账户的法人以及其他组织。

④ 签发商业汇票必须记载其签发日期和到期日期、收付款单位的名称（必须是全称）和账户及开户银行、大小写金额。

⑤ 出票人签发汇票时，应在汇票上记载具体的到期日期。

⑥ 商业汇票可以在出票时向付款人提示承兑后使用，也可以在出票后先使用再向付款人提示承兑。

⑦ 符合条件的商业汇票的持票人可持未到期的商业汇票向银行申请贴现。

2. 银行承兑汇票结算业务操作程序

银行承兑汇票是指由收款人或承兑申请人签发，由承兑申请人向开户银行提出申请，经银行审查同意承兑的票据，其结算程序如图 9-3 所示。

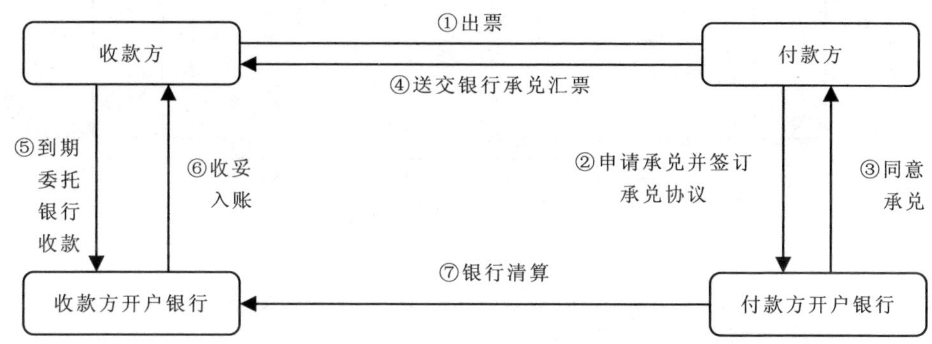

图 9-3　银行承兑汇票结算程序

① 出票

出票即指由收款方或承兑申请人（付款方）签发银行承兑汇票。

② 申请承兑并签订承兑协议

承兑申请人（即付款方）持银行承兑汇票和购销合同，向其开户银行申请承兑。付款方开户银行按规定审查同意后，与承兑申请人签订承兑协议（一式三联）。

③ 同意承兑

付款方开户银行与付款方签订承兑协议后，即表示同意承兑。

④ 送交银行承兑汇票

承兑申请人（即付款方）将承兑协议的第二联银行承兑汇票、第三联解讫通知单交给收款方。

⑤ 到期委托银行收款与⑥收妥入账

收款方财务人员或被背书人在银行承兑汇票到期时，填写一式两联进账单，与银行承兑汇票、解讫通知单一起送本单位开户银行办理收款入账手续。

3. 商业承兑汇票结算业务操作程序

商业承兑汇票是指由收款人签发并交付款人承兑的票据，或由付款人签发并承兑的票据，其结算程序如图 9-4 所示。

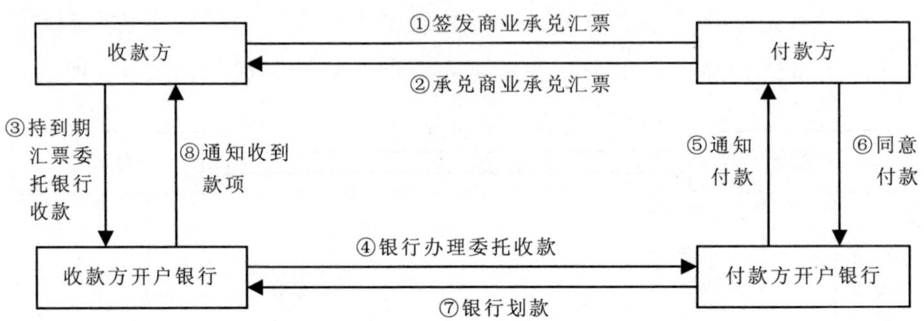

图 9-4 商业承兑汇票的结算程序

① 签发商业承兑汇票

收款方或付款方签发一式三联的商业承兑汇票，第一联为卡片，由承兑人（即付款方）留存；第二联为商业承兑汇票，由收款方开户银行随结算凭证寄往付款方开户银行作付出传票的附件；第三联为存根联，由签发人留存备查。

承兑人（即付款方）财务人员应留存第一联，据此借记有关科目，贷记“应付票据”。

② 承兑商业承兑汇票

承兑人（即付款方）财务人员在第二联商业承兑汇票的承兑栏加盖预留银行印鉴章后，在商业承兑汇票正面签署“承兑”字样，并将承兑后商业承兑汇票交给收款方。

③ 持到期汇票委托银行收款

收款方财务人员或被背书人将要到期的商业承兑汇票送交开户银行办理收款手续。此时，收款一般采取委托收款方式。

④ 收款方开户行办理委托收款手续⑤通知付款⑥同意付款⑦银行划款

收款方开户行将委托收款凭证、商业承兑汇票传递给付款方开户行，后者收到委托后，应通知付款方付款。付款方应于商业承兑汇票到期日前将票款足额交存其开户行，开户行收到款后将款项划给收款方开户行。

此时，付款方财务人员借记“应付票据”，贷记“银行存款”。

⑤ 通知收到款项，收款方收妥入账

收款方收到开户行的到款通知后，财务人员应借记“银行存款”，贷记“应收票据”。

注意事项

- ◆ 商业承兑汇票的收款方或背书人，对在同一城市的付款方承兑的汇票，应于汇票到期日将汇票送交银行办理收款。
- ◆ 对在异地的付款方承兑的汇票，应于汇票到期日前 5 天内，将汇票送交开户银行办理收款，超出期限，银行不予受理。
- ◆ 在办理商业承兑汇票收款时，均需填制委托收款凭证，并在委托收款货物“名称栏”注明“商业承兑汇票”及汇票号码，将汇票随托收凭证一并送交开户银行。

9.2.2 商业汇票结算示范

1. 银行承兑汇票业务操作示范

【示范 9-3】企业承兑申请人如何申请银行承兑汇票？

企业承兑申请人提出申请时，应填写“银行承兑汇票申请书”一式两份，经银行审批同意承兑后，银行执行承兑协议。

企业承兑申请人提出申请时，应提供下列资料。

① 申请企业的营业执照复印件、企业税务登记证复印件、组织机构代码证复印件、企业法人身份证等。

② 担保企业营业执照复印件、企业税务登记证复印件、企业法人或授权人身份证明等。

③ 要求银行办理承兑业务的书面申请报告和申请人及保证人的基本情况介绍。

④ 社会专职机构（会计/审计/资产评估事务所）审计的承兑申请人及担保人上年度以及近期的财务报告。

⑤ 抵押物、质押物清单和有处分权人出具的同意抵、质押的书面证明，以及保证人同意保证的有关证明文件。

⑥ 与申请承兑的银行承兑汇票有关的购销合同及其增值税发票。

⑦ 银行要求的其他资料。

【示范 9-4】银行承兑汇票的承兑金额是多少？

每张银行承兑汇票的承兑金额最高不得超过 1 000 万元。

【示范 9-5】收款方财务人员在审查商业承兑汇票时，应注意哪些事项？

收款方财务人员在对商业承兑汇票进行审查时，应注意以下 5 点。

① 是否为中国人民银行统一印制的商业承兑汇票。

② 汇票的签发和到期日、收付款单位的名称和账号及开户银行、大小写金额等栏目是否填写齐全且内容正确。

③ 汇票上的签章，其中包括签发人处应加盖签发单位的法人印章，承兑人盖章处盖付款人预留银行印章并填写承兑的日期，是否填写齐全且内容正确。

④ 汇票是否超过有效承兑期限，最长为 6 个月，但应注意的是：有效期是从承兑日开始计算，而不是从汇票的签发日开始。

⑤ 汇票上有无批注“不得转让”的字样。经转让的汇票，背书是否连续（每一手的背书人是否为前一手的被背书人或收款人），背书的签章是否正确（是否为单位公章、财务专用章）。

2. 商业承兑汇票业务操作示范

【示范 9-6】企业存款人该如何申请商业承兑汇票？

企业存款人应填写“票据和结算凭证领用单”并签章，签章应与预留银行印签章相符。

【示范 9-7】商业承兑汇票如何办理贴现？

商业承兑汇票的持票人向银行申请贴现时，填制一式五联“贴现凭证”，并提供与其直接前手之间的增值税发票和商品发运单据复印件。“贴现凭证”示范如图 9-5 所示。

贴现凭证（收账通知） 4

填写日期：2018年5月7日

第1号

贴现汇票	种类	商业承兑汇票	号码	4325	申请人	全称	北京××机械股份有限公司
	发票日	2017年5月7日				账号	0277 [illegible] 647
	到期日	2018年2月7日				开户	中国××银行北京市分行

汇票承兑人或银行	名称	××公司	账号	643217890	开户银行	中关村支行

汇票金额（及贴现金额）	人民币（大写）：贰拾万元整	千	百	十	万	千	百	十	元	角	分
			¥	2	0	0	0	0	0	0	0

贴现率		贴现利息		实付贴现金额	

上述款项已入你单位账户 银行盖章 2016年6月7日	备注：

注：贴现凭证的第一、二、三、五联银行留存；第四联银行给贴现申请人的收账通知

图 9-5 贴现凭证（收账通知）4

【示范 9-8】怎样计算贴现金额？

其计算公式如下。

$$实际贴现金额=票面金额-贴现利息$$

$$贴现利息=票面金额\times贴现天数\times\frac{月贴现率}{30}$$

贴现的期限一般从其贴现之日起至汇票到期日止，银行实付贴现金额按票面金额扣除贴现日至汇票到期前一日的贴现利息后计算。承兑人在异地的，贴现的期限以及贴现利息的计算应另加 3 天的划款日期。

9.3 银行汇票结算规范与示范

9.3.1 银行汇票结算规范

银行汇票是指汇款人将款项交存当地银行，由银行签发给汇款人持往异地办理转账结算或支取现金的票据。凡在银行开立账户的单位、个体经

营户和未在银行开立账户的个人，都可以向银行申请办理银行汇票，且也可受理银行汇票。

银行汇票结算是指利用银行汇票来办理款项结算的一种银行结算方式，适用于异地单位、个体经营户、个人之间需要支付的各种款项结算。该方式具有 6 大特点，如图 9-6 所示。

特　点	具体说明
票随人到，用款及时	◇ 银行汇票可由付款人带至异地办理付款，以便于单位和个人急需用款
信用度高，安全可靠	◇ 银行汇票是银行在收到汇款人款项后签发的支付凭证，因而具有较高的信誉 ◇ 银行保证支付，收款人持有票据，可以安全及时地到银行支取款项 ◇ 一旦汇票丢失，如果确属现金汇票，汇款人可以向银行办理挂失，填明收款单位和个人，银行就可以协助防止款项被他人冒领
使用灵活	◇ 持票人可以将汇票背书转让给销货单位，也可通过银行办理分次支取或转让，另外还可以使用信汇、电汇或重新办理汇票转让款项，因而有利于购货单位在市场上灵活地采购物资
兑换性强	◇ 异地付款需支付现金时，只要在汇款时向银行说明用途或以现金交汇，由汇出银行签发银行汇票时在“汇票金额”栏大写金额前注明“现金”字样，即可在兑付银行支取现金，既方便又安全
付款有保障	◇ 因银行汇票是以银行信用作为保证的，所以在使用银行汇票进行结算时，通常不会出现“空头”和无款支付的情况
结算准确，余款自动退回	◇ 使用银行汇票结算则不会出现“汇多用少”的情况，单位持银行汇票购货，凡在汇票的汇款金额之内的，可根据实际采购金额办理支付，多余款项将由银行自动退回，有效防止交易尾欠的发生

图 9-6　银行汇票结算特点

1. 银行汇票结算业务操作规定

企业财务人员在办理银行汇票结算业务时，应遵循下列操作规范。

① 银行汇票一律记名。付款方财务人员在申请办理银行汇票时，应在“银行汇票委托书”上详细填写兑付地点、收款人名称、账号、用途等项内容。能确定收款方的，需详细填明单位、个体经营户名或个人姓名；

如不能确定，应填写汇款人指定人员的姓名。

② 银行汇票的汇款金额起点为 500 元，付款期为 1 个月，应该从签发日起算，到期日遇节假日顺延。逾期的银行汇票，兑付银行不予受理。

③ 汇票上记载的事项有：付款方、发票日（签发日期）、付款地（兑付地点）、汇款金额、实际结算金额、多余金额、付款日（兑付日期）。

④ 银行汇票可以背书转让。汇票背面有背书栏，有填写被背书人和背书人的地方。汇票背面有记载收款方证件的地方。

⑤ 付款方持汇票到兑付地点，或支取现金，或与填明的收款方办理结算。收款方也可以用背书方式将汇票交给被背书人，办理结算。

⑥ 收款方将银行汇票与解讫通知提交兑付行。收款方在银行开有账户的，可在汇票背面加盖印章，并填写进账单，连同汇票、解讫通知交开户银行办理转账。收款方未在银行开立账户的，在交验证件后可支取现金。

⑦ 兑付行转账或付款后将解讫通知送交签发行。签发行将多余款收账通知单交给付款方，付款方可凭此领取多余款项。

⑧ 收款方或背书人受理银行汇票后，在汇票背面加盖预留银行印章，并填写进账单，连同汇票、解讫通知一并交开户银行办理转账。

⑨ 汇票遗失时，持票人应立即向兑付行或签发行申请挂失。挂失前银行汇票被冒领的，银行不付责任。如在付款期满后一个月内，银行汇票未被冒领的，可以办理银行退款。

2. 银行汇票结算业务操作程序

银行汇票结算大致可分为申办银行汇票、持票结算、兑付款项和结清款项 4 个阶段，具体如图 9-7 所示。

（1）申办银行汇票

汇款单位财务人员办理银行汇票时，应先填写“银行汇票委托书”一式三联，送本单位开户银行申请办理签发银行汇票。

银行受理后，收妥款项，签发银行汇票一式四联，将第二联汇票和第三联解讫通知等交给汇款人。申请人或收款人为单位的，不得在“银行汇票申请书”上填明“现金”字样。

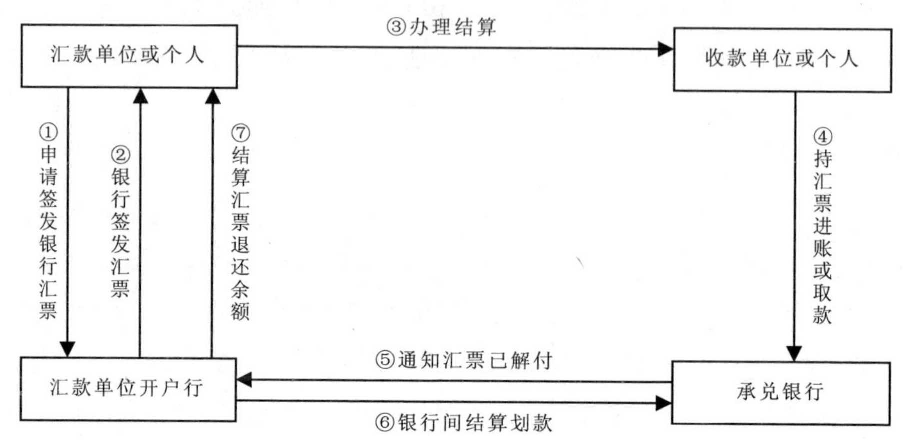

图 9-7　银行汇票的结算程序

（2）汇款单位使用汇票结算

汇款单位在汇票金额内，根据实际需要的款项办理结算，并将实际结算金额和多余金额准确、清晰地填入银行汇票和解讫通知的有关栏内，交给收款单位。

（3）兑付款项

收款单位持银行汇票和解讫通知，并填写进账单一式两联，一并送本单位开户银行办理入账手续。

（4）结清余额

收款单位按实际结算金额办理入账后，银行将多余款项转给汇款单位，由后者收回余款。

9.3.2　银行汇票结算示范

【示范 9-9】企业怎样办理银行汇票？

企业申请人需要填写一式三联的“银行汇票申请书”，并逐项填写收款人名称、汇票金额、申请人名称以及申请日期等事项。“银行汇票申请书”规范，如图 9-8 所示。

申请人拿着填好的银行汇票申请书到银行办理即可。银行汇票填写示范如图 9-9 所示。

中国××银行汇票申请书（存根） 1

委托日期：2018年3月5日　　第1号

申 请 人	北京市××实业有限公司	收款人	天津市××重型机械有限公司									
账号或住址	0378 [illegible] 434	账号或住址	0178 [illegible] 127									
用　　途	支付设备款	代理付款行	中国××银行北京市分行									
汇票金额	人民币（大写）：玖佰万元整	千	百	十	万	千	百	十	元	角	分	
		¥	9	0	0	0	0	0	0	0	0	
备注：		科目（借） 对方科目（贷） 财务主管××× 复核人××× 经办人×××										

注：汇票申请书的第一联申请人留存；第二、三联汇出银行留存；

图 9-8　中国××银行汇票申请书（存根）1

付款期限
壹 个 月

中国××银行银行汇票 2

汇票号码
第1号

出票日期（大写）2018年3月26日　　代理付款行：中国××银行北京市分行　行号：04371

收款人：天津市[illegible]有限公司　　账号：0178 [illegible] 127

出票金额：人民币（大写）：玖佰万元整

实际结算金额：人民币（大写）：玖佰万元整	千	百	十	万	千	百	十	元	角	分
	¥	9	0	0	0	0	0	0	0	0

账号或住址：0378 [illegible] 434

申请人：北京市[illegible]有限公司

出票行：中国××银行北京市分行行号：02443

备注：

凭票付款

出票行签章

多余金额	科目（借） 对方科目（贷） 兑付日期2016年4月8日 复核人　×××记账人　×××

注：第一、四联银行留存；第二、三联申请人留存

图 9-9　中国××银行银行汇票 2

【示范 9-10】如何办理银行汇票结算后多余款项的退款？

兑付银行按实际金额办理入账后，将银行汇票第三联解讫通知传递给汇票签发银行，签发银行核对后将余额转入汇款方账户，并将银行汇票第四联多余款收账通知转给汇款方，汇款方据此办理余款入账手续，如图 9-10 所示。

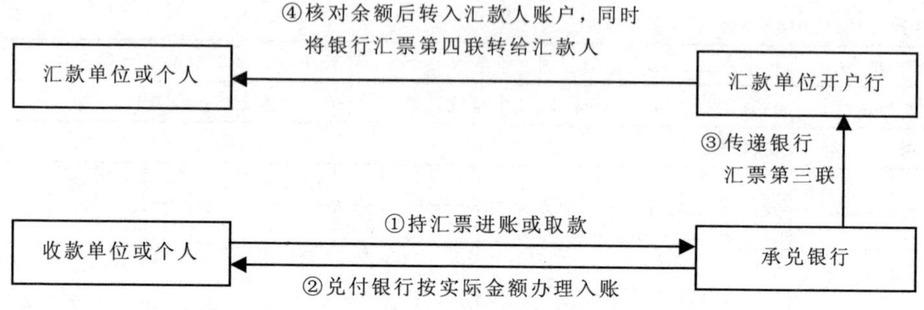

图 9-10　办理银行汇票结算退款程序

第 10 章

操作示范——外汇结算业务

10.1　外汇账户管理规范与示范

1. 外汇

外汇是国际汇兑的简称，是指外国（或地区）货币表示的可以用于国际结算的支付手段，即在国际债权债务结算中，作为支付手段的外国货币的汇票、支票和以外国货币表示的债权凭证等。

我国在 2008 年修订的《中华人民共和国外汇管理条例》第三条对外汇的具体内容作出如下规定。外汇是指下列外币表示的可以用作国际清偿的支付手段和资产：

1）外国货币，包括纸币、铸币；

2）外币支付凭证或支付工具，包括票据、银行付款凭证等；

3）外币有价证券，包括政府债券、公司债券、股票等；

4）特别提款权；

5）其他外汇资产。

2. 外汇账户

外汇账户是指境内机构、驻华机构、个人对外贸易经营者及个体工商户在外汇指定银行开立的可自由兑换货币的账户。

3. 汇率

汇率，又称汇价，指一国货币以另一国货币表示的价格，或者说是两国货币间的比价，通常用两种货币之间的兑换比例来表示。例如：USD/JPY=80.510，表示一美元等于 80.510 日元，在这里美元成为单位货币，日元称为计价货币。

在进行外汇折算时，由于选择计价货币的标准不同，可以分为两种标价方法，具体说明如表 10-1 所示。

表 10-1　汇率的标价方式一览表

方　法	具体说明	使用国家	举例
直接标价法	直接标价法是以一定单位（1、100、1 000、10 000）的外国货币为标准来计算应付出多少单位本国货币	中国、日元、瑞士法郎、加元等均为直接标价法	日元80.510，即一美元兑换80.510日元
间接标价法	间接标价法是以一定单位（如1个单位）的本国货币为标准，来计算应收若干单位的外国货币	欧元、英镑、澳元等均为间接标价法	欧元1.424 9，即一欧元兑0.970 5美元

10.1.1　外汇账户管理规范

外汇账户的设立和使用，应遵循以下 5 项原则，具体内容如图 10-1 所示。

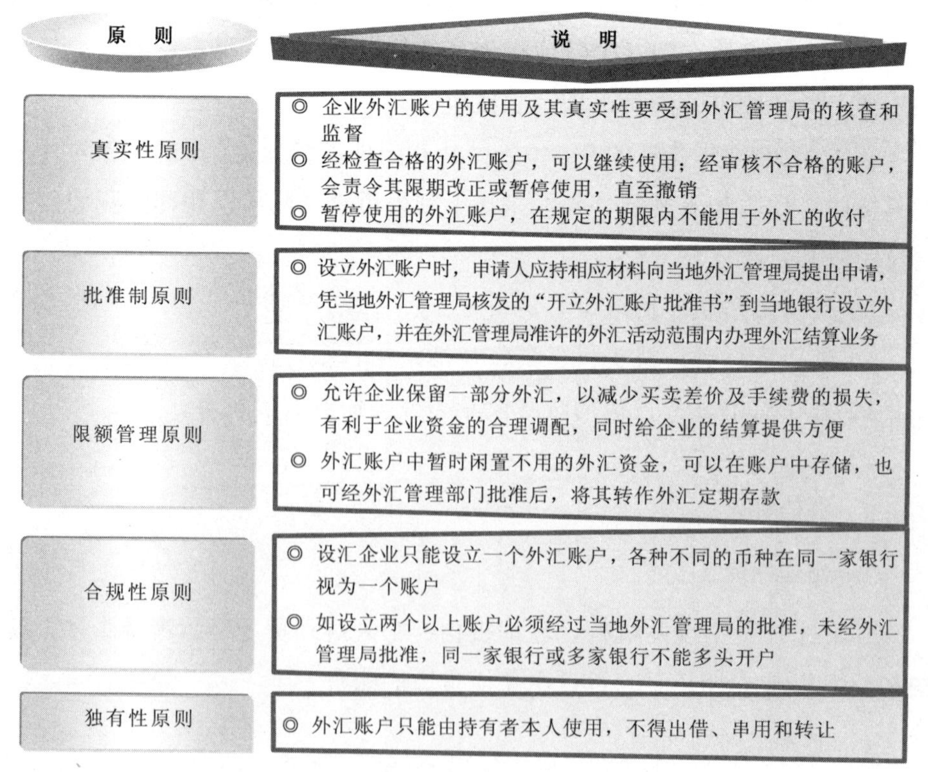

图 10-1　外汇账户设立和使用原则

1. 外汇账户开设规范

按照国家外汇管理局相关规定，外汇账户的开立应遵循下列规定。

（1）下列外汇，开户单位应首先向外汇管理局提出申请，持外汇管理局核发的《外汇账户使用证》到开户银行办理开户手续：

① 经营境外承包工程、向境外提供劳务、技术合作及其他服务业务的公司，在上述业务项目进行过程中收到的业务往来外汇；

② 从事代理对外或境外业务的机构代收代付的外汇；

③ 暂收待付或暂收待结项下的外汇，包括境外汇入的投标保证金、履约保证金、先收后支的转口贸易收汇、邮电部门办理国际汇兑业务的外汇汇兑款、一类旅行社收取的国外旅游机构预付的外汇、铁路部门办理境外保价运输业务收取的外汇、海关收取的外汇保证金、抵押金等；

④ 保险机构受理外汇风险、需向境外分保以及尚未结算的保费；

⑤ 捐赠协议规定用于境外支付的捐赠外汇。

操作规范

开户单位向外汇局申请领取“外汇账户使用证”必须持有下列材料：

◆ 申请开立账户的报告；

◆ 企事业单位持工商行政管理部门颁发的营业执照，社会团体持民政部门颁发的社团登记证，其他单位持国家授权机关批准成立的有效批件；

◆ 外汇局要求提供的其他有关材料。

外汇管理局审查同意后，发给“外汇账户使用证”，在其中注明账户的币种、收支范围、使用期限及相应的结汇方式。

（2）下列外汇，开户单位可以持下列有效凭证直接到开户银行办理开户手续：

① 外商投资企业的外汇，持外汇管理局核发的“外商投资企业外汇登记证”；

② 境外借款、发行外币债券取得的外汇，持外汇管理局核发的“外债登记证”或者“外汇（转）贷款登记证”；

③ 驻外机构的外汇，持机构设立批准部门的批准文件或者“投资意

向书”。

（3）下列外汇，开户单位须持经批准文件向外汇管理局提出申请，持外汇管理局核发的“开户通知”，然后再到开户银行办理开户手续：

① 经国家批准专项用于偿还境内外外汇债务的外汇；

② 经批准对境外法人、自然人发行股票取得的外汇。

（4）境内机构在境外开立外汇账户的，需向外汇管理局提出申请，经批准后方可在境外开户：

① 按照规定，中国境内的企业、事业单位、机关和团体应当在其注册或者在当地开户银行办理开户，需要在境内其他地区开立外汇账户的，应在当地注册或者登记所在地外汇管理局的核准文件及有关材料向开户所在地外汇管理局申请，并按照规定办理开户手续；

② 开户单位向银行办理开户手续，除了应持有上述有关材料外，同样应填制开户申请书，经银行审查同意后办理开户；

③ 境内机构在境外开立外汇账户的，须向外汇管理局提出申请，经批准后方可在境外开户。

2. 外汇账户使用规范

开户单位使用外汇账户应当严格遵循国家外汇管理的有关规定和外汇账户的收支范围，并接受开户银行的监督。具体规定如下。

① 境外借款、发行外币债券取得外汇和对境外法人、自然人发行股票取得的外汇所开立的账户其收入应严格限于该限定外汇。

② 专项用于偿还境内外外汇债务的外汇开立的账户，只能用于支付债务本息，不得用于其他支付，其账户余额不得超过下两期应当偿还的本息总额，其收付须逐笔经外汇管理局核准等。

③ 开户单位不得出租、出借或者串用外汇账户，不得利用外汇账户非法代其他单位或个人收付、保存或者转让外汇。

3. 外汇账户变更规范

开户单位由于种种原因需要变更外汇账户有关内容时，应按规定程序持有关材料向开户银行提出变更申请，经银行审查同意后办理变更手续。

按照规定，凡是应先向外汇管理局提出申请、凭外汇管理局核发的“外汇账户使用证”到银行开户的外汇账户，如开户单位需要变更账户的币种、收支范围、使用期限以及结汇方式等内容，应持相应的有关材料首先向外汇管理局提出申请，变更“外汇账户使用证”的有关内容，然后到银行去办理账户的变更手续，否则银行将不予办理。

境外借款、发行外币债券取得的外汇和经批准专项用于偿还境内外外汇债务的外汇以及经批准对境外法人、自然人发行股票取得的外汇开立的外汇账户，在变更账户的有关内容时，不得变更账户的收支范围。

4. 外汇账户撤销规范

按照规定，外汇账户使用期满或者由于其他种种原因需要撤销外汇账户时，外汇管理局按照规定对开户银行和开户单位下达“撤销外汇账户通知书”，并对该账户余额作出明确处理，限期办理撤户手续。

境内企业事业单位、机关和社会团体按照规定关闭账户时，其外汇余额全部结汇；其中属于外商投资企业外方投资者的部分，允许其转移或汇出。

账户关闭后，开户单位应当将“外汇账户使用证”、“外债登记证”和“外汇（转）贷款登记证”退回外汇管理局。

按照规定，境内机构经批准在境外开立的外汇账户，自使用到期之日起 30 日内，开户单位须向外汇管理局提出已注销境外账户说明，将余额调回境内，并提交销户清账单；需要延期使用境外账户的，须在到期前 30 天向外汇管理局提出申请和已注销境外账户说明，将余额调回境内，并提交销户清账单。

10.1.2 外汇账户业务示范

企业在外汇结算业务中，若发生汇兑损失，则将相应损失记入“财务费用——汇兑损益”的借方；若获得收益，则将相应收益记入“财务费用——汇兑损益”的贷方。

【示范 10-1】企业将外币卖给银行怎么核算？

企业将其所持有的外币卖给银行，银行按当日买入价折算成人民币付给企业。

由于“银行存款——人民币”账户是按实得人民币记账的，而“银行存款——外币”账户是按当日市场汇价或当期期初市场汇价记账的，由此产生的买入价与市场汇价的差额，记入“财务费用——汇兑损益”科目。

有些不允许开立现汇账户的企业，取得的外币收入必须及时结售给银行，从而成为外币兑换业务。

【示范 10-2】某企业以业务发生日的市场汇率作为折合汇率。2018 年 4 月 15 日出口产品，售价 1 000 美元，当日的市场汇价为\$1=￥8.31，当天收到外汇并结售给银行，银行交易价为\$1=￥8.30，企业实际收到人民币 8 300 元。

① 4 月 15 日实现销售收入时，应做的会计分录如下：

借：银行存款——外币　　8 310（\$1 000 × 8.31）

　贷：主营业务收入　　8 310

② 当日将外汇结售给银行时，应做的会计分录如下：

借：银行存款——人民币　　8 300（\$1 000 × 8.30）

　财务费用——汇兑损益　　10

　贷：银行存款——外币　　8 310

【示范 10-3】企业从银行买入外币怎么核算？

企业从银行买入外币时，银行按卖出价计算并收取人民币。

由于“银行存款——人民币账户”是按实付人民币记账的，而“银行存款——外币账户”是按当日市场汇价或当期期初市场汇价记账的，由此而产生的银行卖出价与市场汇价的差额，记入“财务费用——汇兑损益”科目。

【示范 10-4】某企业没有现汇账户，其外币业务的核算以业务发生日的市场汇率作为折合汇率。2018 年 4 月 15 日为归还一笔 1 000 美元的应付账款而向银行购入外汇，当日的市场汇价为\$1=￥8.32，银行卖出价为\$1=￥8.36，企业实际付出人民币 8 360 元。

2018 年 4 月 15 日应做的会计分录如下：

借：应付账款　　8 320（\$1 000 × 8.32）

　财务费用　　40

　贷：银行存款　　8 360（\$1 000 × 8.36）

【示范 10-5】允许开立外汇现汇账户的企业发生外币借款业务时怎样进行会计处理？

只需把所借外币按当日或当期期初的市场汇价折算成记账本位币入账即可，由此造成的“短期借款”科目借贷两方的人民币差额，在期末进行调整时一并处理。

【示范 10-6】某企业从银行借入美元 6 000 元，当日的市场汇价为$1=￥8.31。

借入美元当日应做如下会计分录：

借：银行存款——美元　　49 860

　　贷：短期借款——美元　　49 860

还款时，假设市场汇率为$1=￥8.41，则应做分录如下：

借：短期借款——美元　　49 860

　　财务费用——汇兑损益　　600

　　贷：银行存款——人民币　　50 460

【示范 10-7】不允许开立外汇现汇账户的企业发生外币借款业务时怎样进行会计处理？

不允许开立外汇账户的企业，即不能设置“银行存款——外币”账户，在归还借款时产生汇兑损益及短期借款的利息支出均计入“财务费用”科目。

【示范 10-8】某企业 2018 年 4 月 5 日从银行借入美元 8 000 元，归还应付账款，当日的市场汇价为$1=￥8.29。同年 4 月 30 日的市场汇价为$1=￥8.30。同年 5 月 25 日从银行买入外汇归还，当日的市场汇价为$1=￥8.33，银行卖出价为$1=￥8.37。则

① 2018 年 4 月 5 日借入美元时，编制会计分录如下：

借：银行存款　　66 320

　　贷：短期借款　　66 320

② 支付应付账款时，编制会计分录如下：

借：应付账款　　66 320

　　贷：银行存款　　66 320

③ 4 月 30 日对短期借款科目余额按$1=￥8.30 进行调整，编制会计分

录如下：

借：财务费用　　80（$8 000 × 0.01）

　贷：短期借款　　80

④ 5 月 25 日归还银行短期借款时，编制会计分录如下：

借：短期借款　　66 640（$8 000 × 8.33）

　财务费用　　320

　贷：银行存款　　66 960（$8 000 × 8.37）

10.2　汇款结算业务规范与示范

10.2.1　汇款结算业务规范

汇款是指付款方通过银行将应付款项汇给收款方的支付方式。

（1）汇款结算业务的当事人

一笔汇款业务有四个基本当事人：汇款人、收款人、汇出行和汇入行。

1）汇出行是指汇款人委托汇出款项的银行。

2）汇款人在委托汇出行办理汇出款时，须向其出具汇款申请书。

作为双方的契约，汇出行一经接受，便承担了按汇款人指示通过汇入行解付款项给收款人的义务。

3）汇入行是指受汇出行委托解付汇款的银行。汇出行委托汇入行解付汇款，应及时将汇款金额拨交汇入行，即进行偿付。

（2）汇款结算业务的方式

汇款可以分为信汇、电汇和票汇三种。信汇和电汇，可参考第 9 章的相关内容。

票汇是汇出银行应汇款人的申请，代汇款人开立以其国外分行或代理行为解付银行的银行即期汇票，收款人持汇票到解付银行取得款项的一种结算方式。

汇款结算的程序，如图 10-2 所示。

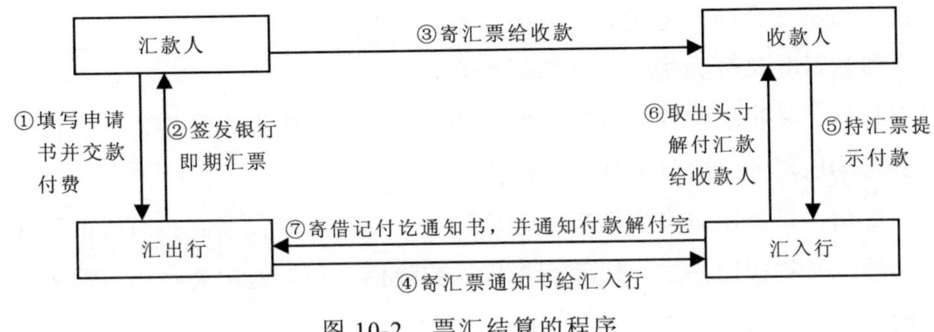

图 10-2　票汇结算的程序

在国际贸易中，汇款结算方式分为预付货款和货到付款两种。在这两种方式下，款项的支付与货物的装运顺序不同。

1. 预付货款结算业务操作规范

预付货款是指出口商要求进口商将预付的部分或全部货款通过银行汇给出口商后，出口商才装运货物。此种方式对进口商不利，因为预付货款不仅积压进口商的资金，而且进口商还要承担出口商不按照合同规定装运货物的风险。

预付货款结算业务操作规范包含下列内容。

① 企业新签约进口合同中含预付货款条款，应在合同签约之日起 15 个工作日内，办理预付货款合同登记。

② 企业应在实际发生预付货款前 15 个工作日内，办理预付货款付汇登记。

③ 已登记预付货款项下货物报关进口（或进口备案）和货物未进口发生退汇的，企业应在货物进口报关单（或进口货物备案清单）签发之日起或退汇之日起 15 个工作日内办理预付货款注销申请。预付货款额度不得超过该企业前 12 个月进口付汇额的 10%。

④ 对企业进口预付货款可付汇额度实行余额管理。

这种方式一般只适用于少数国际市场上急需的、进口商售出货物后能取得较高利润的畅销商品的进口。

2. 货到付款结算业务操作规范

货到付款是出口商先发出货物，进口商后付款的结算方式。此种方式对出口商不利，因为货到付款不仅积压出口商的资金，而且出口商还要承担进口商不按合同规定支付货款的风险。

货到付款又分为售定和寄售两种方式。

售定，是指买卖双方成交条件已谈妥，出口商先发出货物，在进口商收到货物后再通过银行汇款给出口商。

寄售，是指出口商先将货物运到国外，委托国外代理商在当地市场代为销售，货物售出去后，代理商将货款扣除佣金和其他相关费用后汇交出口商。

货到付款结算业务操作规范包含下列内容。

① 贸易进口付汇的付款人应该是进口合同或协议的买方，进口货物的经营单位或收货人。因此，代理进口货物应由代理方对外签定进口合同或协议，否则不能在银行付汇。

② 进口付汇的付款人应该是外汇局“对外付汇进口单位名录”上的单位。不在“名录”上的单位和其他属于需要“备案”的付汇，需要向银行提交由外汇局签发的“备案表”。

③ 付款人每次付汇都应填写“贸易进口付汇核销单”。

10.2.2 汇款结算业务示范

【示范 10-9】如何办理预付货款的结算业务？

进口单位财务部在办理预付货款的结算业务时，预付货款金额在等值20 万美元（含 20 万美元）以下的，可不出具保函，凭进口合同、进口付汇核销单及形式发票等相关单证直接到银行办理；预付货款金额在等值 20 万美元以上的，企业仍须出具预付货款保函，并凭进口合同、进口付汇核销单及形式发票等相关单证到银行办理购付汇手续。

【示范 10-10】企业预付货款下进口退汇结算业务如何办理？

企业预付货款项下进口退汇需经外汇局核准，财务部需提交以下材料。

① 书面申请（详细说明退汇原因）。

② 原进口合同。

③ 与退汇原因一致的相关证明材料。

④ 原预付货款对外支付凭证。

⑤ 外汇局要求的其他材料。

【示范 10-11】企业以货到付款结算方式到银行办理时，需提供哪些资料？

企业财务部需提供资料如下。

① 进口货物报关单（进口付汇专用联，即俗称的“白单”）。

② 进口购货合同或订货单。

③ 商业发票。

④ 中国电子口岸 IC 卡。

⑤ 填写境外汇款申请书（购汇支付的盖公章，外汇账户支付的盖印鉴）。

⑥ 填写“贸易进口付汇核销单”。

10.3 委托收款结算业务规范与示范

10.3.1 委托收款结算业务规范

委托收款是指债权人（出口商）出具汇票，委托银行向债务人（进口商）收取销售货款或劳务价款的一种外汇结算方式。

根据凭证传递方式的不同，委托收款可分为委邮（邮寄划回）和委电（电报划回）两种，由收款人选用。前者是以邮寄方式由付款人开户银行向收款人开户银行转送委托收款凭证、提供收款依据的方式；后者则是以电报方式由付款人开户银行向收款人开户银行转送委托收款凭证，提供收款依据的方式。

邮寄划回和电报划回的凭证均一式五联，具体说明如下。

① 第一联回单，由收款人开户行给收款人的回单。

② 第二联收款凭证，由收款人开户行作收入传票。

③ 第三联支款凭证，由付款人开户行作付出传票。

④ 第四联收款通知（或发电依据），由收款人开户行在款项收妥后给收款人的收款通知（或付款人开户行凭以拍发电报）。

⑤ 第五联付款通知，由付款人开户行给付款人按期付款的通知。

委托收款凭证的格式及填列方法，如图 10-3 所示。

委托收款凭证（交款通知） 5

委托日期××××年×月×日

委托号码：第 号

付款日期： 年 月 日

<table>
<tr><td rowspan="3">汇款单位</td><td>全称</td><td colspan="3">中国××货运公司</td><td rowspan="3">付款单位</td><td>全称</td><td colspan="2">北京××有限公司</td></tr>
<tr><td>账号</td><td colspan="3">××××××</td><td>账号</td><td colspan="2">××××××</td></tr>
<tr><td>开户银行</td><td>中国××银行××分行</td><td>行号</td><td>×××××</td><td>开户银行</td><td colspan="2">北京市×××办事处</td></tr>
<tr><td>委托金额</td><td colspan="7">人民币：壹万柒仟八佰叁拾肆元整
（大写）</td><td>小写金额
17 834.00</td></tr>
<tr><td>款项内容</td><td colspan="2"></td><td colspan="2">委托收款凭据名称</td><td colspan="2"></td><td>附寄单证张数</td><td></td></tr>
<tr><td colspan="3">备注：</td><td colspan="6">付款单位注意：
1. 付款结算办法，上列委托收款，如在付款期限内未拒付时，即视同全部同意付款，以此联代交款通知
2. 如需提前付款或多付款时，应另写书面通知书送银行办理
3. 如系全部或部分拒付，应在付款期限内另填拒付款理由书送银行办理</td></tr>
</table>

单位主管： 会计： 复核： 记账： 付款单位开户行盖章 月 日

图 10-3 委托收款凭证的格式及填列方法

1. 委托收款结算基本规定

委托收款结算不受金额起点限制，企业财务部在办理结算业务时需遵循的规定如下。

（1）委托

委托是指收款人向银行提交委托收款凭证和有关债务证明并办理委托收款手续的行为。委托收款凭证即是如前所述的按规定填写凭证，有关债务证明即是指能够证明付款到期并应向收款人支付一定款项的证明。

（2）付款

付款是指银行在接到寄来的委托收款凭证及债务证明，并经审查无误后向收款人办理付款的行为。根据《支付结算办法》的规定，银行可根据付款人的不同而在不同的时间付款，从而改变了原《银行结算办法》统一三天的付款期。

① 以银行为付款人的，银行应在当日将款项主动支付给收款人。

② 以单位为付款人的，银行应及时通知付款人，按照有关办法规定，需要将有关债务证明交给付款人的应交给付款人，并签收。付款人应于接到通知的当日书面通知银行付款，如果付款人未在接到通知日的次日起三日内通知银行付款的，视同付款人同意付款，银行应于付款人接到通知日的次日起第四日上午开始营业时，将款项划给收款人。

（3）付款人拒绝付款

付款人审查有关债务证明后，对收款人委托收取的款项需要拒绝付款的，可以办理拒绝付款。

① 付款人对收款人委托收取的款项需要全部拒绝付款的，应在付款期内填制“委托收款结算全部拒绝付款理由书”，并加盖银行预留印鉴章，连同有关单证送交开户银行，银行不负责审查拒付理由，将拒绝付款理由书和有关凭证及单证寄给收款人开户银行转交收款人。

② 付款人对收款人委托收取的款项需要部分拒绝付款的，应在付款期内出具“委托收款结算部分拒绝付款理由书”，并加盖银行预留印鉴章，送交开户银行，银行办理部分划款，并将部分拒绝付款理由书寄给收款人开户银行转交收款人。

（4）无款支付的规定

付款人在付款期满日、银行营业终了前如无足够资金支付全部款项，即为无款支付。银行于次日上午开始营业时，通知付款人将有关单证（单证已作账务处理的，付款人可填制“应付款项证明书”），在两天内退回开户银行，银行将有关结算凭证连同单证或应付款项证明单退回收款人开户银行转交收款人。

（5）付款人逾期不退回单证

开户银行应按照委托收款的金额自发出通知的第三天起，每天处以万分之五但不低于 50 元的罚金，并暂停付款人委托银行向外办理结算业务，直到退回单证时为止。

2. 委托收款结算操作程序

委托收款结算业务操作程序，如图 10-4 所示。

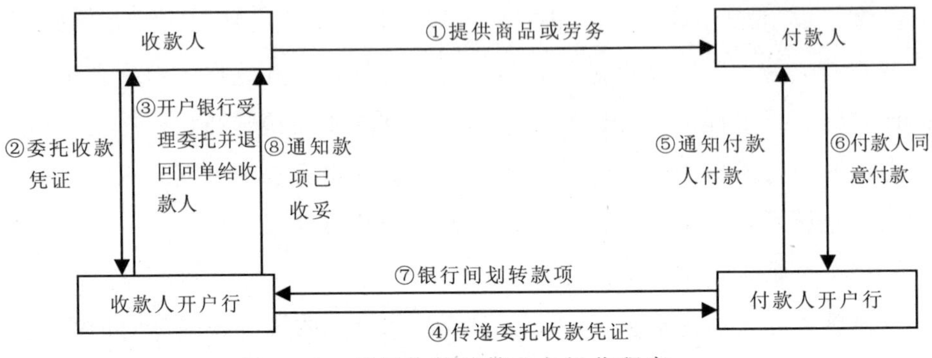

图 10-4　委托收款结算业务操作程序

3. 委托收款结算应具备的特点

委托收款具有使用范围广、灵活、简便等特点，具体说明如下。

① 从使用范围来看，凡是在银行和其他金融机构开立账户的单位和个体经济户的商品交易、劳务款项以及其他应收款项的结算都可以使用委托收款结算方式。

② 委托收款不受金额起点的限制。凡是收款单位发生的各种应收款项，不论金额大小，只要委托银行就给办理。

③ 委托收款不受地点的限制，在同城、异地都可以办理。

④ 委托收款有邮寄和电报划回两种方式，收款单位可以根据需要灵活选择。

⑤ 委托收款付款期为三天，凭证索回期为二天。

⑥ 银行不负责审查付款单位拒付理由。

10.3.2　委托收款结算业务示范

【示范 10-12】委托收款结算方式下，付款单位拒绝付款时，付款单位应如何处理？

付款单位收到开户行转来的收款行寄来的“委托收款凭证”后，经审查相关凭证，拒绝付款的，应在付款期内出具“委托收款结算全部或部分拒绝付款理由书”，并在“付款人盖章”处加盖本单位公章，注明拒付日期。连同开户银行转来的有关单证送开户银行。

【示范 10-13】委托收款结算方式下，付款单位拒绝付款时，收款单位应如何处理？

收款单位收到开户行转来的“委托收款凭证”及“委托收款结算全部或部分拒绝付款理由书”后应立即与付款单位取得联系，协商解决办法。

【示范 10-14】某工业企业销售一批商品 10 000 元，其销项税金为 1 300 元，该企业在银行办理了委托收款业务，其手续费为 2%。

① 该单位在办妥委托收款手续后，根据银行盖章退回的回单联，编制会计分录如下。

借：应收账款——××单位　　11 300

　　贷：主营业务收入　　10 000

　　　　应交税费——应交增值税（销项税额）　　1 300

② 对于银行按规定收取的手续费，应根据收费凭据编制现金付款凭证，编制会计分录：

手续费计算公式为：11 300×2%=226（元），该手续费以银行存款形式支付。

借：财务费用　　226

　　贷：银行存款　　226

③ 该单位收到银行转来的收款通知单后，编制会计分录如下。

借：银行存款　　11 300

　　贷：应收账款　　11 300

10.4 信用证结算业务规范与示范

10.4.1 信用证结算业务规范

信用证是指开证银行应申请人的要求并按其指示向第三方开立的载有一定金额的，在一定期限内凭符合规定的单据付款的书面保证文件。信用证是国际贸易中最主要、最常用的支付方式。

由于信用证结算方式以银行信用作为保障，对出口商来说安全收汇有了保证，而对于进口商来说在它付款后肯定能取得货运单据并据此取得货物，因而在进口贸易结算中同样是使用广泛的结算方式。

1. 进口企业信用证结算业务操作程序

（1）进口商向本国银行申请开立信用证

进口商开立信用证之前，应当先和出口商签订贸易合同。进口商按合同的规定向银行提交开证申请。

（2）进口国银行开立信用证

（3）出口国银行收到通知，转递或保兑信用证

出口国银行收到进口国银行开立的信用证后，将信用证原本或副本一份通知或转递给出口商。出口商收到信用证后，如果觉得开证行资历不足，可要求开证行找一家它所熟悉的银行进行保兑，这家保兑行通常是通知行。

（4）出口国银行议付及索汇

出口商收到信用证后，经与合同核对无误后，便可确定船期，备货装船出口，并备齐信用证所需要的各种单据，然后签发以开证行为付款人的汇票，在信用证的有效期内向出口国银行请求议付。

议付行对出口商交来的单据审核无误后，将汇票金额扣除利息和手续费后，付给出口商。

议付行将一套单据寄给开证行、付款行或偿付行，进行索汇。

开证行收到议付行交来的单据后，与信用证条款核对无误后，应将票款偿还给议付行。若单据与信用证要求不符合，开证行应立即拒付退单，否则即认为默认接受。

（5）进口商赎单提货

开证行将货款偿还给议付行后，即可通知进口商备款赎单（若进口商发现单证不符，即可拒绝赎单），赎单后，进口商凭单据向轮运公司提货。

2. 出口企业信用证结算业务操作程序

（1）备货

出口企业在与国外进口商签订出口合同之后，应当按照出口合同的规定，及时组织货物的生产和采购，按时、按质、按量地准备好供出口的货物。

（2）催证

在实际交易过程中，进口商往往会因为资金短缺或者其他各种原因拖延开立信用证。出口企业的财务部门应当经常检查出口合同的履行情况，

一旦发现对方未按合同规定及时开立信用证，应通知有关部门催促对方及时办理开证手续，必要时可以请我国驻外机构或有关银行协助催证。

（3）审证

外商按照合同规定向当地银行（开证行）申请开证，开证银行开出信用证后，将其寄交给出口企业所在地分行或代理行（即通知银行）。

通知银行（出口企业所在地分行或代理行）收到开证银行开立的信用证后，首先核对印鉴（用信函开立的信用证）或密押（电报开立的信用证），核对无误后对信用证具体内容进行审核（即银行审证）。银行审证重点放在考察议付、索付方面，包括开证银行的资信能力、付款责任以及索汇路线等。审核无误后，缮制信用证通知书连同信用证正本，通知受益人。

出口企业财务部门收到银行转来的信用证后，应会同有关业务部门结合出口合同对信用证内容进行审核（企业审证）。

（4）改证

出口企业审核信用证之后，如发现有影响出口合同的履行和安全收汇因而需要修改的地方，可采用电报或电传等通知国外进口商，通过他要求其开证银行进行修改。

（5）装运、报关、投保

出口公司在审核信用证无误后，应及时按合同规定办理发货、报关、投保等手续。

① 装运。

出口公司办理装运一般先填写托运单，经承运人签字后作为运输合同，然后由承运公司签发装货单，出口公司发货装船，装船后由船长或大副签发收货单，出口公司据以交付费用，换回正式提单和运费收据。

② 报关。

出口企业在货物装船出运前，必须办理报关手续，报关时必须提供出口合同、发票、装箱单、商品检验证书以及装货单等。凡是需要交纳出口关税的，还需交纳出口关税。

③ 投保。

出口企业在货物装船前，必须向保险公司办理货物运输保险，并支付保险费用。办理投保手续后，由保险公司签发保险单，并出具保费收据。

企业财务部门根据保险收据编制银行存款付款凭证。

（6）制单和审单

① 制单。

在信用证结算方式下，单据起着十分重要的作用。开证银行的付款保证是以单证相符、单单相符为前提的，如果出口企业提交的单据与信用证不符或者单据与单据之间不一致，那么开证银行就有权拒绝付款。因此，出口企业在货物装运之后，应按照信用证的要求，正确缮制各种单据，如汇票、商业发票、海关发票、领事发票、厂商发票、装箱单和重量单等，以便向银行议付结汇。

② 审单。

出口企业在编制各种单据后，应当进行审核，以保证单证之间、单单之间相符。

（7）结汇

出口企业在缮制和审核完各种单据后，应在信用证规定的交单有效期内，将单据递交银行办理议付结汇手续。结汇有受托结汇、出口押汇和定期结汇三种方式。

① 受托结汇。

受托结汇是指国内议付行收到出口公司的各种单据后，首先进行审核，审核无误后将单据交开证银行（如有偿付银行则将单据交偿付银行），开证银行审核无误后，立即付款或授权偿付银行对国内议付银行付款。国内议付行收到开证银行（或偿付银行）将货款拨入议付银行账户的贷记通知书后，立即将货款结给出口企业。

② 出口押汇。

出口押汇又称买单结汇，是指国内议付银行收到企业交来的单据并经审核无误后，不等收到国外开证银行付款就先行将货物扣除利息和有关费用后折成人民币给出口企业。

③ 定期结汇。

定期结汇是指出口企业和国内银行达成协议，根据以往寄单收汇的经验和规律，预先确定一个固定的结汇期限，即出口企业向银行交单若干天以后，不管银行是否已经收到开证银行或偿付银行支付的货款，主动将款项支付给出口企业。

对于出口企业来说，定期结汇可以掌握收汇时间，合理地安排资金周转，而且不用像出口押汇那样向银行支付利息。其核算方法与受托结汇的核算是一样的。

10.4.2 信用证结算业务示范

【示范 10-15】企业开立信用证需提供哪些资料？

企业开立信用证时，需要提供以下资料。

① 货物的购销合同。

② 备案表（如果该公司已经在外管名录中就不需要）。

③ 免税证明（如果是设备需要，如果进口原材料就不需要）。

④ 外经委的批文（如果是设备需要，如果进口原材料就不需要）。

⑤ 进口许可证（按进口商品确定是否需要）。

⑥ 如是代理开证需要代理协议。

⑦ 到银行领取开证申请书、购付汇申请书、付汇详情表。

⑧ 企业的营业执照和在银行预留的印鉴。

⑨ 保证金合同、开证合同等相关的合同文本。

10.5 保函结算业务规范与示范

10.5.1 保函结算业务规范

保函是指银行、保险公司、担保公司或个人（即保证人）应申请人的请求，向受益人开立的一种书面保证凭证，保证对申请人的债务或应履行的义务承担赔偿责任。

1. 保函结算业务操作规定

保函结算业务操作规定如下所述。

① 保函中应当列明当事人的完整名称和详细地址，其中保证人的地址尤为重要，因为保函通常是受开立地的法律约束的。

② 保函中必须明确规定为交易双方的哪一项交易提供担保。如果交易双方的义务是根据双方签订的合同确定的，保函则应列明合同号、合同签订日期、签约双方的名称，以及保证人的名称等。

③ 保函的主体是保函中保证人向受益人所承担责任的条款。其中，担保金额是最关键，因为它是保证人责任的限度，通常是受益人的索偿金额。担保金额不一定是具体的金额，也可以是交易金额或合同金额的一定比例。

④ 保函应有明确的有效期。保函的有效期一般指收到受益人索偿文件的最后期限。有效期限一过，保证人的责任便解除了。

⑤ 保函终止到期日的规定为：如保证人在终止到期日以前未接到受益人的索偿文件，则保函自动失效；如发生索偿，受益人按保函规定应享有的权利已得到充分满足而索偿了结时，保函即告终止。保函终止后受益人应将保函退还给保证人。

2. 保函结算业务操作程序

办理保函结算的操作程序如下所述。

（1）申请出保

保函申请人要求银行出具保函，一般应进行以下三个步骤。

① 写保函申请书。

② 提交抵押金。

保函申请人，通过银行、保险公司、担保公司或保证人向受益人开立保函凭证时，必须提供一定的抵押金。

③ 提交相关文件。

保函申请人申请开具保函时，还应该提交其他相关的文件，如标书、合同、有关的契约、协议等，以便银行对拟担保的交易或项目进行审查，并以此做出是否接受申请及收取抵押金的比例，同时也便于担保人据此对所开立的保函格式进行审查。

（2）银行签发保函

在企业提交保函申请书及其他相关文件后，作为企业担保人的银行，还要对申请人的资信情况、财务状况、反担保措施等进行详尽的审查。企业财务人员应该了解银行的操作程序。

① 审查抵押和反担保措施。

为防止出现申请人因资金短缺无法偿付或破产倒闭的风险，银行在签发保函前必须根据保函本身的风险大小，有效期长短，受益人所在国别的不同及项目的具体情况，对抵押资金、抵押物品或其他反担保措施进行审查。

② 评估项目可行性，审查项目效益。

担保行对项目的审查一般从 5 个方面进行。

A. 卖方或业主方的资信状况、经营作风，以及以往的履约情况。

B. 项目支付的资金来源、买方的财务状况、资产负债情况等。

C. 合同结算方式、支付担保形式、信用证开立行的资金及能力，支付使用的货币及汇率情况。

D. 项目所在国或地区的地理位置、经济条件、外汇管制等。

E. 项目所需资金的来源及投入、预支情况等。

③ 审查保函申请书。

担保行对保函申请书的审查要点如下。

A. 结合有关的合同、协议及标书的要求，审核申请书的内容是否正确。

B. 结合保函格式的内容及保函条款来审查保函申请书中责任划分是否合理明确，申请人所作的偿付承诺是否确定、清楚，是否与担保行对外签发的保函承担的义务相同等。

④ 开具保函。

对上述各项审查结束后，银行即可按照申请企业的要求开具保函。

（3）通知或转开保函

保函的开放有直开、转开、直开后加保及背书等多种形式。在实际业务中，担保人和受益人往往处于不同国家，因此，这几种方式都需要借助于受益人所在地银行通知或转开；那么，这些银行相应地成为通知行或转开行，这些银行受委托行的指示履行责任和义务，并向委托行收取费用。

（4）索赔和理赔

① 受益人提出索赔时，应以保函的文字为准，根据保函格式的规定

准备相应的索赔文件，提交保函所要求的单据向担保行要求索赔。

② 保函的索赔之所以向担保人提起索赔，这是由于保函项下不存在由担保行之外的第三者议付的可能。

③ 任何索赔都必须在保函的有效期内，如果过了有效期，担保行有权拒绝接受和受理。

（5）追索

申请企业担保行对其具有下列追索权：

① 要求申请人调拨资金予以偿付；

② 扣划申请人在担保行所开立的往来账户或保证金；

③ 变现申请人事先抵押的财物、票据等有价证券；

④ 申请人一时无力支付时，将所垫款项转为申请人的贷款，并在将来收回本息，将风险转嫁。

（6）撤销保函

一般来讲，保函到期，可以撤销。需要注意的是，有些国家的法律法规，在保函过期后，只要受益人提出索赔，担保人仍有义务受理并付款。因此，开往这些国家的保函，担保人应该注意撤销保函后，尽快收回保函正本，以避免纠纷。

10.5.2 保函结算业务示范

【示范 10-16】企业如何办理银行保函结算业务？

企业财务部办理银行保函结算业务手续，如下所述。

① 申请人填写“开立保函申请书”并盖章。

② 提供保函的背景资料，包括合同、有关部门的批准文件。

③ 提供企业近期财务报表和其他有关证明文件。

④ 落实银行接受的担保，包括缴纳保证金、质押、抵押、第三者信用担保或以物业抵押或其他方式做担保，授信开立等。

⑤ 由银行审核申请人资信情况、履约能力、项目可行性、保函条款及担保、质押或抵押情况，可对外开出保函。

10.6 异地托收承付结算业务规范与示范

10.6.1 异地托收承付结算业务规范

托收承付结算是指根据购销合同由收款人发货后委托银行向异地购货单位收取货款，购货单位根据合同核对单证或验货后，向银行承认付款的一种结算方式。

企业财务部在办理异地托收承付结算业务时，一般遵循下列操作程序。

1. 发出商品

企业财务人员在办理异地托收承付结算的款项时，必须检查发出的商品及商品的交易是否满足下列5个条件。

① 异地托收承付结算只能在异地使用，不能在同城使用。

② 办理结算的款项必须是商品交易，以及因商品交易而产生的劳务供应的款项。代销、寄销、赊销商品的款项，不得办理异地托收承付结算。

③ 收付双方使用托收承付结算必须签有符合《合同法》的购销合同，并在合同上注明使用异地托收承付结算方式。

④ 收付双方办理托收承付结算，必须重合同、守信用。

⑤ 收款人办理托收，必须有商品确已发运的证件（包括铁路、航运、公路等运输部门签发的运单、运单副本和邮局包裹回执等）。

2. 委托收款

收款人委托银行收取款项，应办理如下托收手续。

① 填写凭证。收款人办理委托收款，应向开户银行填写委托收款凭证。

② 银行审查。收款人开户银行对凭证进行审查办理托收手续。

③ 编制凭证。收款单位财务部根据银行盖章退回的委托收款凭证第一联回单和发票等有关原始凭证，按照有关业务性质编制记账凭证。

3. 传递凭证

收款人开户银行对托收凭证审查无误后，应作如下处理。

① 将邮划或电划第二联托收凭证专夹保管，并登记发出托收结算凭证登记薄。

② 将邮划或电划第三、四、五联托收凭证连同交易单证，一并寄交付款人开户行。收款人开户行如不办理全国或省辖联行业务，向付款人开户行直接发出托收凭证的，均应在托收凭证的“备注”栏加盖“款项收妥请划收××（行号）转划我行”戳记，以便付款人开户行向指定的转划行填发报单。

4. 通知付款

付款人开户行接到托收凭证后，应通知付款人承付。

5. 承认付款

付款单位办理付款手续如下。

① 付款单位财务人员收到其开户银行转来的托收承付结算凭证第五联及有关发运单证和交易单证后，应按规定立即登记“异地托收承付付款登记薄”和“异地托收承付处理单”。财务人员在登记时，应逐项认真地登记托收单号、收单日期、收款单位名称、托收款项内容、托收金额等各项内容。

② 财务人员填写完毕，将托收承付结算凭证及发运单证和交易单证交国家相关职能部门审查。国家相关职能部门主要审查其价格、金额、品种、规格、质量、数量等是否符合双方签订的合同的规定，并出具“全部承付”、“部分拒付”或“全部拒付”的意见。如为验货付款的还应将有关单证和实际收到的货物作进一步核对，并出具处理意见。

③ 付款单位收到银行发出的承付通知后，在承付期内未向银行表示拒付货款的，银行视作承付处理，在承付期满的次日将款项按收款单位指定的划款方式划给收款单位。

④ 付款单位承付托收款项后，应当根据托收承付结算凭证第五联及有关交易单证编制银行存款付款凭证。

6. 划拨款项

开户行通知付款且付款人承认付款后，付款人开户银行和收款人开户银行之间进行款项的划拨。

7. 处理拒绝付款

拒绝付款应按照下列步骤进行。

（1）填写“拒绝付款理由书”

付款单位拒付款时，应在“拒绝付款理由书”上注明拒绝付款的理由，并加盖单位公章，涉及合同的应引证合同上的有关条款，属于商品质量问题的，需要提供商品检验部门的检验证明；属于商品数量问题的，需要提供数量问题的证明及其有关数量的记录；进口商品，还应当提供国家商品检验或运输等部门出具的证明，一并送交开户银行。

（2）付款单位开户行审查

经审查，开户行认为拒付理由成立，同意拒付的，在“拒绝承付理由书”上签署意见，在第一联“拒绝承付理由书”加盖公章作为回单（完全拒付）或支款通知（部门拒付）退给付款单位。同时将“拒绝承付理由书”与有关证明材料、托收凭证、交易单证（全部拒付）及拒付商品清单（部分拒付）等邮寄给收款单位开户银行，由其通知收款单位。

（3）付款单位编制凭证

付款单位收到银行盖章退回的“拒绝承付理由书”后，应当区分下列三种情况，具体内容如下所示。

① 若是全部拒付的，由于没有引起其资金的增减变动，因而无须进行会计处理，只需将“拒绝承付理由书”妥善保管，并在“托收承付付款登记薄”中对拒付情况加以登记即可。

② 若在拒付时，收款单位发出的商品、物资已经收到，应在“代管物资登记薄”中对收到的货物进行详细登记。

③ 若付款单位实行部分拒付，应根据银行盖章退回的“拒绝承付理由书”，按照部分承付金额编制银行存款付款凭证。

10.6.2 异地托收承付结算业务示范

【示范 10-17】付款人在承付期内有哪些情况，可以提出全部或部分拒付货款？

付款人在承付期内有下列情况时，可提出全部或部分拒绝付款。

① 没有签订购销合同或未注明异地托收承付结算方式购销合同的款项。

② 未经双方事先协议，销货企业提前或逾期交货购货企业不再需要该项货物的款项。

③ 未按合同规定的到货地址发货的款项。

④ 代销、寄销、赊销商品的款项。

⑤ 验单付款、发现所列货物的品种、规格、数量、价格与合同规定不符，或货物已到，经查验货物与合同规定或发货清单不符的款项。

⑥ 验货付款，经查验货物与合同规定或与发货清单不符的款项。

⑦ 货款已经支付或计算有错误的款项。

第 11 章

操作示范——出纳工资发放业务

11.1 核算工资规范与示范

11.1.1 核算工资规范

工资是指基于劳动关系，用人单位根据劳动者提供的劳动数量和质量，按照法律规定或劳动合同约定，以货币形式直接支付给劳动者的劳动报酬。

1. 工资总额构成

工资总额的构成，包括以下 6 个部分。

（1）计时工资

计时工资是指根据职工不同的职务、不同的工种及工资等级，在一定时间（月、日、小时）按照每个人的实际工作时间，支付给职工的工资数额。

① 对已做工作按计时工资标准支付的工资。

② 实行结构工资制的单位支付给职工的基础工资和职务（岗位）工资。

③ 新参加工作职工的实习工资。

④ 运动员体育津贴等。

（2）计件工资

计件工资是指根据规定的计件单位，按每个人（或班组）完成的合格产量支付给职工的工资数额。它能比较准确地反映出劳动者实际付出的劳动量。

① 实行超额累计计件、直接无限计件、限额计件、超定额计件等工资制，按劳动部门或主管部门批准的定额和计件单价支付给个人的工资。

② 按工作任务包干方法支付给个人的工资。

③ 按企业营业额提成或利润提成办法支付给个人的工资。

（3）经常性奖金

经常性奖金是指为了鼓励职工的生产积极性，更好地完成生产、技术、经济工作，给予职工的一种奖励。它是工资的补充形式，是与本企业生产经营活动有直接联系的劳动报酬，应直接记入当期产品成本。至于对有特殊贡献的职工颁发的一次性奖金（如对创造发明、技术改造等支付的奖金），则不包括在工资总额之内。具体包括如下内容。

① 生产奖。

② 节约奖。

③ 劳动竞赛奖。

④ 机关、事业单位的奖励工资。

⑤ 其他奖金等。

（4）工资性津贴和补贴

① 津贴是指为了补偿职工特殊或额外的劳动消耗和其他特殊原因支付给职工的津贴。

② 补贴是指为了保证职工工资水平不受物价影响支付给职工的物价补贴。

（5）加班加点工资

加班加点工资是指按规定支付的加班工资和加点工资。

（6）特殊情况下支付的工资

按国家法令规定，在非正常工作情况下或暂时离开工作岗位时支付给职工的工资，如病、伤、产、婚、丧、探亲假期的工资，女工哺乳期间的工资，派出学习但仍算本单位编制内的工作人员的工资，出席各种会议、因公脱产时间的工资等。

① 根据国家法律、法规和政策规定，因病、工伤、产假、计划生育假、婚丧假、事假、探亲假、定期休假、停工学习、执行国家或社会义务等原因按计时工资标准或计时工资标准的一定比例支付的工资。

② 附加工资、保留工资。

上述计时工资、计件工资，通称基本工资，是指职工在一定时间的劳动报酬。非工作时间的工资、津贴，称为辅助工资。

2. 工资核算依据

企业应当设置“应付职工薪酬”账户，用来反映企业与职工有关工资结算的情况。贷方反映应付职工的工资额，借方反映实付额，期末结转完未领工资后，账户无余额。

（1）正常上班工资核算规范

① 每月的计薪日为21.75天，计算方法如下。

$$\frac{365-52\times 2}{12}=21.75\text{（天）}$$

② 每月的制度工作日为20.83天，计算方法如下。

$$\frac{365-52\times 2-11}{12}=20.83\text{（天）}$$

所以，应付工资总额计算公式如下。

$$\text{应付工资总额}=\text{工资标准}\times\frac{\text{（实际出勤天数＋可享受的节假日天数）}}{\text{（应出勤天数＋可享受的节假日天数）}}+\text{加班工资}$$

其中，$\text{加班工资}=\frac{\text{加班工资计算基数}}{21.75}\times\text{加班天数}\times\text{法定倍数}$

知识链接

- ◆ 计薪日计算依据：一年按365天计算，减去（52个星期，每星期休息2天），之后除以12个月，就算出每月的计薪日。
- ◆ 制度工作日计算依据：一年按365天计算，减去（52个星期，每星期2天休息），再减去11天法定休假，之后除以12个月，就算出每月的制度工作日。

◆ 关于加班工资计算基数的说明：若合同约定月工资的，约定的月工资就是加班工资的计算基数；若合同没有约定月工资的，按正常出勤月工资的70%确定加班工资的计算基数。

（2）休息日加班工资核算规范

根据相关规定，在休息日安排劳动者加班的用人单位，可以给劳动者安排补休而不支付加班工资；若不安排补休的，则应当按照不低于劳动者本人日或小时工资的200%支付加班工资。休息日加班工资计算如下。

$$休息日加班工资=\frac{加班工资的计算基数}{21.75}\times 200\%$$

（3）节假日加班工资核算规范

根据相关规定，在节假日期间安排劳动者加班的用人单位，应按照不低于劳动者本人日或小时工资的 300%支付加班工资，不得以调休等方式代替。法定节假日加班工资计算如下。

$$法定节假日加班工资=\frac{加班工资的计算基数}{21.75}\times 300\%$$

11.1.2 核算工资示范

【示范 11-1】假定某月应出勤的工作日为 22 天（该月无可享受的节假日），员工丁某合同约定工资为 3 000 元，该员工本月请假 3 天，且没有加班，计算该员工本月应得的工资是多少？

分两种情况考虑。

① 若该公司按照实际出勤天数，计算工资如下。

$$丁某本月工资=\frac{3000}{22}\times(22-3)=2591（元）$$

② 按公司按照计薪日，计算工资如下。

$$丁某本月工资=\frac{3000}{21.75}\times(22-3)=2621（元）$$

工资计算所得额采用四舍五入法。

【示范 11-2】员工丙在本月的每周六加班一天（8 小时），共加班 4 天，合同约定工资为 3 500 元，计算丙在本月的加班工资是多少？

丙某的甲班工资计算如下。

$$丙每周六的加班工资=\frac{3500}{21.75}\times 200\%=322（元）$$

所以，丙本月的加班工资 = 322 × 4 = 1288（元）。

【示范 11-3】员工甲某在 1 月 1 日，加班一天（8 小时），甲某的合同约定工资为 2 700 元，则甲某的加班费为多少元？

甲某的甲班费计算如下。

$$甲某的加班费=\frac{2700}{21.75}\times 300\%=372（元）$$

11.2 发放工资规范与示范

11.2.1 发放工资规范

1. 发放工资规定

企业发放工资，必须遵照以下 7 条规定进行。

（1）工资应当以法定货币支付，不得以实物及有价证券替代货币支付

我国《劳动法》及《工资支付暂行规定》中有明确规定，工资应当以货币形式按月支付给劳动者本人。不得以实物及有价证券替代货币支付。

（2）企业应将工资支付给劳动者本人

劳动者本人因故不能领取工资时，可由其亲属或委托他人代领。企业可委托银行代发工资。

企业必须书面记录支付劳动者工资的数额、时间、领取者的姓名以及签字，并保存两年以上备查。企业在支付工资时应向劳动者提供一份其个人的工资清单。

（3）工资必须在企业与劳动者约定的日期支付，且日期应固定

支付工资的日期应固定。企业应当每月至少支付一次工资。实行周、日、小时工资制的可按周、日、小时支付工资。支付工资的具体日期由企业与劳动者约定。

如遇法定休假节日或休息日，通过银行发放工资的，不得推迟支付工资；直接发放工资的，应提前支付工资。

（4）依法解除劳动合同时的工资给付

劳动关系双方依法解除或终止劳动合同时，企业应在解除或终止劳动合同时一次付清劳动者工资。

（5）劳动者依法参加社会活动期间的劳动给付

劳动者在法定工作时间内依法参加社会活动期间，企业应视同其提供了正常劳动而支付工资。社会活动包括：

① 依法行使选举权或被选举权；

② 当选代表出席乡（镇）、区以上政府、党派、工会、青年团、妇女联合会等组织召开的会议；

③ 出任人民法庭证明人；

④ 出席劳动模范、先进工作者大会；《工会法》规定的不脱产工会基层委员会委员因工会活动占用的生产或工作时间；

⑤ 其他依法参加的社会活动。

（6）劳动者依法享受假期的工资给付

劳动者依法享受年休假、探亲假、婚假、丧假期间，企业应按劳动合同规定的标准支付劳动者工资。

（7）企业不能随便扣除离职员工的工资

凡是需要停发或扣发劳动者工资时，都必须有可靠的法律依据才行。否则，就是对劳动者工资权益的侵犯，企业应承担违法责任。

2. 发放工资程序

企业工资发放操作程序，如图 11-1 所示。

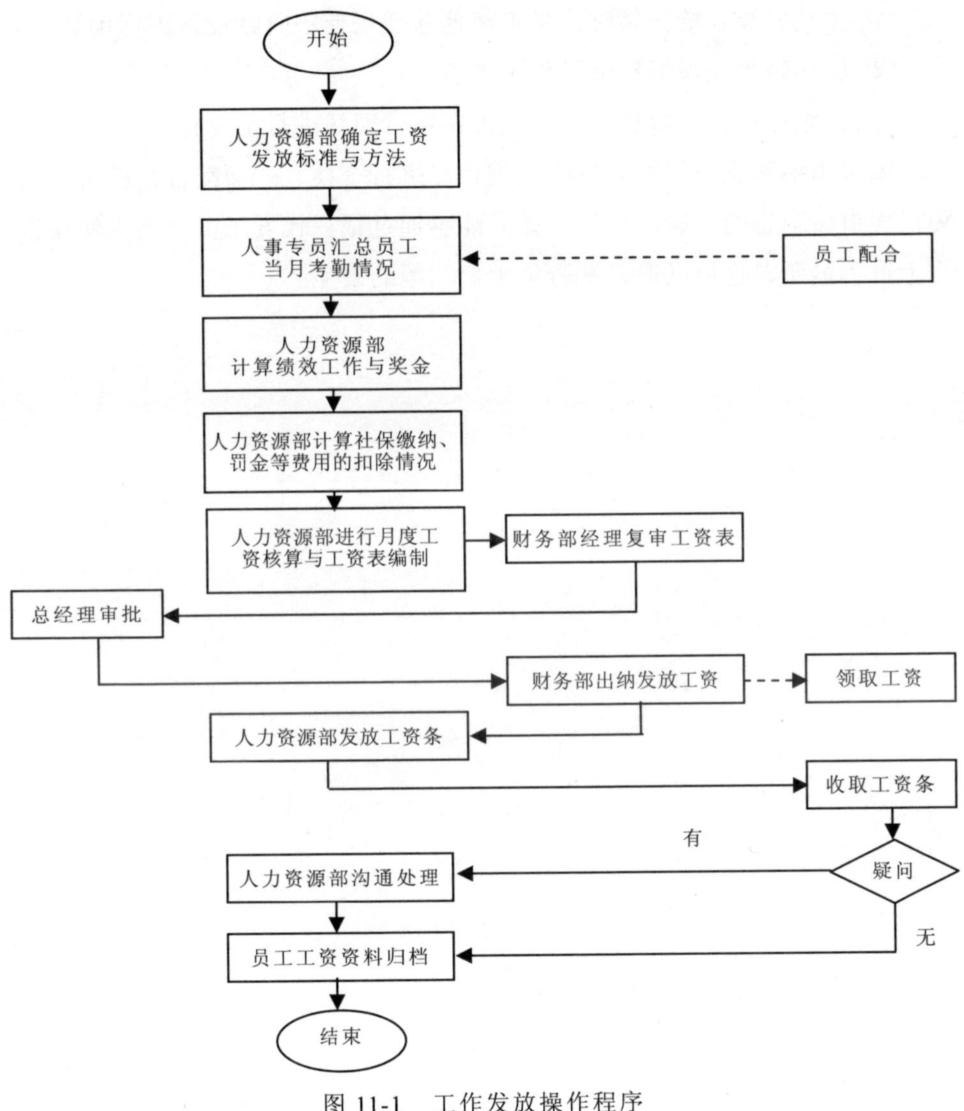

图 11-1 工作发放操作程序

11.2.2 发放工资示范

【示范 11-4】职工王某用刚发的工资去超市购物，在结账时超市收银人员说有假币。王某觉得从单位领取完钱就直接去了超市，怎么会有假币？转天王某找到出纳李某，出纳李某觉得从银行取款后就直接发给员工了，怎么会有假币？双方谁都认为自己是无辜的，谁也不愿意承担责任。

在【示范 11-4】中，存在以下几个环节的漏洞，应当汲取教训。

① 出纳将钱发给王某时，是否请他在现场使用验钞设备进行确认。

② 出纳是否在现场提供了验钞设备。

③ 出纳在银行提取现金时，是否在银行现场进行了复验。

如果出纳和王某都能够按照正规程序进行交换，全面配合，就可以避免出现事后隐患的问题。另外，如果能够通过银行代发工资，员工使用银行卡进行消费，也可以很好地避免类似问题的发生。

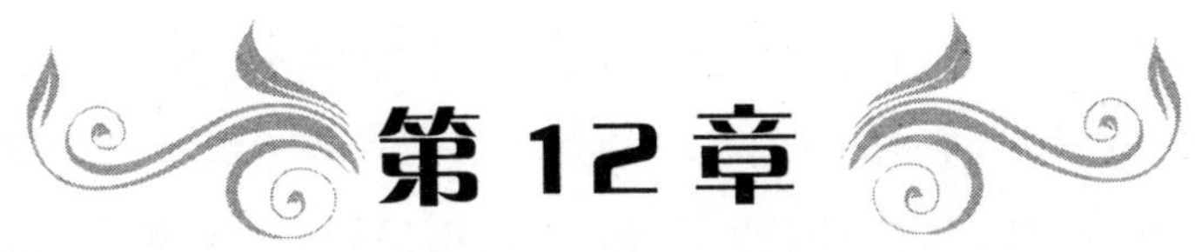

第 12 章

操作示范——办理税务业务

12.1 税务申报规范与示范

1. 税收概述

税务局是主管税收工作的政府机构。2018 年 3 月，根据中共中央印发的《深化党和国家机构改革方案》，改革国税地税征管体制。为降低征纳成本，理顺职责关系，提高征管效率，为纳税人提供更加优质高效便利服务，将省级和省级以下国税地税机构合并，具体承担所辖区域内各项税收、非税收入征管等职责。为提高社会保险资金征管效率，将基本养老保险费、基本医疗保险费、失业保险费等各项社会保险费交由税务部门统一征收。国税地税机构合并后，实行以国家税务总局为主与省（自治区、直辖市）政府双重领导管理体制。国家税务总局要会同省级党委和政府加强税务系统党的领导，做好党的建设、思想政治建设和干部队伍建设工作，优化各层级税务组织体系和征管职责，按照“瘦身”与“健身”相结合原则，完善结构布局和力量配置，构建优化高效统一的税收征管体系。

2018 年 6 月 15 日上午，按照党中央、国务院关于国税地税征管体制改革的决策部署，在前期做好统一思想、顶层设计、动员部署等工作的基础上，全国各省(自治区、直辖市)级以及计划单列市国税局、地税局合并且统一挂牌，标志着国税地税征管体制改革迈出阶段性关键一步。自此，纳税人不需要跑两个地方交税，不需要接待两个税务局的检查，不会接受两个税务机关的培训。网上报税也由原来的国税、地税和金税三期，改成进一个网站（**省电子税务局）就可以申报以前分别在国税和地税申报的全部税种。

根据税法规定，企业缴纳的税主要包括：增值税、消费税、关税、所得税（企业所得税和个人所得税）、印花税、房产税、城市维护建设税、教育费附加、地方教育费附加、资源税、土地增值税、车辆购置税、车船税、契税、城镇土地使用税等。

所得税的申报时间为月份或季度终了15日内。所得税的征收采用按年计征，分月或分季度预缴，年度汇算清缴，多退少补。

2. 申报示范

【示范12-1】一般纳税人如何到税务局办理增值税申报业务？

一般纳税人到税务局办理增值税申报业务时，必须实行电子信息采集。使用防伪税控系统开具增值税专用发票的纳税人必须在抄报税成功后，方可向所在地税务局办税服务大厅进行纳税申报或从网上直接申报。

网上申报纳税时，纳税人打开电子税务局，点击右上角“登录”，见图12-1，进入页面后输入纳税人识别号（三证合一）、密码和短信验证码，点击“登录”，见图12-2，在办税桌面，点击“申报缴税”，见图12-3。网页左侧会列示出需要申报的表格，增值税纳税申报表（一般纳税人适用）无需填写，填写增值税纳税申报表附列资料（表一）、（表二）、（表三）、（表四）后，数据自动汇总到主表中。

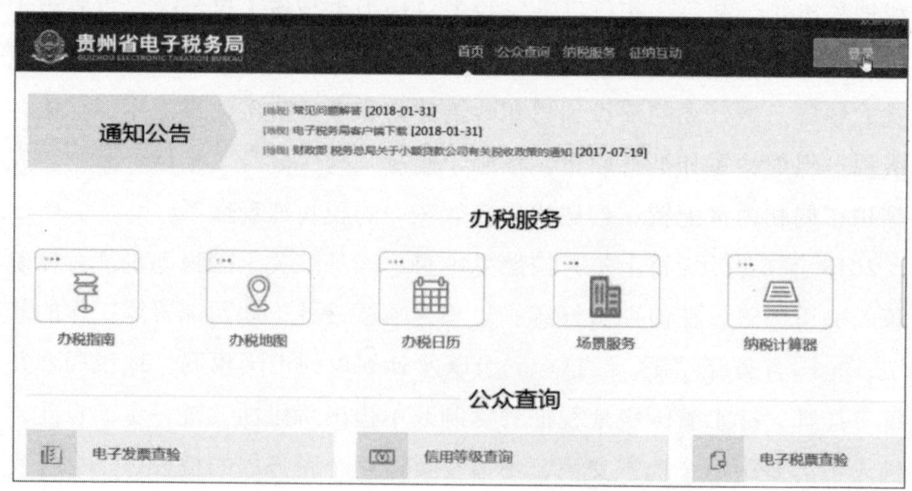

图12-1　电子税务局登录首页

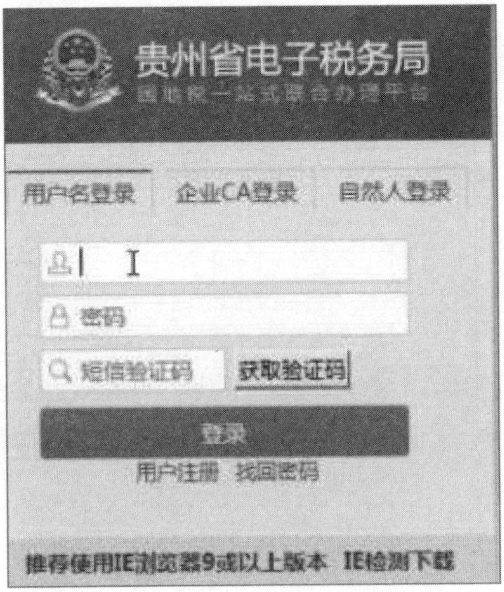

图 12-2　电子税务局用户登录界面

图 12-3　电子税务局申报缴税界面

增值税纳税申报表附列资料（表一）需填列开具增值税专用发票的销售额、开具普通发票的销售额及未开具发票的销售额三项，填写后三项会自动合计到合计栏，并自动汇总到增值税纳税申报表（一般纳税人适用）（下称主表）。增值税纳税申报表附列资料（表二）需填列进项税明细，在表格下端“本期认证相符的增值税专用发票”栏填写份数、金额和税额见图 12-4，会自动汇总到主表。增值税纳税申报表附列资料（表三）需填写服务、不动产和无形资产扣除明细，并自动汇总到主表。增值税纳税申报表附列资料（表四）需填写税控系统的设备费及维护费支出，可直接抵扣销项税。附表填写完成后返回主表点击“申报”按钮，申报成功系统会发送申报成功回执。

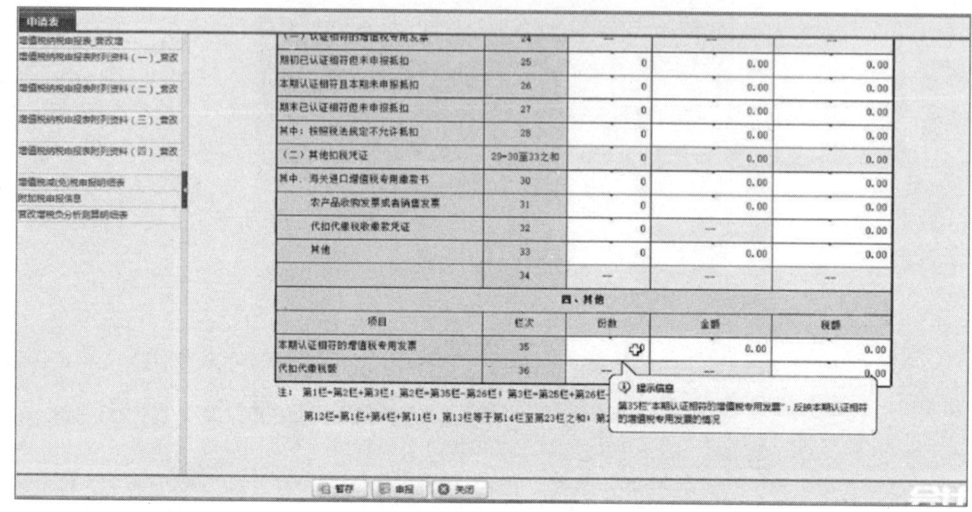

	栏次			
（一）认证相符的增值税专用发票	24	—	—	—
期初已认证相符但未申报抵扣	25	0	0.00	0.00
本期认证相符且本期未申报抵扣	26	0	0.00	0.00
期末已认证相符但未申报抵扣	27	0	0.00	0.00
其中：按照税法规定不允许抵扣	28	0	0.00	0.00
（二）其他扣税凭证	29=30至33之和	0	0.00	0.00
其中：海关进口增值税专用缴款书	30	0	0.00	0.00
农产品收购发票或者销售发票	31	0	0.00	0.00
代扣代缴税收缴款凭证	32	0	—	0.00
其他	33	0	0.00	0.00
	34	—	—	—
四、其他				
项目	栏次	份数	金额	税额
本期认证相符的增值税专用发票	35		0.00	0.00
代扣代缴税额	36	—	—	0.00

注：第1栏=第2栏+第3栏；第2栏=第35栏-第26栏；第3栏=第25栏+第26栏-……

第12栏=第1栏+第4栏+第11栏；第13栏等于第14栏至第23栏之和；第2……

图 12-4　附表二

【示范 12-2】一般纳税人到税务局申报增值税时，要提交哪些报表？

增值税一般纳税人申报增值税时，需要提交的资料有“增值税纳税申报表（一般纳税人适用）”、“增值税纳税申报表附列资料（表一）、（表二）、（表三）、（表四）”、“增值税减免税申报明细表”、“附加税申报信息表”“营改增税负分析测算明细表”和“资产负债表”、“利润表”以及主管税务机关要求报送的其他有关资料，如图 12-5～图 12-9 所示。

增值税纳税申报表（适用于增值税一般纳税人）

税款所属时间：2018年03月01日 至 2018年03月31日

根据国家税收法律法规及增值税相关规定制定本表。纳税人不论有无销售额，均应按税务机关核定的纳税期限填写本表，并向当地税务机关申报。

纳税人识别号：91520500798813915G　　金额单位：元至角分

纳税人名称：毕节□鑫鼎装饰工程有限责任公司　　所属行业：其他未列明服务业　　填表日期：2018-04-12

法定代表人（负责人）姓名	陈彬	注册地址	毕节市环城东路	生产经营地址	毕节市环城东路
开户银行：中国建设银行	开户银行账号：52001694136052601936	登记注册类型	其他有限责任公司	电话号码：	

	项目	栏次	一般项目 本月数	一般项目 本年累计	即征即退项目 本月数	即征即退项目 本年累计
销售额	（一）按适用税率计税销售额	1	0.00	0.00	0.00	0.00
	其中：应税货物销售额	2	0.00	0.00	0.00	0.00
	应税劳务销售额	3	0.00	0.00	0.00	0.00
	纳税检查调整的销售额	4	0.00	0.00	0.00	0.00
	（二）按简易办法计税销售额	5	0.00	0.00	0.00	0.00
	其中：纳税检查调整的销售额	6	0.00	0.00	0.00	0.00
	（三）免、抵、退办法出口销售额	7	0.00	0.00	—	—
	（四）免税销售额	8	0.00	0.00	—	—

图 12-5　增值税纳税申报表

增值税纳税申报表附列资料（表一）（本期销售情况明细）

税款所属期：2018年03月01日 至 2018年03月31日

纳税人名称（公章）：毕节市金桑装饰工程有限责任公司　　金额单位：元至角

项目及栏次				开具增值税专用发票		开具其他发票		未开具发票		纳税检查调整		合计			服务、不动产和无形资产扣除项目本期实际扣除金额	扣除后	
				销售额	销项(应纳)税额	销售额	销项(应纳)税额	销售额	销项(应纳)税额	销售额	销项(应纳)税额	销售额	销项(应纳)税额	价税合计		含税(免税)销售额	销项(应纳)税额
				1	2	3	4	5	6	7	8	9=1+3+5+7	10=2+4+6+8	11=9+10	12	13=11-12	14=13÷(100%+税率或征收率)×税率或征收率
一、一般计税方法计税	全部征税项目	17%税率的货物及加工修理修配劳务	1	0.00	0.00	0.00	0.00	0.00	0.00	0.00	0.00	0.00	0.00	——	——	——	——
		17%税率的服务、不动产和无形资产	2	0.00	0.00	0.00	0.00	0.00	0.00	0.00	0.00	0.00	0.00	0.00	0.00	0.00	0
		13%税率	3	0.00	0.00	0.00	0.00	0.00	0.00	0.00	0.00	0.00	0.00	——	——	——	——
		11%税率的货物及加工修理修配劳务	4a	0.00	0.00	0.00	0.00	0.00	0.00	0.00	0.00	0.00	0.00	——	——	——	——

暂存　申报　关闭

图 12-6　增值税纳税申报表附列资料（表一）

增值税纳税申报表附列资料（表二）（本期进项税额明细）

所属时期：2018年03月01日 至 2018年03月31日

纳税人识别号：91520500798813915G

纳税人名称（公章）：毕节市金桑装饰工程有限责任公司　　填表日期：2018-04-12　　金额单位：元至角分

一、申报抵扣的进项税额				
项目	栏次	份数	金额	税额
（一）认证相符的增值税专用发票	1=2+3	0	0.00	0.00
其中：本期认证相符且本期申报抵扣	2	0	0.00	0.00
前期认证相符且本期申报抵扣	3	0	0.00	0.00
（二）其他扣税凭证	4=5+6+7+8a+8b	0	0.00	0.00
其中：海关进口增值税专用缴款书	5	0	0.00	0.00
农产品收购发票或者销售发票	6	0	0.00	0.00
代扣代缴税收缴款凭证	7	0	—	0.00
加计扣除农产品进项税额	8a	—	—	0.00
其他	8b	0	0.00	0.00
（三）本期用于购建不动产的扣税凭证	9	0	0.00	0.00
（四）本期不动产允许抵扣进项税额	10	—	—	0.00
（五）外贸企业进项税额抵扣证明	11	—	—	0.00

暂存　申报　关闭

图 12-7　增值税纳税申报表附列资料（表二）

业务办理流程：初始化　填写申报表　确认申报表　查看回执

增值税纳税申报表附列资料（三）（服务、不动产和无形资产扣除项目明细）

已在大厅办理差额备案信息时可填报！

税款所属期：2018年03月01日 至 2018年03月31日

纳税人名称（公章）：毕节市金桑装饰工程有限责任公司　　金额单位：元至角分

项目及栏次		本期服务、不动产和无形资产价税合计额（免税销售额）	服务、不动产和无形资产扣除项目				
			期初余额	本期发生额	本期应扣除金额	本期实际扣除金额	期末余额
		1	2	3	4=2+3	5（5≤1且5≤4）	6=4-5
17%税率的项目	1	0.00	0.00	0.00	0.00	0.00	0.00
11%税率的项目	2	0.00	0.00	0.00	0.00	0.00	0.00
6%税率的项目（不含金融商品转让）	3	0.00	0.00	0.00	0.00	0.00	0.00
6%税率的金融商品转让项目	4	0.00	0.00	0.00	0.00	0.00	0.00
5%征收率的项目	5	0.00	0.00	0.00	0.00	0.00	0.00
3%征收率的项目	6	0.00	0.00	0.00	0.00	0.00	0.00
免抵退税的项目	7	0.00	0.00	0.00	0.00	0.00	0.00
免税的项目	8	0.00	0.00	0.00	0.00	0.00	0.00

图 12-8　增值税纳税申报表附列资料（表三）

增值税纳税申报表附列资料（四）（税额抵减情况表）

税款所属期：2018年03月01日 至 2018年03月31日

纳税人名称（公章）：毕节市金鼎装饰工程有限责任公司　　　　金额单位：元至角分

序号	抵减项目	期初余额	本期发生额	本期应抵减税额	本期实际抵减税额	期末余额
		1	2	3=1+2	4≤3	5=3-4
1	增值税税控系统专用设备费用及技术维护费	0.00	0.00	0.00	0.00	0.00
2	分支机构预征缴纳税款	0.00	0.00	0.00	0.00	0.00
3	建筑服务预征缴纳税款	0.00	0.00	0.00	0.00	0.00
4	销售不动产预征缴纳税款	0.00	0.00	0.00	0.00	0.00
5	出租不动产预征缴纳税款	0.00	0.00	0.00	0.00	0.00

图 12-9　增值税纳税申报表附列资料（表四）

【示范 12-3】小规模纳税人如何办理增值税申报业务？要提交哪些报表？

小规模纳税人申报增值税时，需要提交的资料有“增值税纳税申报表（小规模纳税人适用）”、“增值税纳税申报表附列资料”、“增值税减免税申报明细表”、“附加税申报信息表”和“资产负债表”、“利润表”以及主管税务机关要求报送的其它有关资料。具体申报流程参照一般纳税人申报流程。

3. 增值税核算规范

增值税是指在我国境内销售货物、提供加工修理修配劳务、销售服务、无形资产或者不动产，进口货物的单位和个人，就其销售货物、劳务、服务、无形资产或者不动产的增值额和进口货物金额为计税依据而课征的一种流转税。

自 2019 年 4 月 1 日起，一般纳税人增值税税率表如表 12-1 所示。小规模纳税人增值税率位 3%。

表 12-1　一般纳税人增值税税率表

序号	税目	税率
1	销售或者进口货物（除9-12项外）	13%
2	加工、修理修配劳务	13%
3	有形动产租赁服务	13%
4	不动产租赁服务	9%
5	销售不动产	9%
6	建筑服务	9%
7	运输服务	9%
8	转让土地使用权	9%

续表

序号	税目	税率
9	饲料、化肥、农药、农机、农膜	9%
10	粮食等农产品、食用植物油、食用盐	9%
11	自来水、暖气、冷气、热水、煤气、石油液化气、天然气、二甲醚、沼气、居民用煤炭制品	9%
12	图书、报纸、杂志、音像制品、电子出版物	9%
13	邮政服务	9%
14	基础电信服务	9%
15	增值电信服务	6%
16	金融服务	6%
17	现代服务	6%
18	生活服务	6%
19	销售无形资产(除土地使用权外)	6%
20	出口货物	0%
21	跨境销售国务院规定范围内的服务、无形资产	0%

（1）一般纳税人的增值税

其计算公式如下：

$$应纳税额=当期销项税额-当期进项税额$$

$$当期销项税额=销售额\times税率$$

$$销售额=\frac{含税销售额}{1+税率}$$

（2）小规模纳税人的增值税

其计算公式如下。

$$应税税额=销售额\times征收率$$

$$销售额=\frac{含税销售额}{1+税率}$$

按增值税有关条例规定，小规模纳税人应纳增值税额不得抵扣进项税额。因此，小规模纳税人采购货物或提供应税劳务时，无论取得的是专用发票还是普通发票，都应按发票上的总金额计入相关成本之中。

（3）进口货物应纳的增值税

其计算公式如下。

应纳税额=组成计税价格×税率

组成计税价格=关税完税价格+关税+消费税

4. 增值税核算示范

【示范 12-4】2019 年 4 月 1 日，乙公司购进原材料一批，材料价款 30 000 元，增值税税额为 3 900 元，运费 900 元（其中可以抵扣的增值税为 54 元），材料已验收入库，款项通过银行转付。乙公司是一般纳税人企业。

2019 年 4 月 1 日乙公司财务人员编制会计分录如下。

借：原材料　　30 846

　　应交税费－应交增值税（进项税额）　　3 954

　　贷：银行存款　　34 800

【示范 12-5】2019 年 4 月 5 日，乙公司销售产品实际收入 38 000，增值税税额为 4 940 元，货款已存入银行。乙公司是一般纳税人企业。

2019 年 4 月 5 日乙公司财务人员编制会计分录如下。

借：银行存款　　42 940

　　贷：主营业务收入　　38 000

　　　　应交税费－应交增值税（销项税额）　　4 940

5. 消费税核算规范

消费税是对我国境内从事生产、委托加工和进口应税消费品（应征收消费税的消费品）的单位和个人，就其销售额或销售数量，在特定环节所征收的一种税。

我国消费税的征税范围包括烟、酒、高档化妆品、贵重首饰及珠宝玉石、鞭炮与焰火、成品油、小汽车、摩托车、高尔夫球及球具、高档手表、游艇、木制一次性筷子、实木地板、电池及涂料等商品。

（1）从价定率计算法

其计算公式如下。

消费税应纳税额=应税消费品的销售额×消费税税率

其中，应税消费品的销售额，是指从购买方收取的全部价款和价外费用。

（2）从量定额计算法

其计算公式如下。

消费税应纳税额=应税消费品的数量×消费税单位税额

其中，消费品的数量按如下原则进行确定：

① 销售应税消费品的，为应税消费品的销售数量。

② 自产自用应税消费品的，为应税消费品的移送使用数量。

③ 委托加工应税消费品的，为纳税人收回的应税消费品数量。

④ 进口的应税消费品，为海关核定的应税消费品进口征税数量。

（3）实行复合计算法

其计算公式如下。

应纳消费税=应税消费品数量×消费税单位税额+销售额×税率

只有卷烟、白酒采用复合计征的方法。但是，自 2015 年 5 月 10 日起卷烟批发环节也实行复合计税。

6. 消费税核算示范

【示范 12-6】丙企业委托甲企业代理出口一批应税消费品，该批消费品的应缴消费税为 30 000 元。

① 计算消费税时，编制会计分录如下。

借：应收账款　30 000

　　贷：应交税费－应交消费税　30 000

② 缴纳消费税时，编制会计分录如下。

借：应交税费－应交消费税　30 000

　　贷：银行存款　30 000

③ 企业收到甲企业退回的税金时，编制会计分录如下。

借：银行存款　30 000

　　贷：应收账款　30 000

④ 企业应税消费品发生退关、退货而补缴已退消费税时，编制会计分录如下。

借：应收账款　30 000

　　贷：银行存款　30 000

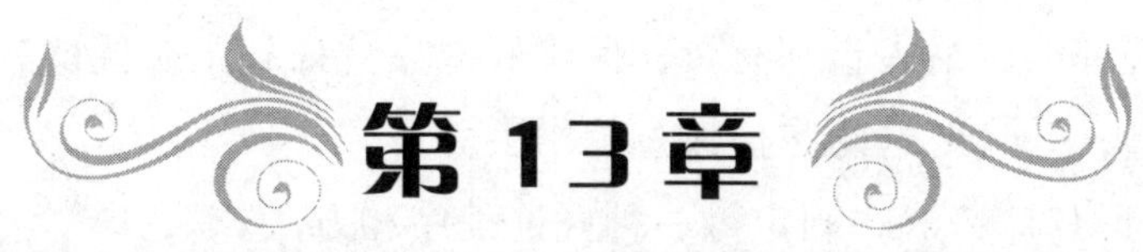

第13章 操作示范——出纳资料管理与工作交接

13.1 出纳资料的管理

13.1.1 整理与保管出纳资料

1. 出纳凭证的传递、整理与保管

出纳凭证主要指原始凭证。出纳凭证是记录会计资料的重要资料之一，当单位之间发生会计业务时，出纳凭证会在各部门和人员之间传递。因此，为了保证出纳凭证资料的可靠和规范性，出纳凭证的传递、整理和保管需要设定相应的规范。

（1）出纳凭证的传递

出纳凭证的传递是指各种出纳凭证从取得或填制到归档保管的整个过程中，在本单位内部各有关部门和人员之间的传递程序。出纳凭证传递的内容主要包括规定传递线路和传递时间。出纳凭证的传递要能够满足内部控制制度的要求，使传递程序合理有效，同时尽量节约传递时间，减少传递的工作量，在进行出纳凭证传递的时候，需要注意以下内容。

① 根据不同经济业务的特点，企业内部机构的设置和人员的分工以及管理上的要求等，应当为每种凭证规定经过经办人员和部门传递签证以及每道手续过程中的停留时间，避免不必要的环节。

② 出纳凭证应及时传递，不得积压。记账凭证在装订成册之前，原始凭证一般是用回形针或大头针固定在记账凭证后面，在这段时间内，凡使用记账凭证的出纳人员都有责任保管好原始凭证和记账凭证。使用完后要及时传递，并且要严防在传递过程中丢失。

③ 根据具体情况，制定每一种凭证程序和方法。

（2）出纳凭证的整理

① 原始凭证要粘贴在对应的记账凭证后面，若是发票可按发票纸张大小，票面金额相同的粘在一起。

② 若是多张纸张小的原始凭证，可先粘贴到印制的报销单据粘贴单上，从右至左，两张票据不完全重合，便于查对金额。

③ 对于面积较大但又未超过记账凭证大小的原始凭证，不宜粘贴，应先用大头针或回形针将其别在一起，待装订时取掉。

④ 对于面积稍微大过记账凭证的原始凭证，应按记账凭证大小先自下向上折叠，再从右到左折叠。

⑤ 若原始凭证的宽度超过记账凭证两倍或两倍以上，则应将原始凭证的左下方折成三角形，以免装订时将折叠单据订入左上角内。

⑥ 左端边缘空白少不够装订时，要贴纸加宽，以便装订翻阅。

（3）出纳凭证的保管

出纳凭证是一个单位重要的经济档案，必须要妥善保管，以便日后查阅。出纳凭证在立卷存档之前，由财会部门负责。

① 各种记账凭证连同所附原始凭证和原始凭证总表，要分类按顺序编号，定期（每天、每月、每日）装订成册，并加盖封面、封底。

② 对一些性质相同、数量很多或多种随时需要查阅的凭证，可以单独装订保管。

③ 各种经济合同和涉外文件等凭证，应另编目录，单独装订保存，同时在记账凭证上注明“附件另订”字样。

④ 其他单位因有特殊原因而需要使用原始凭证时，经本单位领导批准，可以复制，但要由提供人员和收取人员共同签章。

⑤ 出纳凭证装订成册后，应由专人负责分类保管，年终应登记归档，出纳凭证的保管期限和销毁手续应严格遵守会计制度的有关规定，在保管

过程中应注意防霉烂破损，防止鼠咬虫蛀，以确保凭证的安全和完整。

⑥ 出纳凭证的保管和销毁手续必须严格根据《会计档案管理办法》的有关规定执行。一般凭证应保存 15 年，银行存款余额调节表保存 3 年，而对重要的出纳凭证，如涉及外事的出纳凭证等，则应永久保存。

2. 出纳账簿的整理与保管

（1）出纳账簿的整理

出纳账簿的整理，包括以下内容。

① 核对账簿启用表的使用页数与账户是否相符，检查账页是否齐全，编号是否连续。

② 检查账簿是否有折角、缺角、错页、掉页、加空白纸的现象。

③ 将账页填写齐全，去除空白页和账夹，并加具封底封面。

④ 不得将多栏式活页账、三栏式活页账、数量金额式活页账等混淆，应按同类业务，同类账页装订在一起。

⑤ 在装订账页的封面上填写好账簿的种类，编好卷号，由会计主管人员，装订人或经办人签章。

⑥ 账簿的封口要严密，封口处要加盖印章；封面要齐全、平整，并注明所属年度及账簿名称、编号。

（2）出纳账簿的保管

在将所有的旧账对账、过账完毕，所有的活页账装订完毕、加上封面，并由主管人员签字盖章之后，要及时将所有的订本账及活页账交由档案人员造册归档。

归档时，应编制“会计账簿归档登记表”并明确责任。出纳账簿和会计账簿都有一定的保管期限，根据其特点，分为永久和定期两类。

就企业会计而言，会计账簿中，普通日记账 15 年，现金和银行存款日记账 25 年，明细账和总账 15 年，固定资产卡片在固定资产清理报废后保存 5 年，辅助账簿 15 年，涉外和重大事项会计账簿为永久保管；会计报表中，年度会计报表永久保管，月、季会计报表保管 5 年。

13.1.2 移交与调阅出纳资料

1. 移交出纳资料

当年会计档案，在会计年度终了后，可暂由本单位财务部门保管一年，在这一年内归档资料通常仍由指定的出纳或财务人员负责保管。一年期满后，应由财务部门编造成册移交本单位的档案部门保管。

2. 调阅出纳资料

出纳保存的核算资料，应积极为本单位提供利用。按规定不能外借，若有特殊情况需要调阅，必须报经上级主管部门批准，并应登记、签字、限期归还。调阅的出纳资料不能拆散原卷册。

13.2 出纳工作的交接

13.2.1 交接的情形

出纳人员必须按有关规定和要求办理好工作的交接手续，搞好工作移交，以便交接双方明确工作责任、接班出纳人员熟悉工作，也有利于发现和处理出纳工作和资金管理工作中存在的问题，从而预防经济责任事故与经济犯罪的发生。

在发生下列 7 种情形时，出纳人员应按规定规范办理交接手续。

① 出纳人员辞职或离开原单位。

② 企业内部工作变动不再担任出纳职务。

③ 出纳岗位轮岗调换到会计岗位。

④ 出纳岗位内部增加工作人员进行重新分工。

⑤ 因病假、事假或临时调用，不能继续从事出纳工作。

⑥ 因特殊情况如停职审查等，按规定不宜继续从事出纳工作的。

⑦ 企业因其他情况按规定应办理出纳交接工作的，如企业解散、破产、兼并、合并、分立等情况发生时，出纳人员应向接收单位或清算组移交的。

13.2.2 交接的内容

出纳工作交接的内容应根据各企业的具体情况而定，情况不一样，移交的内容也不一样。但总体来看，出纳的交接工作，主要包括以下一些基本内容。

（1）财产与物资

① 会计凭证（原始凭证、记账凭证）。

② 会计账簿（现金日记账、银行存款日记账等）及相关报表（出纳报告等）。

③ 现金、银行存款、金银珠宝、有价证券和其他一切公有物品。

④ 用于银行结算的各种票据、票证、支票簿等。

⑤ 各种发票、收款收据，包括空白发票、空白收据、已用或作废的发票或收据的存根联等。

⑥ 印章，包括财务专用章、银行预留印鉴以及“现金收讫”、“现金付讫”、“银行收讫”、“银行付讫”等业务专用章。

⑦ 各种文件资料和其他业务资料，如银行对账单，以及由出纳人员保管的合同、协议等。

⑧ 办公室、办公桌与保险柜的钥匙，以及保险柜的密码。

⑨ 本部门保管的各种档案资料和公用会计工具，器具等。

⑩ 其他未了的事项。

（2）电算化资料

实行会计电算化的单位，出纳人员在办理工资交接时，除了交接财产与物质外，还应当交接以下内容。

① 会计软件。

② 密码、磁盘、磁带等有关电算化的资料、实物。

（3）业务介绍资料

① 原出纳人员工作职责和工作范围的介绍。

② 每期固定办理的业务介绍，如按期交纳电费、水费、电话费的时间等。

③ 负责业务的具体说明，如交纳电话费的号码、台数等，银行账户的开户地址、联系人等。

④ 历史遗留问题的说明。

⑤ 其他需要说明的业务事项。

13.2.3 交接的程序

1. 移交前的准备工作

为了使出纳工作移交清楚，防止遗漏，保证出纳交接工作顺利进行，出纳人员在办理交接手续前，必须做好以下准备工作。

① 将出纳账登记完毕，结出余额后，在最后一笔余额后加盖人名章。

② 在出纳账启用表上填写移交日期，并加盖人名章。

③ 出纳人员将现金日记账与总账核对相符，并盘点库存现金，使库存现金实存余额与现金日记账账面余额核对一致。

④ 出纳人员将银行存款日记账与总账核对相符,并核对银行存款日记账余额与银行对账单余额相符，有未达账项的要编制银行存款余额调节表。

⑤ 编制“出纳岗位移交清单”，填明移交的现金、有价证券、支票簿、承兑汇票登记簿、文件资料、印鉴和其他物品的具体名称和数量。“移交清单”如表 13-1、表 13-2 和表 13-3 所示。

表 13-1 有价证券、贵重物品移交表

移交日期： 年 月 日 单位：元 第 页

名 称	购入日期	单 位	数 量	金 额	备 注
××债券					
××股票					
××票据					
××贵重物品					
××投资基金					

单位负责人： 移交人： 监交人： 接管人：

表 13-2 物品移交表

移交日期： 年 月 日 第 页

名 称	编 号	型 号	购入日期	单 位	数 量	备 注
文件柜						
装订机						
复印机						
打印机						
保险柜						
照相机						
财务印章						

单位负责人： 移交人： 监交人： 接管人：

表 13-3 核算资料移交表

移交日期：　　年　月　日　　　　　　　　单位：元　　　　　　第　页

名　称	年　度	数　量	起止号码	备　注
现金日记账				
银行存款日记账				
收据领用登记簿				
支票领用登记簿				
收　　据				
现金支票				
转账支票				

单位负责人：　　　　移交人：　　　　监交人：　　　　接管人：

⑥ 整理应移交的其他资料，对未了事项作出书面说明。

2. 正式进行交接工作

在此阶段，出纳人员应在规定期限内，向承接人员移交清楚。出纳人员在移交过程中具体应做以下操作。

① 出纳人员在移交现金、有价证券时，必须做到使现金、有价证券与出纳账和备查账余额相符，若发现账实不符的，出纳人员要在限期内负责查清。

② 承接人在接交过程中，发现出纳账和其他会计资料有短缺的，出纳人员要查明原因，并在移交清单中注明原因，由移交人负责。

③ 银行存款日记账与银行对账单要核对相符，若发现疑问，应由出纳人员查明原因，负责处理，并在移交清册中注明。

④ 承接人员应当点清公司印章以及领导人人名章（公司印章包括公司公章、公司合同章、公司财务章等）。

⑤ 出纳人员应将保险柜密码、钥匙以及办公室和办公桌钥匙，一并移交给承接人员，承接人在接交完毕后，应当更换密码及锁具。

⑥ 出纳员办理完移交，由承接人核对无误后，在出纳账启用表上填写接收日期，并签名盖章。

3. 出纳交接收尾工作

双方交接完毕后，交接双方和监交人，都要在“出纳岗位移交清单”上签名或盖章。移交清册上必须具备下列内容。

① 单位名称。

② 交接日期。

③ 交接双方及监交人的姓名及职务。

④ 移交清册页数、份数和其他需要说明的问题和意见。

移交清册一般一式三份，交接双方各执一份，存档一份。

注意事项

- ◆ 出纳人员进行交接时，一般应由会计主管人员监交，必要时，还可请上级领导监交。
- ◆ 监交过程中，如果移交人交待不清，或者接交人故意为难，监交人员应及时处理裁决。移交人不作交代，或者交待不清的，不得离职。否则，监交人和单位领导人均应负连带责任。
- ◆ 移交时，交接双方人员一定要当面看清、点数、核对，不得由别人代替。
- ◆ 交接后，接管的出纳人员应及时向开立账户的银行办理更换出纳人员印鉴的手续，检查保险柜的使用是否正常、妥善，保管现金、有价证券、贵重物品、公章等的条件和周围环境是否齐全。如不够妥善、安全，要立即采取改善措施。

13.2.4 交接的责任

交接工作结束后，在交接截止日前后各期的工作责任应由当时的经办人负责，相关的交接责任主要体现在以下 4 个方面。

① 移交人应如实地办理交接手续，不得故意隐瞒、误导有关的事实。

② 移交后，移交人对自己经办的已办理移交的资料负全部责任，不得以资料已移交为借口推脱责任。

③ 接收人应认真接管移交工作，继续办理未了事项。

④ 接收人应继续使用移交后的账簿等资料，保持会计记录的连续性，不得自行另立账簿或擅自销毁移交资料。

13.3　出纳岗位文书

13.3.1　岗位职责说明书

出纳人员岗位职责内容，应包括以下 6 个方面。

① 按照我国有关现金管理和银行结算制度的规定，办理现金收付和银行结算业务。出纳人员应严格遵守现金开支范围，现金管理要做到日期月结，账面余额与库存现金每日下班前应进行核对，发现账实不符的，应当立即查明原因。

② 根据会计制度的规定，在办理现金和银行存款收付业务时，要严格审核有关原始凭证，再据以编制收付款凭证，然后根据编制的收付款凭证逐笔顺序登记现金日记账和银行存款日记账，并结出余额。

③ 按照国家外汇管理和结购汇制度的规定及有关批件，办理外汇出纳业务。出纳人员应熟悉国家外汇管理制度，及时办理结汇、购汇、付汇，避免国家外汇损失。

④ 掌握银行存款余额，不准签发空头支票，不准出租、出借银行账户为其他单位办理结算。

⑤ 保管库存现金和各种有价证券（如国库券、债券、股票）的安全与完整。要建立适合本单位情况的现金和有价证券保管责任制，如发生短缺，属于出纳员责任的要进行赔偿。

⑥ 保管有关印章、空白收据和空白支票。通常，单位财务章和出纳员人名章要实行分管，交由出纳员保管的出纳印章要严格按规定用途使用，各种票据应办理领用和注销手续。

出纳人员岗位职责说明书具体示范，如表 13-4 所示。

表 13-4　出纳人员岗位职责说明书示范

<table>
<tr><td rowspan="2">基本情况</td><td>职位名称</td><td>出纳</td><td>职位编号</td><td>×××</td></tr>
<tr><td>所属部门</td><td>财务部</td><td>直接上级</td><td>财务经理</td></tr>
<tr><td>工作概述</td><td colspan="4">根据财务制度，负责公司票据的审核工作，做好公司的收款、付款和报销业务，保证公司货币资金的正常运转</td></tr>
</table>

续上表

	工作内容	绩效标准
工作职责	1．根据银行结算制度和公司报销制度，审核原始凭证的合法性、准确性，准确、及时完成现金收付工作	月现金收付业务出错为0，鉴别、拒收假币率达到100%
	2．负责工资的按时发放、保管、邮寄等工作及各类款项的报销	员工满意度达到100%
	3．及时登记现金日记账和银行存款日记账，每日进行现金账款盘存，做好日清月结工作，并填写出纳报表，报送财务经理	报表及时完成率和准确率达到100%
	4．根据公司经营需要提取、送存和保管现金	现金提存及时，差错率为0
	5．及时将收回的支票背书后送交银行进账，及时查对款项的到账情况，填写银行日记账	出错率为0
	6．每月及时从银行取回对账单，与出纳流水账核对无误后，在对账单上盖章，制出“银行对账余额调节表”	出错率为0
	7．每日汇总当日凭证，编制汇总表送交会计主管	报表准确率达到100%
	8．每月月初对会计凭证整理、汇总，装订成册，并妥善保管	原始凭证保存完整率达到100%
	9．交纳公司的物业费、房租、水电杂费等	按时交纳，出错次数为0
	10．部门或公司领导交办的其他事情	领导满意度达到100%
任职资格	教育水平	1．学历：具有大专以上学历 2．专业：会计、审计相关专业 3．业务知识：熟悉现金、银行存款等相关制度，熟悉计算机财务软件的操作方法 4．从业资格：具有会计从业资格证书
	经验要求	具有1年以上出纳岗位工作经验
	素质要求	1．工作认真仔细，具有上进心 2．为人正直，具有极强的责任心

13.3.2 工作交接说明书

出纳交接说明书是指把移交表中无法列入或尚未列入的内容做具体说明的文件。该说明书包括：交接日期、交接双方及监交人员的姓名和职务、移交清册页数、需要说明的问题和意见。交接说明书的内容与格式，具体如表13-5所示。

表 13-5　出纳交接说明书的内容与格式

出纳交接说明书

因原出纳人员李××，工作调动，财务部已决定将出纳工作移交给赵××接管。现办理如下交接手续：

一、交接日期

20××年××月××日

二、具体业务的移交

1．库存现金：××月××日账面余额××元，实存相符，日记账余额与总账相符。

2．库存有价证券：××××××元，经核对无误。

3．银行存款余额×××万元，经编制“银行存款余额调节表”核对相符。

三、移交的会计凭证、账簿和文件

1．本年度现金日记账×本。

2．本年度银行存款日记账×本。

3．空白现金支票××张（×××号至×××号）。

4．空白转账支票××张（×××号至×××号）。

5．托收承付登记簿×本。

6．付款委托书×本。

7．信汇登记簿×本。

8．金库暂存物品明细表×份，与实物核对相符。

9．银行对账单1～10月份10本；10月份未达账项说明一份。

四、印鉴

1．××公司财务部转讫印章一枚。

2．××公司财务部现金收讫印章一枚。

3．××公司财务部现金付讫印章一枚。

五、交接前后工作责任的划分

20××年××月××日前的出纳责任事项由李××负责；20××年××月××日起的出纳工作由赵××负责。以上移交事项均经交接双方认定无误。

六、其他

本交接书一式三份，双方各执一分，存档一份。

移交人：李××（签名盖章）

接管人：赵××（签名盖章）

监交人：王××（签名盖章）

××公司财务部（公章）

20××年××月××日

编制人员		审核人员		批准人员	
编制日期		审核日期		批准日期	

13.3.3 备用金管理细则

出纳应加强对备用金的管理，备用金的管理分为备用金借支管理和备用金保管管理。出纳备用金管理细则文书示范如表13-6所示。

表13-6 备用金管理细则

制度名称	出纳备用金管理细则			编　号	
				受控状态	
执行部门		监督部门		编修部门	

第1章　总则

第1条　目的。

为了防止集团公司现金的流失，加强现金管理工作，提高工作效率，现就集团公司及各下属单位的出纳备用金管理制定本办法。

第2条　出纳备用金的定义。

出纳备用金是指因结算需要而准备的库存现金，具有金额较大、流转快的特点，一般不超过规定限额。

第2章　出纳备用金的申领

第3条　出纳备用金的申领程序。

出纳备用金的申领程序，如下图所示。

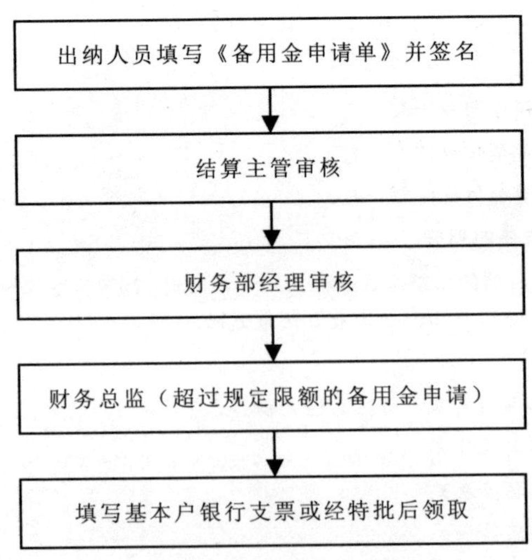

出纳备用金的申领程序图

第4条　出纳备用金的申领要求。

1．出纳领取备用金要求开具基本户银行支票，不得从销售款中坐支。

2．如因特殊情况，需要调用现金的，由出纳员提出“领款申请单”，经财务部经理（财务总监）批准后，以支票换现金的形式到财务部领用。财务部经理必须凭手续完整的“领款申请单”和支票调换现金，“领款申请单”由财务部相关人员归档备查，“领款申请单”上必须有领用日期、金额、调换支票账号及号码、经办人、审批人、审批日期、门店名称等。

续上表

第5条 集团公司出纳备用金的金额控制在5 000元，上海分公司、北京分公司的出纳备用金控制在3 000元，其他各地的分公司的出纳备用金控制在2 000元。 **第3章 出纳备用金的日常管理** **第6条** 出纳备用金的使用者只能是财务部出纳员。 **第7条** 出纳备用金必须注意“安全第一”原则，有专用保险柜存放现金，并且存放地点符合公安、公司安全管理原则。 **第8条** 保险柜隔夜存放现金额不得超过控制金额，特殊情况需要超出的，必须向财务管理中心（财务部）申请报批后才能实行。 **第9条** 特殊情况下的大额存放，必须及时向主管副总反映，以便采取相应的安全措施。 **第10条** 出纳备用金必须日清月结，每天核对账实数据。 **第11条** 出纳备用金的直接责任人为该现金的使用人——出纳员，结算主管及财务经理负管理责任。 **第12条** 各地分公司财务部必须于每月月末对出纳备用金进行实地盘点，并编制“出纳现金盘点表”。 **第4章 附则** **第13条** 本细则由集团公司财务中心负责制订、修订，报财务总监审核后，呈报总裁办公会议审议通过后生效。本办法废止时亦同。 **第14条** 本细则自颁发之日起生效执行。此前与之相抵触的制度规定自即日起作废。					
编制日期		审核日期		批准日期	
修改标记		修改处数		修改日期	

13.3.4 库存现金管理制度

表13-7所示为××公司的库存现金管理制度。

表13-7 库存现金管理制度

制度名称	××公司库存现金管理制度			编　号	
				受控状态	
执行部门		监督部门		编修部门	
第1章 总则 **第1条** 目的 为了加强公司对库存现金的控制与管理，规范现金结算行为，杜绝各种不合理占用损失，根据《中华人民共和国会计法》、《现金管理暂行条例》以及公司内部的财务管理制度，制定本制度。 **第2条** 管理范围 本制度适用于本公司库存现金的保管、收付等事项的管理。本制度所指的库存现金是指公司为了满足经营过程中零星支付需要而保留的现金。 **第3条** 责任权限 财务部设立专职现金出纳，负责管理公司的现金收、付和管理业务。现金出纳人员不得兼管稽核、会计档案和收入、支出、费用、债权、债务的登记工作，不得一人办理现金的支付业务。 **第2章 库存现金限额核定** **第4条** 库存现金限额核定 库存现金限额是指为保证各单位日常零星支付按规定允许留存的现金的最高数额。库存现金限额每年核定一次，由公司与与开户银行协商而定。					

续上表

第5条　库存现金限额核定程序

1．企业的库存现金限额由其开户银行根据实际需要核定。

2．企业的库存现金限额一般为3-5天的零星开支需要量，边远地区和交通不便地区的企业，库存现金限额可以多于5天，但不能超过15天的日常零星开支量。

3．财务部填制“库存现金限额申请批准书”，经财务总监签署意见，报开户银行审查批准，凭开户银行批准的限额数作为库存现金限额。

4．核定后的库存现金限额，出纳员必须严格遵守，若发生意外损失，超限额部分的现金损失由出纳员承担赔偿责任。

第3章　库存现金收支管理

第6条　现金收取范围

本公司收取现金的业务范围包括但不限于如下5种。

1．个人购买公司的物品或接受劳务。

2．个人还款、赔偿款、罚款及备用金退回款。

3．无法办理转账的销售收入。

4．不足转账起点的小额收入。

5．其他必须收取现金的事宜。

第7条　现金支付范围

1．出差人员必须随身携带的差旅费。

2．本公司向个人收购物资的价款，如金银、工艺品、废旧物资的价款。

3．结算起点在1 000元以下的零星支出。

4．需要现金支付的其他支出。

第8条　现金日常收支申请审批控制

公司的现金管理必须遵循按照国家《现金管理暂行条例》及其实施细则规定，具体操作如下。

1．收支申请。有关人员在进行收支申请时，必须注明送存现金的来源和支取的用途，同时取得或填制原始凭证，作为收付款项的书面证明，如发票、领款单、支票存根等。

2．收支审批。财务部资金专员需根据公司相关规定，对现金收支业务申请进行审批。

3．收支复核。财务部资金主管应当对批准后的库存现金收支申请进行复核，复核库存现金收支申请的批准范围、权限、程序是否正确，手续及相关单证是否齐备，金额计算是否准确等。复核无误后，交由出纳人员办理相关手续。

4．办理收支。出纳人员应当根据复核无误的收支申请，按规定办理相关手续，并及时取回收支凭证。

第9条　现金日常收支注意事项

公司对现金的控制实行日清月结的制度，办理现金业务时须注意以下5个事项。

1．登记和清理日记账。出纳人员需将当日发生的所有现金收付业务全部登记入账，不得私设小金库、不得账外设账或截留收入。

2．超过库存限额的现金应及时送存银行。

3．超过现金支付范围的现金，通过银行转账结算。

4．会计人员在登账时需认真检查各种现金收付凭证，检查单证是否相符。

5．资金管理人员应及时对库存现金进行盘点，做到账物相符，保证现金的安全。如发现账面余额与现金实存数不符，则应查明原因并及时处理。

续上表

<table>
<tr><td colspan="6">

第4章 库存现金的账务处理

第10条 库存现金总分类核算

财务部需建立“库存现金”科目，以方便核算库存现金。该科目借方反映现金的收入，贷方反映现金的支出，余额在借方，表示库存现金的余额。

第11条 库存现金明细

1. 财务部需建立“库存现金日记账”和“库存现金明细账”，以进行库存现金明细分类核算。

2. 现金日记账应为反映和监督现金收支结存的序时账，采用订本式账簿，并为每一账页顺序编号。

3. 现金日记账由出纳人员根据审核后的原始凭证或现金收款凭证、付款凭证逐日逐笔序时登记。

4. 每日终了，出纳人员应计算本日现金收入、支出的合计数和结存数，并同实存现金进行核对，做到日清月结，保证账款相符。

5. 所有的收付款凭证应由出纳人员送交会计人员，作为登记总分类账和有关明细分类账的依据。总分类账户中现金账户余额应与现金日记账的余额相符。

第5章 库存现金清点与核对

第12条 库存现金盘点

1. 出纳人员在每日营业技术后，给出现金日记账的收支和结余额，清点库存现金实有数、相互核对。

2. 公司财务部需定期与不定期相结合的方式进行库存现金盘点，通常包括对已收到但尚未存入银行的现金、零用金、找换金等的盘点。

3. 盘点时，盘点人员和出纳人员应一同到达盘点现场，盘点过程中，审计人员和出纳人员都不得离开盘点地。

第13条 核对账簿

1. 每期末由非出纳人员核对现金日记账和库存现金明细账、总分类账。

2. 发现账务误差时，应及时上报，经批准后予以改正。

3. 财务部需定期组成清查小组，对库存现金进行盘点，并核对相关账簿。

4. 财务部需根据清查结果编制现金盘点报告单，填列账存与实存的相符情况。

第6章 附则

第14条 本制度由财务部负责编制，解释权归财务部所有。

第15条 本制度自颁布之日起执行。

</td></tr>
<tr><td>编制日期</td><td></td><td>审核日期</td><td></td><td>批准日期</td><td></td></tr>
<tr><td>修改标记</td><td></td><td>修改处数</td><td></td><td>修改日期</td><td></td></tr>
</table>

13.3.5 出纳业务处理程序

出纳业务处理主要应从出纳收款、出纳付款、出纳基本事务、出纳票据管理四个方面加以说明和阐述。出纳业务处理程序规范，如表13-8所示。

表 13-8 出纳业务处理程序规范

<table>
<tr><td colspan="6">

出纳业务处理程序规范

一、收款程序

1. 出纳人员收入现金，须凭现金收入的票据（包括视同现金收入的票据的各项凭证）收款，其方法为：

应根据现金收入票据点收现款，鉴定现钞的真伪无误后，即在现金收入票据上加盖“现金收讫”并盖私章。

2. 出纳人员根据审核无误的收款凭证登记现金日记账。

二、付款程序

1. 出纳人员在办理付出现金时，须根据相关的由经办员、会计人员及各级主管人员签字后的付款凭证办理，同时出纳员在点清款项后要在凭证上加盖“现金付讫”并盖私章。

2. 出纳人员根据审核无误的付款凭证登记现金日记账。

三、出纳事务

1. 券币的整理

收入的各种面额的券币均应分别整理，同一面额每100张为1扎，每10扎为1捆。每扎应用纸签条封，每捆应加贴封，注明年月日。各种硬币，同一面额每50枚为1卷，每1 000枚为1袋，各卷名袋须如盖出纳人员私章。

2. 其他事项

提取现金时，应派适当人员办理，金额较大或认为必要时应加派人员办理。每日营业终了时，超过库存限额的现金应送存银行。每日库存现金，须与“现金日记账”余额相符，如有不符时应立即报告主管，并及时查明原因。

金库内外门应备正副钥匙各一副，内门正钥匙由出纳人员负责管理使用，外门正钥匙由经理或指定副经理掌管，非两者不得启闭金库，内外门副钥匙由经理会同财务主管及主办出纳人员密封缄口盖骑缝章后，交由经理另行保管。因故不能使用正钥匙需使用副钥匙时，经理须会同财务主管及主办出纳人员启封，用后重行封存。

领用支票簿时，须由财务主管指派的经管人员编列号码登记在“空白单据登记簿”交经办人员签章使用。作废的支票，须盖“作废”戳记，粘贴于该同一号码的存根上。每日营业终了时，经办人员应查对当日签发的支票存根，并算出金额，然后与银行存款科目签发总数核对是否相符，同时查点尚未使用的空白张数是否相符。

四、票据的处理

出纳人员收受应收票据时，应按到期日顺序妥为保管票据，并根据应收票据明细表，按到期日分别列在“应收票据备查簿”，所保管的票据张数，金额应与应收票据备查簿的记载相符。

</td></tr>
<tr><td>编制人员</td><td></td><td>审核人员</td><td></td><td>批准人员</td><td></td></tr>
<tr><td>编制日期</td><td></td><td>审核日期</td><td></td><td>批准日期</td><td></td></tr>
</table>

13.3.6 出纳人员工作总结

出纳工作总结文书，没有规定的格式，各单位可以根据实际情况自行确定。出纳工作总结文书的内容，大致包括以下 4 个方面。

① 出纳人员日常工作内容。

② 工作中遇到的问题及处理。

③ 从工作中获得的经验。

④ 出纳人员确立今后努力的方向。

出纳人员工作总结文书示范，如表13-9所示。

表13-9 出纳人员工作总结

出纳人员工作总结

20××年，是本人在公司财务部工作的第一年。也就是在这一年，我结束了四年的大学生活，踏上了迈入社会的道路，开始了新的征程。

经过领导的安排，我被分到财务部任出纳一职务，开始了紧张和繁忙的工作。我的岗位工作职责是负责现金收付、银行结算、货币资金的核算、开具增值税发票和现金及各种有价证券的保管等任务。刚刚开始的时候，我认为出纳工作很简单，不过是点点钞票、填填支票、跑跑银行等事务性工作。但是当我真正投入工作，才知道，我对出纳工作的认识和了解是错误的。其实不然，出纳工作不仅责任重大，而且有不少学问和政策技术问题，需要好好学习才能掌握。

也许是刚从学校走出来的缘故，我的理论和实践有一定的差距，理论很难和实践相结合，这就对实际工作造成了很大的困难，这些都是我以前很难意料到的。况且我对公司的情况不是完全了解，对公司的运作方式也还不熟悉，处理起来不是很顺畅。因此，工作的效率不高，感觉工作难度较大，庆幸的是，在各位领导和同事的帮助下，我知道了如何办理货币资金和各种票据的收入，保证自己经手的货币资金和票据的安全与完整，如何填制和审核原始凭证，以及如何进行账务处理等问题。通过在实践中指导，我的业务技能得到了很快的提升，工作水平得以迅速的提高。

经过将近一年紧张的工作实践，我认识到要作好出纳工作绝不可以用“轻松”来形容，出纳工作绝非“雕虫小技”，更不是可有可无的一个无足轻重的岗位，出纳工作是会计工作不可缺少的一个部分，它是经济工作的第一战线。因此，它要求出纳人员应具备全面精通的政策水平，熟练高超的业务技能，严谨细致的工作作风，作为一个合格的出纳，必须努力使自己具备以下五点要求。

1．学习、了解和掌握政策法规和公司制度，不断提高自己的政策水平。

2．出纳工作需要很强的操作技巧。用电脑、填支票、点钞票等都需要深厚的基本功。作为专职的出纳人员，不但要具备处理一般会计事物的财务会计专业基本知识，还要具备较高的处理出纳事务的出纳专业知识水平和较强的数字运算能力。

3．做好出纳工作首先要热爱出纳工作，要有严谨细致的工作作风和职业道德。

4．出纳人员要有较强的安全意识。现金、有价证券、票据、各种印鉴，既要有内部的保管分工，各负其责，并相互牵制；也要有对外的保安措施，维护个人安全和公司的利益不受到损失。

5．出纳人员必须具备良好的职业道德修养，要热爱本职工作，精业、敬业，要竭力为本单位工作，为集体利益、为全体职工服务，牢固树立服务思想。

新的一年已经开始，我要努力做到以下六点要求。

1．严格执行管理和结算制度，定期向会计核对现金账目，发现现金金额不符，做到及时汇报，及时处理。

2．及时处理公司各项现金业务，开出收据，及时将库存现金存入银行，从不坐支现金。

3．根据会计提供的依据，及时发放工资和其他应发放的经费。

4．严格履行财务手续，发票上必须有经手人、验收人、审批人签字方可报账，对不符合手续的发票不得付款。

续上表

<table>
<tr><td colspan="6">5. 严格执行财务纪律，按照财务报账制度和会计基础工作规范化的要求进行财务报账工作。在审核原始凭证时，对不真实、不合规、不合法的原始凭证敢于指出，坚决不予报销。
6. 对记载不准确、不完整的原始凭证，应予以退回，要求经办人员更正并补充，通过认真的审核和监督，来保证会计信息的真实合法和准确，发挥财务核算和监督作用。
以上都是我近一年工作以来的认识，也是在工作中将理论转化为实践的一个过程，在以后的工作和学习中我还将不懈的努力和拼搏，做好自己的本职工作，为公司和全体员工服务，和公司及全体员工共同发展！
在此，我要特别感谢公司领导和各位同仁在工作和生活中给予我的支持和关心，这是对我工作最大的肯定和鼓舞，我真诚的表示感谢！
王××
20××年××月××日</td></tr>
<tr><td>编制人员</td><td></td><td>审核人员</td><td></td><td>批准人员</td><td></td></tr>
<tr><td>编制日期</td><td></td><td>审核日期</td><td></td><td>批准日期</td><td></td></tr>
</table>

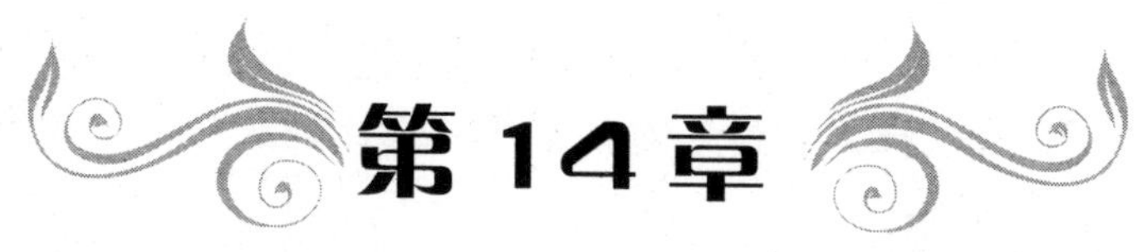

第 14 章 操作示范——Excel 在出纳业务中的应用

14.1 函数应用与图表处理

14.1.1 函数应用

Excel 函数是预先定义，执行计算、分析等处理数据任务的特殊公式。按照函数的来源，Excel 函数可以分为内置函数和扩展函数两大类。Excel 内置函数是 Excel 本身所设置的，我们只需启动 Excel 就可以使用 Excel 内置函数；扩展函数的使用，则需要出纳人员通过“工具”→“加载宏”菜单命令加载，然后才可以使用。

1. 函数分类

Excel 2013 的内置函数共有 11 类，分别是常用函数、财务函数、日期与时间函数、数学与三角函数、统计、查找与引用、数据库、文本、逻辑、信息工程、多维数据集、兼容性和 Web。

2. 函数调用示范

Excel 2013 调用函数有两种方法。

（1）使用 Excel 函数

【示范 14-1】以公式“=SUM（Sheet2!B1:B5，Sheet3!A1:A6）”为例，

说明使用 Excel 函数的具体步骤。

① 选中要存放计算结果的单元格（假设为 Sheet1 中的 A1 单元格），单击“公式”栏中的“fx”按钮，则在选定的单元格（A1 单元格）和编辑栏内出现“=”，在“插入函数”对话框的“选择函数”里面找到“SUM”函数，如图 14-1 所示。

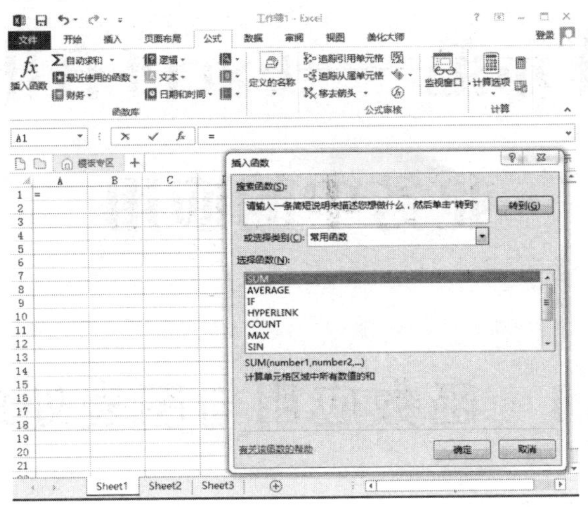

图 14-1 “插入函数”对话框

② 单击“确定”按钮，弹出“函数参数”对话框，如图 14-2 所示。

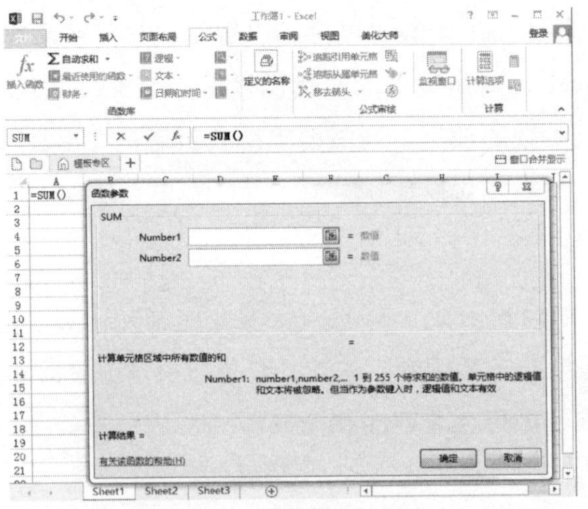

图 14-2 函数参数（一）

③ 单击“Numbet1”框，出现函数对话框后，单击“Sheet2”，并选中“B1:B5”单元格，如图 14-3 所示。

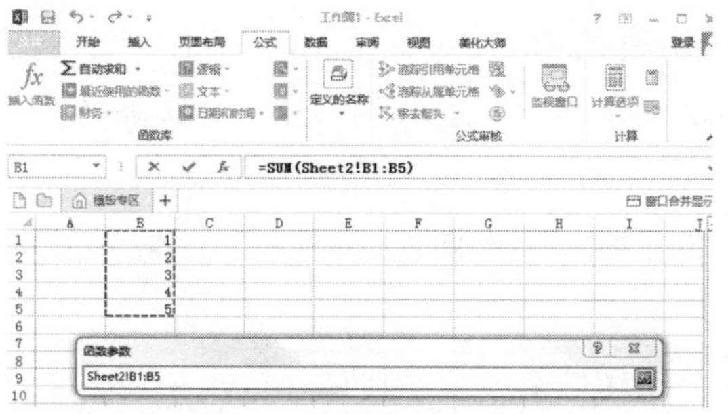

图 14-3　函数参数（二）

④ 单击函数参数返回按钮（如图 14-3 中箭头所指的按钮），同时将鼠标定位到“Numbet2”框并单击“函数参数返回”按钮，出现函数对话框后，单击“Sheet3”，并选中“A1:A6”单元格，如图 14-4 所示。

图 14-4　函数参数（三）

⑤ 单击“确定”按钮，最后在“Sheet1”中显示计算结果，如图 14-5 所示。

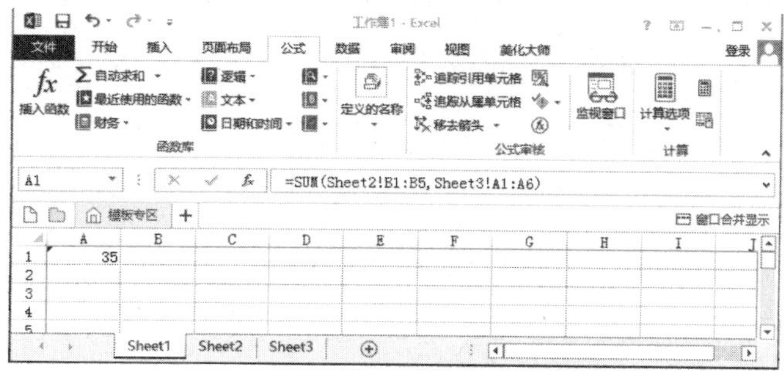

图 14-5　使用函数的计算结果

（2）手工输入函数

【示范 14-2】以【示范 14-1】为例，示范其函数的手工输入。

采用手工输入函数的方法的步骤示范如下。

① 选中要存放计算结果的单元格（假设为 Sheet1 中的 C2 单元格），单击编辑栏。

② 输入“=”，再按照公式的组成顺序依次输入各个部分。

③ 公式输入完毕后，单击编辑栏中的“√”按钮或按回车键即完成输入，如图 14-6 所示。

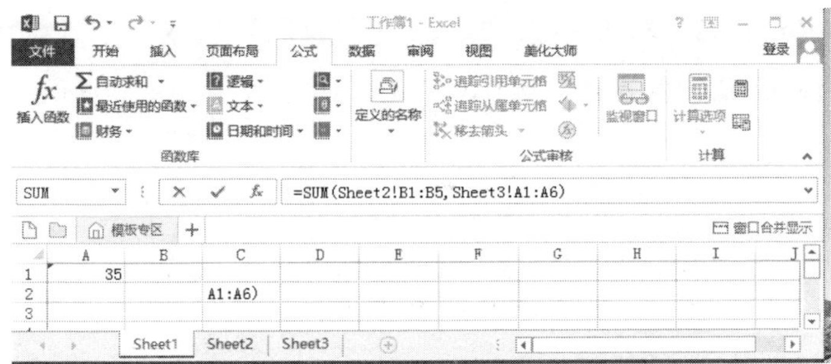

图 14-6　手工输入函数的计算结果

3. 常用函数列示

Excel 2013 常用函数有 10 类，如表 14-1 所示。

表 14-1　Excel 2013 常用函数一览表

函数名称	用　　途	语　　法
SUM函数	计算单元格区域内所有数值的和	SUM（Number1，Number2……）
ABS函数	返回给定数值的绝对值，即不带符号的数值	ABS（Number）
DATE函数	返回在Microsoft Office Excel日期时间代码中代表日期的数字	DATE（year，month，day）
AVERAGE函数	返回其参数的算术平均值，参数可以是数值或包含数值的名称、数组或引用	AVERAGE（Number1，Number2……）
IF函数	判断一个条件是否满足，如果满足返回一个值，如果不满足则返回另一个值	IF（logical_test，value_if_true，value_if_false）
HYPERLINK函数	创建一个快捷方式或链接，以便打开一个存储在硬盘、网络服务器或Internet上的文档	HYPERLINK（link_location，friendly_name）

续上表

函数名称	用　途	语　法
COUNT函数	计算包含数字的单元格以及参数列表中的数字的个数	COUNT（value1，value2……）
MAX函数	返回一组数值中的最大值，忽略逻辑值及文本	MAX（Number1，Number2……）
SIN函数	返回给定角度的正弦值	SIN（number）
SUMIF函数	对满足条件的单元格求和	SUMIF（range，criteria，sum_range）

14.1.2　图表处理

1. 表格处理

【示范 14-3】如图 14-7 所示的一张学生成绩表，选出低于 60 分的成绩，并用“加粗”字体显示。

	D	E	F	G	H	I
1	学生成绩表					
2	学号	姓名	性别	英语	数学	计算机
3	1000	张虎	男	92	78	86
4	1001	陈宝军	男	56	83	90
5	1002	李华	女	94	82	76
6	1003	王强	男	89	79	84
7	1004	张琳	女	93	75	86
8	1005	牛亮	男	86	59	93
9	1006	王震宇	男	78	86	58
10	1007	蒋丽丽	女	69	90	73
11	1008	乔亚林	女	82	49	79

图 14-7　学生成绩表（一）

① 选中所有的成绩，然后单击“开始”下“条件格式”中“突出显示单元格规则——小于”按钮，弹出条件格式对话框，如图 14-8 所示。

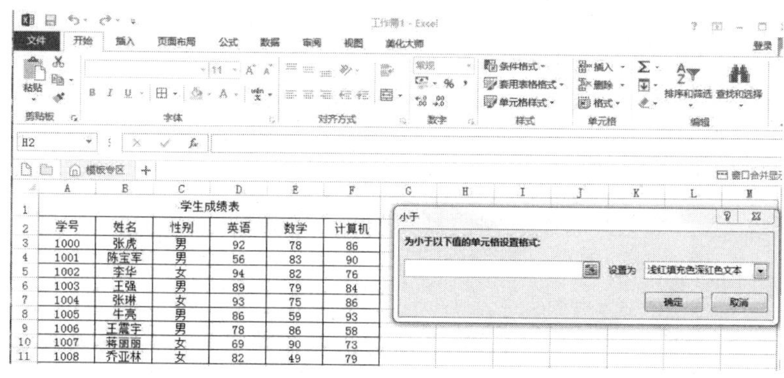

图 14-8　条件格式对话框（一）

②在“为小于以下值的单元格设置格式”中输入“60”，右侧“设置为”选择“自定义格式”，在弹出的“设置单元格格式”—“字体”里选择“字

形”“加粗”，如图 14-9 所示。

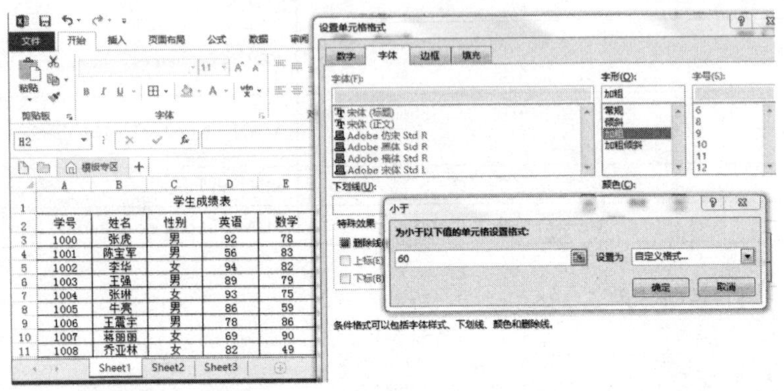

图 14-9 条件格式对话框（二）

③ 单击“确定”按钮。即完成对学生成绩 60 分的筛选，如图 14-10 所示。

学生成绩表

学号	姓名	性别	英语	数学	计算机
1000	张虎	男	92	78	86
1001	陈宝军	男	**56**	83	90
1002	李华	女	94	82	76
1003	王强	男	89	79	84
1004	张琳	女	93	75	86
1005	牛亮	男	86	**59**	93
1006	王震宇	男	78	86	**58**
1007	蒋丽丽	女	69	90	73
1008	乔亚林	女	82	**49**	79

图 14-10 学生成绩表（二）

从图 14-10 可以看出成绩低于 60 分的有：陈宝军的英语成绩、牛亮的数学成绩、王震宇的计算机成绩和乔亚林的数学成绩。

2. 图形处理

【示范 14-4】将【示范 14-3】中的学生成绩表，用统计图表表示出来。

① 单击“插入”下的“图表”右下角按钮，在弹出的“插入图表”对话框的“所有图表”中选择“柱形图”“簇状柱形图”，如图 14-11 所示。

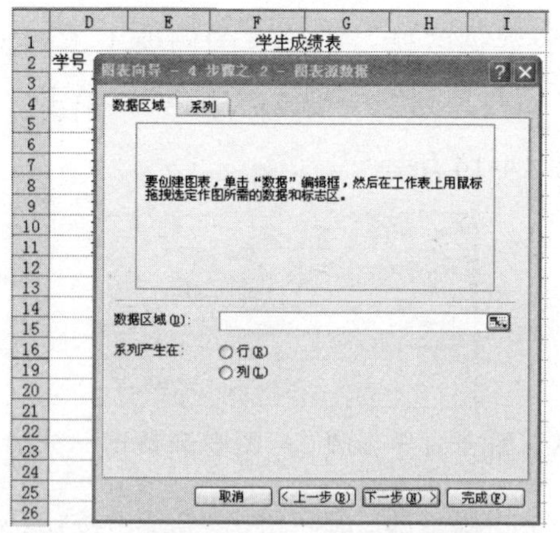

图 14-11　图表向导步骤 2—图表源数据（一）

② 单击“确定”按钮，弹出如图 14-12 所示的图表。

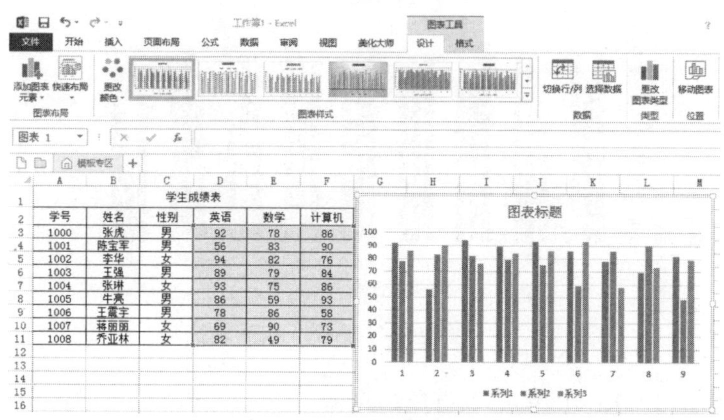

学生成绩表

学号	姓名	性别	英语	数学	计算机
1000	张虎	男	92	78	86
1001	陈宝军	男	56	83	90
1002	李华	女	94	82	76
1003	王强	男	89	79	84
1004	张琳	女	93	75	86
1005	牛亮	男	86	59	93
1006	王震宇	男	78	86	58
1007	蒋丽丽	女	69	90	73
1008	乔亚林	女	82	49	79

图 14-12　图表向导步骤 2—数据区域

③ 单击图 14-12 下方的“系列”，出现“图表元素”、“图表样式”和“图表筛选器”三个选项，单击“图表筛选器”，可以调整对应的“图表数据区域”，如图 14-13 所示。

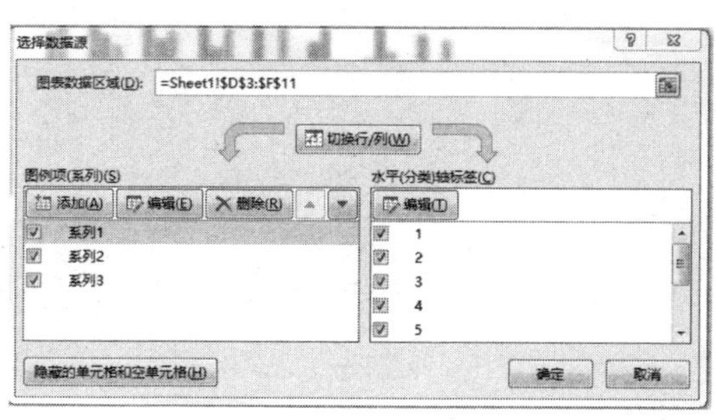

图 14-13　图表向导步骤 2—图表源数据（二）

④ 在确定“图表数据区域”下的“图例项（系列）”中选择“编辑”，在“编辑数据系列”的“系列”中输入“英语”，单击“确定”按钮，则系列 1 修改完成，如图 14-14 所示。

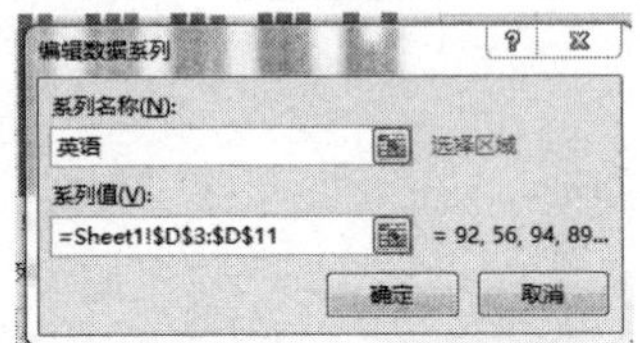

图 14-14 图表向导步骤 2—图表源数据—分类（X）

⑤ 系列 2，系列 3 同样修改。最后单击“确定”按钮，完成效果如图 14-15 所示。

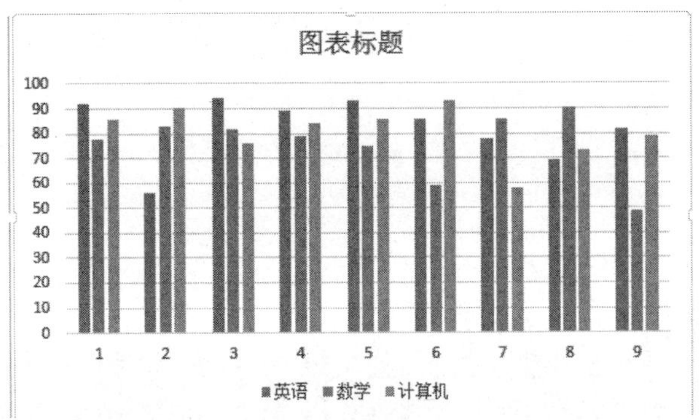

图 14-15 图表向导步骤 3—图表选项

⑥ 在图 14-13 中单击“选择数据源”，单击“水平（类别）轴标签”下的“编辑”按钮，出现“轴标签区域（A）”，选择“轴标签”区域，如图 14-16 所示。

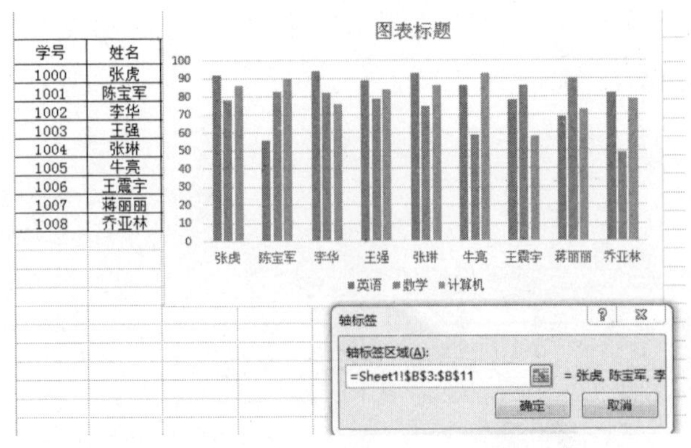

图 14-16 图表向导步骤 4—图表位置

⑦ 单击“图表标题”，在“图表区”直接输入“学生成绩表”，如图 14-17 所示。

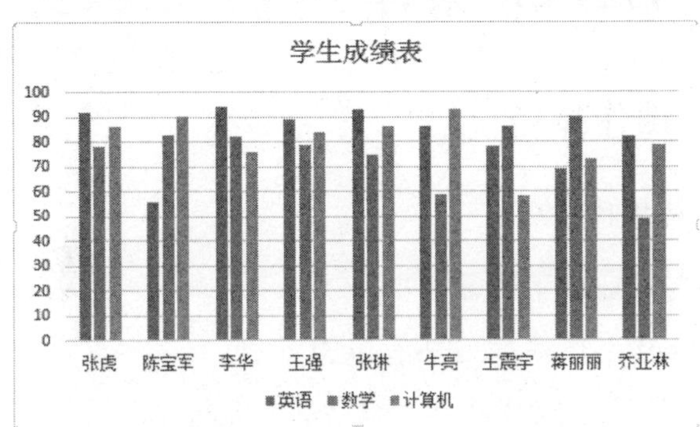

图 14-17 学生成绩柱形图

⑧ 双击图形，点击右侧“+”，勾选“坐标轴标题”，图中可直接输入相应的名称，在“设置坐标轴标题格式”——“文本选项”中可分别设置文字的对齐方式和文字方向内容，如图 14-18 所示。

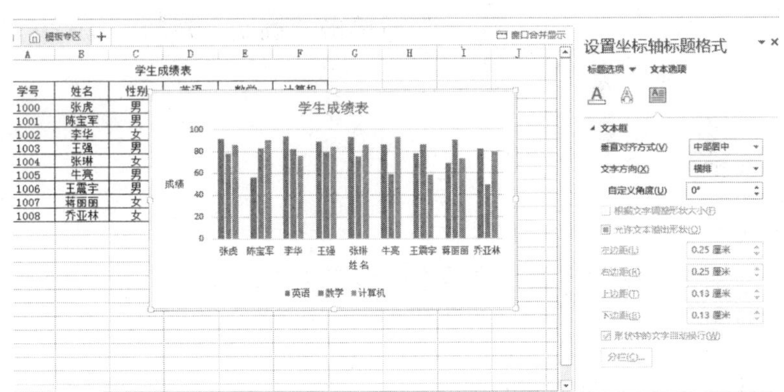

图 14-18 图表向导步骤 2—图表源数据（七）

⑨ 完成后的学生成绩表图表的效果，如图 14-19 所示。

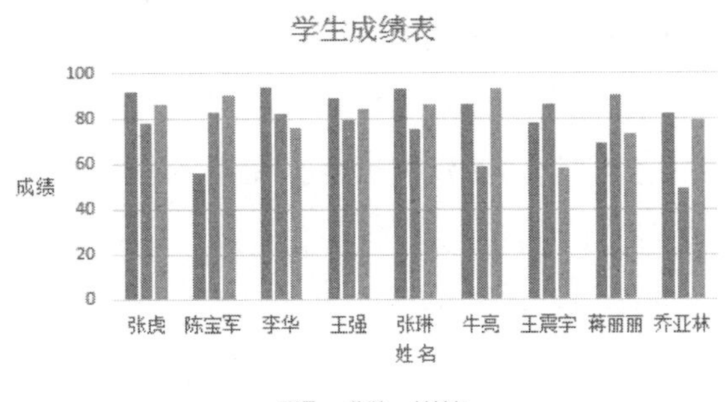

图 14-19 学生成绩柱形图

14.2 Excel 操作技巧与账务处理

14.2.1 Excel 操作技巧

1. Excel 表格操作技巧

（1）新建一张 Excel 工作簿

新建一张 Excel 工作簿，方法有以下 5 种。

① 选择“文件”下的“新建”命令，在右边选择“新建空白工作簿”菜单，单击“空白工作簿”按钮，即可新建一张 Excel 工作簿。

② 同时按下“Ctrl+N”组合键，可快速建立一张空白工作簿。

③ 新建一张 Excel 工作表，可用右键单击“Sheet1、Sheet2、Sheet3”的任意区域，在弹出的菜单中选择“插入”，在弹出的“插入”对话框中，单击“常用”，并选中“工作表”，然后单击“确定”按钮，Excel 自动插入一张空白工作表，并自动命名为“Sheet4”。

④ 在“开始”中选择“插入”下的“工作表”命令，即可建立一张空白工作表。

（2）删除一张 Excel 工作表

删除一张 Excel 工作表，可用右键单击要删除的工作表，在弹出的菜单中选择“删除”选项，即可删除一张空白的 Excel 工作表。

2. Excel 文件安全保护技巧

（1）Excel 工作表保护技巧

在 Excel 实际操作中，为了不让使用者对现有的 Excel 进行操作，如插入行、删除行、设置单元格、行和列的格式、使用数据透视表和筛选等执行命令，这时可对现有的 Excel 工作表实行安全保护。

【示范 14-5】对【示范 14-3】中的学生成绩表进行安全保护。

① 在对学生成绩表没有进行安全保护之前，通过“插入”下拉菜单，可以对学生成绩表进行如下操作命令，如图 14-20 所示。

学生成绩表

学号	姓名	性别	英语	数学	计算机
1000	张虎	男	92	78	86
1001	陈宝军	男	56	83	90
1002	李华	女	94	82	76
1003	王强	男	89	79	84
1004	张琳	女	93	75	86
1005	牛亮	男	86	59	93
1006	王震宇	男	78	86	58
1007	蒋丽丽	女	69	90	73
1008	乔亚林	女	82	49	79

图 14-20 学生成绩表（一）

② 对学生成绩表进行保护，通过单击“审阅”下的“保护”——“保护工作表”，并在“取消工作表保护时使用的密码”栏内输入密码，如图 14-21 所示。

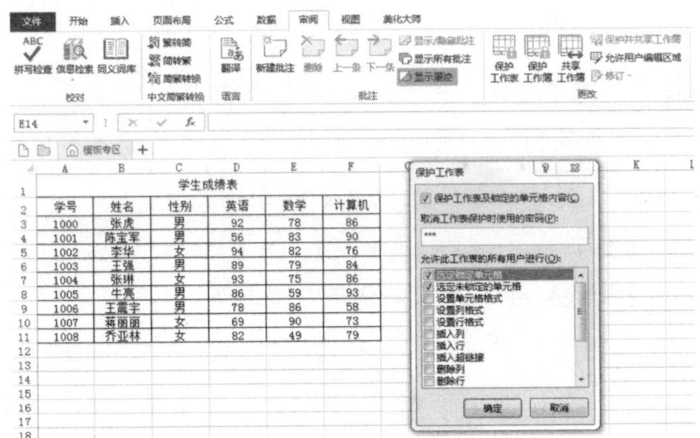

学生成绩表

学号	姓名	性别	英语	数学	计算机
1000	张虎	男	92	78	86
1001	陈宝军	男	56	83	90
1002	李华	女	94	82	76
1003	王强	男	89	79	84
1004	张琳	女	93	75	86
1005	牛亮	男	86	59	93
1006	王震宇	男	78	86	58
1007	蒋丽丽	女	69	90	73
1008	乔亚林	女	82	49	79

图 14-21 保护工作表对话框（一）

③ 单击“确定”按钮，弹出如图 14-22 所示的对话框，并重新输入密码。

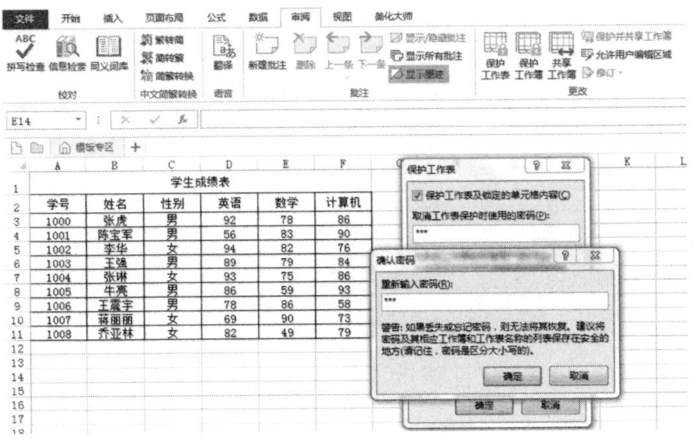

学生成绩表

学号	姓名	性别	英语	数学	计算机
1000	张虎	男	92	78	86
1001	陈宝军	男	56	83	90
1002	李华	女	94	82	76
1003	王强	男	89	79	84
1004	张琳	女	93	75	86
1005	牛亮	男	86	59	93
1006	王震宇	男	78	86	58
1007	蒋丽丽	女	69	90	73
1008	乔亚林	女	82	49	79

图14-22 保护工作表对话框（二）

④ 单击“确定”按钮，返回学生成绩表，此时单击“插入”下拉菜单，即可看到如图 14-23 所示的菜单命令。

学号	姓名	性别	英语	数学	计算机
1000	张虎	男	92	78	86
1001	陈宝军	男	56	83	90
1002	李华	女	94	82	76
1003	王强	男	89	79	84
1004	张琳	女	93	75	86
1005	牛亮	男	86	59	93
1006	王震宇	男	78	86	58
1007	蒋丽丽	女	69	90	73
1008	乔亚林	女	82	49	79

图 14-23　学生成绩表（二）

⑤ 由此我们从图 14-20 和图 14-23 比较可以看出，对 Excel 工作表实行保护后，很多菜单命令都变为灰色，此时不能进行操作。

对 Excel 工作表实行保护后，Excel 原有的很多功能不可再使用，主要就起到了对 Excel 工作表进行安全性保护的作用。

（2）Excel 工作簿保护技巧

【示范 14-6】对 Excel 工作簿如何进行保护？

对 Excel 工作簿进行保护，第一种情况可通过单击“审阅”下“保护”中的“保护工作簿”，弹出对话框如图 14-24 所示，并根据实际需要选择“结构”或“窗口”。

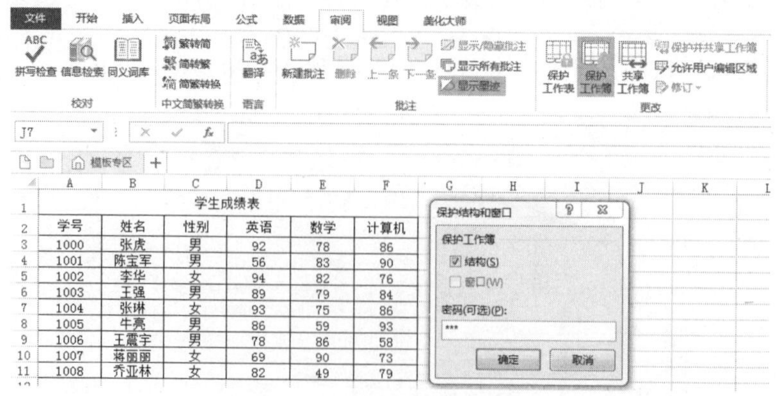

学号	姓名	性别	英语	数学	计算机
1000	张虎	男	92	78	86
1001	陈宝军	男	56	83	90
1002	李华	女	94	82	76
1003	王强	男	89	79	84
1004	张琳	女	93	75	86
1005	牛亮	男	86	59	93
1006	王震宇	男	78	86	58
1007	蒋丽丽	女	69	90	73
1008	乔亚林	女	82	49	79

图 14-24　保护工作簿（一）

如果要设置部分区域允许修改，可设置“允许用户编辑区域”，然后“新建”—“新区域”按钮，“引用单元格”中选择相应允许修改的区域，在“区域密码”中设置密码，并再次确认密码。

14.2.2 用 Excel 处理现金日记账

【示范 14-7】出纳人员如何在 Excel 中进行现金日记账的处理？

现金日记账在 Excel 中的处理步骤如下。

1. 新建 Excel 工作簿、工作表

新建 Excel 工作簿，并命名为“会计账簿”，并将会计账簿中的“Sheet1”工作表标签更名为“现金日记账”。

2. 设置“现金日记账”的格式

在 Excel 中设置“现金日记账”的格式，如图 14-25 所示。

现金日记账

年		凭证字号	摘 要	对方科目	借 方	贷 方	余 额
月	日						

图 14-25 现金日记账格式

3. 在“余额”栏编制相关的公式

如“I6=I5+G6－H6”，并拖动填充柄复制方式将“I6”单元格的公式复制到“I6：I9”单元格区域，如图 14-26 所示。

I6 =I5+G6-H6

现金日记账

年		凭证字号	摘 要	对方科目	借 方	贷 方	余 额
月	日						
							0
							0
							0
							0

图 14-26 现金日记账

只要在编制了公式的 Excel 现金日记账表格的借方和贷方栏中，录入相关的数据，对应的余额栏都会发生相应的变化，这样就确保了数据的正确性和一致性。

14.2.3 用 Excel 处理银行存款日记账

【示范 14-8】出纳人员如何在 Excel 中进行银行存款日记账的处理？

银行存款日记账在 Excel 中的处理步骤如下。

（1）打开“会计账簿”

打开已经建好的名称为“会计账簿”的 Excel 工作簿，将会计账簿中的“Sheet2”工作表标签更名为“银行存款日记账”。

（2）设置“银行存款日记账”的格式

在 Excel 中设置“银行存款日记账”的格式，如图 14-27 所示。

银行存款日记账

年		记账凭证		摘要	对方科目	结算凭证		借方	贷方	余额
月	日	种类	号数			种类	号数			

图 14-27　银行存款日记账格式

（3）在“金额”栏编制相关的公式

在“银行存款日记账”的“金额”栏编制相关的公式，如“L6=L5+J6－K6”，并拖动填充柄复制方式将“L6”单元格的公式复制到“L6：L9”单元格区域，如图 14-28 所示。

L6　=L5+J6-K6

银行存款日记账

年		记账凭证		摘要	对方科目	结算凭证		借方	贷方	余额
月	日	种类	号数			种类	号数			
										0
										0
										0
										0

图 14-28　银行存款日记账

14.2.4 用 Excel 编制员工工资表

【示范 14-9】出纳人员如何在 Excel 中进行员工工资表的编制？

在 Excel 中处理员工工资的步骤如下。

（1）新建 Excel 工作簿、工作表

新建 Excel 工作簿，并命名为“员工工资表”。将会计账簿中的“Sheet1”工作表标签更名为“×月份员工工资表”或者简单命名为“×月份”。

（2）设置“员工工资表”的格式

在 Excel 工作簿中设置“员工工资表”的格式，如图 14-29 所示。

	A	B	C	D	E	F	G	H	I	J	K	L	M	N	O	P	Q
1	工资发放明细表																
2	姓名	职位	基本工资	绩效工资	补　助		其他应扣款				扣个人应缴保险费				个人所得税	实发工资	签　名
3					加班费	餐补	事假扣款	病假扣款	迟到扣款	旷工扣款	养老保险8%	失业保险	医疗保险	住房公积金			
4												1%	个人2%+3元	个人12&			
5																	
6																	
7																	
8																	

图 14-29　员工工资表

（3）说明“员工工资表”各栏的输入方式

①“姓名”、“职位”、“基本工资”、“餐补”、“其他应扣款”，为手工输入。

②“加班费”和“迟到扣款”，查看考勤表计算。

③“养老保险”、“失业保险”、“医疗保险”、“住房公积金”，根据本单位自行设置的参数自动生成。

④ 代扣个人所得税自动计算，不要随意改动。

⑤ 实发工资自动生成，不要改动。

14.2.5　用 Excel 对账

【示范 14-10】出纳人员如何在 Excel 中进行对账工作？

用 Excel 进行对账，一般是将银行存款日记账与银行对账单进行对账。利用 Excel 核对银行存款日记账与银行对账单，按以下步骤进行。

1. 计算银行存款日记账的余额

在用 Excel 进行对账前，首先计算出银行存款日记账的余额。

2. 将银行对账单的数据导入 Excel 表中

将银行对账单的数据导入到 Excel 表中，并计算出银行存款余额，同时准备好上月银行存款余额调节表和空白的银行存款余额调节表等。

导入到 Excel 表中的银行对账单，如图 14-30 所示。

	A	B	C	D	E	F	G
1				银行对账单			
2	日期	摘要	凭证号	借方发生额	贷方发生额	余额	核对符号
3		承上页余额				¥98,550.93	
4	2018/3/1	转账收入			¥3,000.00	¥101,550.93	
5	2018/3/4	现金支票		¥300.00		¥101,250.93	
6	2018/3/5	转账收入			¥2,300.00	¥103,550.93	
7	2018/3/6	电汇		¥1,050.00		¥102,500.93	
8	2018/3/8	电汇		¥1,800.00		¥100,700.93	
9	2018/3/10	转账收入			¥3,000.00	¥103,700.93	
10	2018/3/12	电汇		¥1,080.00		¥102,620.93	
11	2018/3/12	电汇		¥8,000.00		¥94,620.93	
12	2018/3/14	转账收入			¥56,000.00	¥150,620.93	
13	2018/3/15	转账收入			¥8,130.00	¥158,750.93	
14	2018/3/17	电汇		¥1,830.00		¥156,920.93	
15	2018/3/18	取现		¥3,700.00		¥153,220.93	
16	2018/3/19	转账收入			¥72,058.00	¥225,278.93	
17	2018/3/23	电汇		¥40,800.00		¥184,478.93	
18	2018/3/23	转账收入			¥180,000.00	¥364,478.93	
19	2018/3/23	取现		¥2,300.00		¥362,178.93	
20	2018/3/23	手续费		¥80.00		¥362,098.93	
21	2018/3/26	转账收入			¥50,423.00	¥412,521.93	
22	2018/3/27	电汇		¥49,600.00		¥362,921.93	
23	2018/3/28	现金支票			¥6,000.00	¥368,921.93	
24	2018/3/29	转账收入		¥23,000.00		¥345,921.93	
25	2018/3/30	电汇		¥800.00		¥345,121.93	
26	2018/3/31	转账收入			¥580.00	¥345,701.93	
27		本页余额				**¥345,701.93**	

图 14-30　银行对账单

3. 登记银行存款日记账

由出纳人员登记的企业银行存款日记账，如图 14-31 所示。

	A	B	C	D	E	F	G
1				银行存款日记账			
2	日期	凭证号	摘要	借方发生额	贷方发生额	余额	核对符号
3			期初余额			¥98,550.93	
4	2018/3/1	001	转账收入		¥3,000.00	¥101,550.93	
5	2018/3/4	003	现金支票	¥300.00		¥101,250.93	
6	2018/3/5	004	转账收入		¥2,300.00	¥103,550.93	
7	2018/3/6	005	电汇	¥1,050.00		¥102,500.93	
8	2018/3/8	006	电汇	¥1,800.00		¥100,700.93	
9	2018/3/10	007	转账收入		¥3,000.00	¥103,700.93	
10	2018/3/12	008	电汇	¥1,080.00		¥102,620.93	
11	2018/3/12	010	电汇	¥8,000.00		¥94,620.93	
12	2018/3/14	011	转账收入		¥56,000.00	¥150,620.93	
13	2018/3/15	012	转账收入		¥8,130.00	¥158,750.93	
14	2018/3/17	013	电汇	¥1,830.00		¥156,920.93	
15	2018/3/18	014	取现	¥3,700.00		¥153,220.93	
16	2018/3/19	015	转账收入		¥72,058.00	¥225,278.93	
17	2018/3/23	017	电汇	¥40,800.00		¥184,478.93	
18	2018/3/23	018	转账收入		¥180,000.00	¥364,478.93	
19	2018/3/23	019	取现	¥2,300.00		¥362,178.93	
20	2018/3/23	020	手续费	¥80.00		¥362,098.93	
21	2018/3/26	021	转账收入		¥50,423.00	¥412,521.93	
22	2018/3/27	022	电汇	¥49,600.00		¥362,921.93	
23	2018/3/28	023	现金支票		¥6,000.00	¥368,921.93	
24	2018/3/29	024	转账收入	¥23,000.00		¥345,921.93	
25	2018/3/30	025	电汇	¥800.00		¥345,121.93	
26	2018/3/31	026	转账收入		¥580.00	¥345,701.93	
27			**期末余额**			**¥345,701.93**	

图 14-31　企业银行存款日记账

4. 比对银行对账单余额和银行存款日记账余额

经过比对银行对账单余额和银行存款日记账余额，发现账实不符，出纳人员应该将银行对账单与银行存款日记账，逐笔核对本月的发生额及余额，找出账实不符的原因，若是存在未达账项的，应当编制银行存款余额调节表进行调节，如图 14-32 所示。

	A	B	C	D
1	银行存款余数调节表			
2	日期：			
3	项目（企业账）	金额	项目（银行账）	金额
4	企业银行存款日记账余额	¥345,701.93	银行对账单余额	¥345,701.93
5	加：企收银未收款项	¥0.00	加：银收企未收款项	¥0.00
6	减：企付银未付款项	¥0.00	减：银付企未付款项	¥0.00
7	调节后的银行存款余额	¥345,701.93	调节后的银行存款余额	¥345,701.93

图 14-32　银行存款余额调节表

5. 选定相关数据栏的“自动筛选”功能

① 在银行存款日记账表中，选中“凭证日期”、“凭证编号”、“摘要”、“借方发生额”、“贷方发生额”、“余额”、“核对符号”单元格，单击“数据”下“筛选”中的“自动筛选”，系统会自动为选定栏后添加“三角符号”，如图 14-33 所示。

	A	B	C	D	E	F	G
1	银行存款日记账						
2	凭证日期	凭证编号	摘　要	借方发生额	贷方发生额	余　额	核对符号
3			期初余额			¥98,550.93	

图 14-33　银行存款日记账

② 在银行对账单表中，采取同①中的操作方法，为“日期”、“摘要”、“凭证号”、“借方发生额”、“贷方发生额”、“余额”和“核对符号”后添加三角符号。

6. 在银行存款日记账中设置筛选条件

在银行存款日记账中，单击“凭证日期”后的三角符号，在下列菜单中按日期选中“2018-3-1”，系统自动选出“2018-3-1”记载的事项，如图 14-34 所示。

	A	B	C	D	E	F	G
1	银行存款日记账						
2	凭证日期	凭证编号	摘　要	借方发生额	贷方发生额	余　额	核对符号
4	2011-3-1	001	转账收入	¥3,000.00		¥101,550.93	
28							

图 14-34　银行存款日记账中 2011-3-1 的记录

7. 根据筛选出来的记录在银行对账单中筛选相关条件的记录

① 根据图 14-34 中显示的借方发生额 3 000 元，查找银行对账单中是否有贷方发生额为 3 000 元的记录。

② 单击银行对账单中的“贷方发生额”后的三角符号，在下拉菜单中选中“数字筛选”—“自定义”，在弹出的“自定义自动筛选方式”对话框中，分别定义“大于或等于 3 000”、“与（A）”、和“小于或等于 3 000”，如图 14-35 所示。

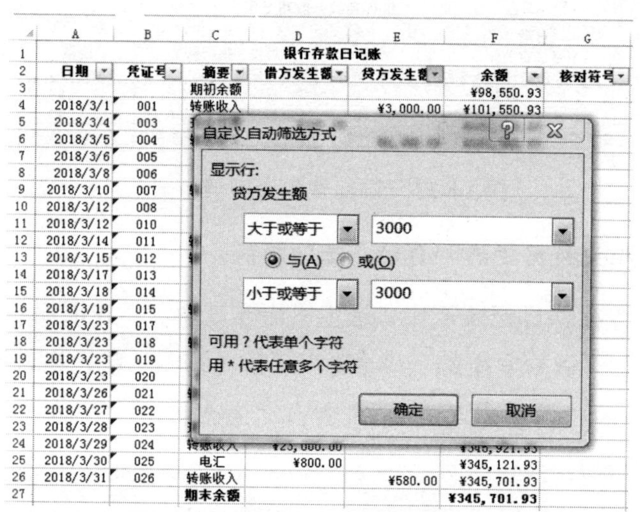

图 14-35　自定义自动筛选方式（一）

注意事项

“银行存款日记账”中“借方发生额”对应“银行对账单”中的“贷方发生额”，因为银行把客户的收入看做是银行的负债，所以，银行将客户的收入记到银行自己账户的贷方。

③ 单击“确定”按钮，系统自动筛选出贷方发生额为 3 000 的记录，如图 14-36 所示。

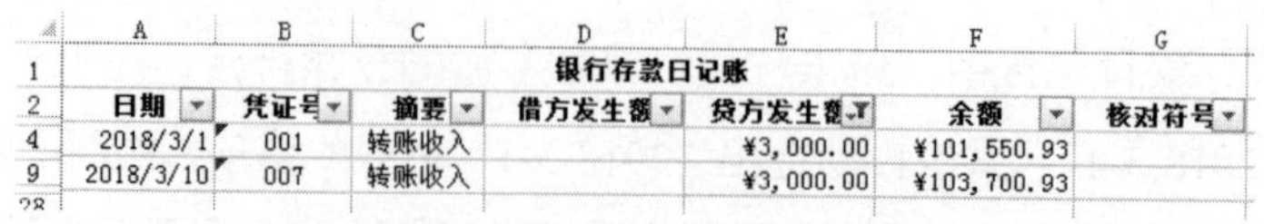

	A	B	C	D	E	F	G
1	银行存款日记账						
2	日期	凭证号	摘要	借方发生额	贷方发生额	余额	核对符号
4	2018/3/1	001	转账收入		¥3,000.00	¥101,550.93	
9	2018/3/10	007	转账收入		¥3,000.00	¥103,700.93	

图 14-36　银行对账单中贷方为 3 000 元的记录

8. 进行银行存款日记账、银行对账单的记录核对

图 14-36 中，筛选出两条贷方发生额为 3 000 元的记录，根据银行存款

日记账中借方发生额为3 000元的记录日期为2018-3-1。所以，也选定2018-3-1日的银行对账单中贷方发生额为 3 000 元的记录，分别在两张表中所筛选出的记录对应的核对号单元格中标记“√”以示核对，同时将银行对账单筛选出的记录的“凭证号”中，录入同银行存款日记账中对应记录的“凭证号”。

9. 重复上述步骤进行其他记录的核对

同理，采用以上方法，可以对其他的记录进行筛选，并核对。

10. 若根据筛选条件银行存款日记账有多条记录的处理

如遇到根据日期筛选出的银行存款日记账中的记录有若干条时，可以在银行对账单中设置“自定义筛选方式”，根据筛选出的银行存款日记账中记录的范围来设置条件。

① 如图 14-37 所示，在银行存款日记账中以“2018-3-23”为条件，筛选出的记录。

	A	B	C	D	E	F	G
2	日期	凭证号	摘要	借方发生额	贷方发生额	余额	核对符号
3			期初余额			¥98,550.93	
17	2018/3/23	017	电汇	¥40,800.00		¥184,478.93	
18	2018/3/23	018	转账收入		¥180,000.00	¥364,478.93	
19	2018/3/23	019	取现	¥2,300.00		¥362,178.93	
20	2018/3/23	020	手续费	¥80.00		¥362,098.93	
27			**期末余额**			**¥345,701.93**	

图 14-37 银行存款日记账中 2018-3-23 的记录

② 在银行对账单表中，单击“借方发生额”后的三角符号，在下拉菜单中选择“自定义”，并在自定义中设定条件，如图 14-38 所示。

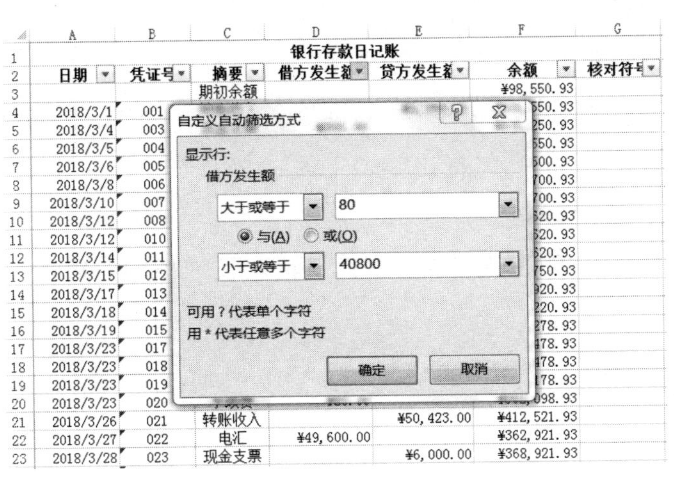

图 14-38 自定义筛选方式（二）

③ 单击“确定”后，系统根据设置的条件自动筛选出如图 14-39 所示的记录。

	A	B	C	D	E	F	G
1	银行存款日记账						
2	日期	凭证号	摘要	借方发生额	贷方发生额	余额	核对符号
5	2018/3/4	003	现金支票	¥300.00		¥101,250.93	
7	2018/3/6	005	电汇	¥1,050.00		¥102,500.93	
8	2018/3/8	006	电汇	¥1,800.00		¥100,700.93	
10	2018/3/12	008	电汇	¥1,080.00		¥102,620.93	
11	2018/3/12	010	电汇	¥8,000.00		¥94,620.93	
14	2018/3/17	013	电汇	¥1,830.00		¥156,920.93	
15	2018/3/18	014	取现	¥3,700.00		¥153,220.93	
17	2018/3/23	017	电汇	¥40,800.00		¥184,478.93	
19	2018/3/23	019	取现	¥2,300.00		¥362,178.93	
20	2018/3/23	020	手续费	¥80.00		¥362,098.93	
24	2018/3/29	024	转账收入	¥23,000.00		¥345,921.93	
25	2018/3/30	025	电汇	¥800.00		¥345,121.93	
28							

图 14-39　银行对账单中借方金额在 80 元与 40 800 元之间的记录

④ 如图 14-36 所示的银行对账单中符号条件的记录有若干条，此时可单击借方发生额后的三角符号，在下拉菜单中选择“升序排列”或“降序排列”，此时第一条记录和最后一条记录为设置的筛选条件的区间范围内的最大值和最小值。除了范围内的最大值和最小值记录之外的其他记录，可以在“升序排列”或“降序排列”的基础上，再自定义“日期”，设置条件为“大于或等于 2018-3-23”，也可继续自定义“摘要”等相关的条件，确定后，系统显示的记录为同时满足所有这些设定的条件的记录。

11. 经核对确认无误的记录用核对符号“√”进行标识

如出现银行存款日记账和银行对账单金额不符时，可采用本核对方法。即：在核对银行存款日记账和银行对账单的过程中，凡是核对无误的，要在“银行存款日记账”表中的“核对符号”栏标示“√”；同时在“银行对账单”表中的“核对符号”栏也标示“√”，并且在“凭证号栏”填入相应的凭证号码，以示核对。

① 核对无误后的企业“银行存款日记账”，如图 14-40 所示。

	A	B	C	D	E	F	G
1	银行存款日记账						
2	日期	凭证号	摘要	借方发生额	贷方发生额	余额	核对符号
3			期初余额			¥98,550.93	
4	2018/3/1	001	转账收入		¥3,000.00	¥101,550.93	√
5	2018/3/4	003	现金支票	¥300.00		¥101,250.93	√
6	2018/3/5	004	转账收入		¥2,300.00	¥103,550.93	√
7	2018/3/6	005	电汇	¥1,050.00		¥102,500.93	√
8	2018/3/8	006	电汇	¥1,800.00		¥100,700.93	√
9	2018/3/10	007	转账收入		¥3,000.00	¥103,700.93	√
10	2018/3/12	008	电汇	¥1,080.00		¥102,620.93	√
11	2018/3/12	010	电汇	¥8,000.00		¥94,620.93	√
12	2018/3/14	011	转账收入		¥56,000.00	¥150,620.93	√
13	2018/3/15	012	转账收入		¥8,130.00	¥158,750.93	√
14	2018/3/17	013	电汇	¥1,830.00		¥156,920.93	√
15	2018/3/18	014	取现	¥3,700.00		¥153,220.93	√
16	2018/3/19	015	转账收入		¥72,058.00	¥225,278.93	√
17	2018/3/23	017	电汇	¥40,800.00		¥184,478.93	√
18	2018/3/23	018	转账收入		¥180,000.00	¥364,478.93	√
19	2018/3/23	019	取现	¥2,300.00		¥362,178.93	√
20	2018/3/23	020	手续费	¥80.00		¥362,098.93	√
21	2018/3/26	021	转账收入		¥50,423.00	¥412,521.93	√
22	2018/3/27	022	电汇	¥49,600.00		¥362,921.93	√
23	2018/3/28	023	现金支票		¥6,000.00	¥368,921.93	√
24	2018/3/29	024	转账收入	¥23,000.00		¥345,921.93	√
25	2018/3/31	025	转账收入		¥580.00	¥346,501.93	√
26			期末余额			¥346,501.93	

图 14-40 核对后银行存款日记账

② 核对无误后的“银行对账单”，如图 14-41 所示。

	A	B	C	D	E	F	G
1	银行对账单						
2	日期	摘要	凭证号	借方发生额	贷方发生额	余额	核对符号
3		承上页余额				¥98,550.93	
4	2018/3/1	转账收入			¥3,000.00	¥101,550.93	√
5	2018/3/4	现金支票		¥300.00		¥101,250.93	√
6	2018/3/5	转账收入			¥2,300.00	¥103,550.93	√
7	2018/3/6	电汇		¥1,050.00		¥102,500.93	√
8	2018/3/8	电汇		¥1,800.00		¥100,700.93	√
9	2018/3/10	转账收入			¥3,000.00	¥103,700.93	√
10	2018/3/12	电汇		¥1,080.00		¥102,620.93	√
11	2018/3/12	电汇		¥8,000.00		¥94,620.93	√
12	2018/3/14	转账收入			¥56,000.00	¥150,620.93	√
13	2018/3/15	转账收入			¥8,130.00	¥158,750.93	√
14	2018/3/17	电汇		¥1,830.00		¥156,920.93	√
15	2018/3/18	取现		¥3,700.00		¥153,220.93	√
16	2018/3/19	转账收入			¥72,058.00	¥225,278.93	√
17	2018/3/23	电汇		¥40,800.00		¥184,478.93	√
18	2018/3/23	转账收入			¥180,000.00	¥364,478.93	√
19	2018/3/23	取现		¥2,300.00		¥362,178.93	√
20	2018/3/23	手续费		¥80.00		¥362,098.93	√
21	2018/3/26	转账收入			¥50,423.00	¥412,521.93	√
22	2018/3/27	电汇		¥49,600.00		¥362,921.93	√
23	2018/3/28	现金支票			¥6,000.00	¥368,921.93	√
24	2018/3/29	转账收入		¥23,000.00		¥345,921.93	√
25	2018/3/30	电汇		¥800.00		¥345,121.93	
26	2018/3/31	转账收入			¥580.00	¥345,701.93	√
27		本页余额				¥345,701.93	

图 14-41 核对后的银行对账单

12. 筛选银行存款日记账、银行对账单中的未达账项

将审核后的银行存款日记账和银行对账单中存在的未达账项筛选出来。

① 在如图 14-40 中所示的，以银行存款日记账中“核对符号——（空白）”为设置条件，系统即筛选出未达账项。

② 在如图 14-41 中所示的，以银行对账单中“核对符号——（空白）”为设置条件，则系统自动筛选出银行对账单存在的未达账项，如图 14-42 所示。

	A	B	C	D	E	F	G
1	银行对账单						
2	日期	摘要	凭证号	借方发生额	贷方发生额	余额	核对符号
3		承上页余额				¥98,550.93	
25	2018/3/30	电汇		¥800.00		¥345,121.93	
27		本页余额				**¥345,701.93**	
28							

图 14-42　银行对账单存在的未达账项

13. 调节未达账项并编制银行存款余额调节表

调节未达账项，编制银行存款余额调节表，如图 14-43 所示。

	A	B	C	D
1	银行存款余数调节表			
2	单位名称：		日期：	单位：元
3	项目（企业账）	金额	项目（银行账）	金额
4	企业银行存款日记账余额	¥346,501.93	银行对账单余额	¥345,701.93
5	加：企收银未收款项	¥0.00	加：银收企未收款项	¥800.00
6	减：企付银未付款项	¥0.00	减：银付企未付款项	¥0.00
7	调节后的银行存款余额	¥346,501.93	调节后的银行存款余额	¥346,501.93

图 14-43　银行存款余额调节表